金陵全書

甲編・方志類・縣志

崇禎江浦縣志

（明）李維樾 修
（明）沈孚中 纂

南京出版傳媒集團
南京出版社

圖書在版編目（CIP）數據

崇禎江浦縣志 /（明）李維樾修；（明）沈孚中纂
. -- 南京：南京出版社，2015.2
（金陵全書）
ISBN 978-7-5533-0764-0

Ⅰ.①崇… Ⅱ.①沈… ②李… Ⅲ.①江浦縣—地方志—明代 Ⅳ.①K295.34

中國版本圖書館CIP數據核字（2014）第278972號

書　名	【金陵全書】（甲編·方志類·縣志） 崇禎江浦縣志
編著者	（明）李維樾 修　（明）沈孚中 纂
出版發行	南京出版傳媒集團 南 京 出 版 社 社址：南京市太平門街53號　郵編：210016 網址：http://www.njcbs.com　淘寶網店：http://njpress.taobao.com 電子信箱：njcbs1988@163.com 聯系電話：025-83283871、83283864（營銷）　025-83112257（編務）
出版人	朱同芳
責任編輯	吴新婷
裝幀設計	楊曉崗
責任印製	楊福彬
製　版	南京新華豐製版有限公司
印　刷	南京凱德印刷有限公司
開　本	889毫米×1194毫米　1/16
印　張	42.5
版　次	2015年2月第1版
印　次	2015年2月第1次印刷
書　號	ISBN 978-7-5533-0764-0
定　價	1300.00元

總序

南京，俗稱金陵，中國著名的四大古都之一，是國務院首批公 的國家歷史文化名城。

南京有着六十萬年的人類活動史，近二千五百年的建城史，約四百五十年的建都史，享有『六朝古都』『十朝都會』的美譽。南京歷史的興衰起伏在某種程度上可以説是中國歷史的一個縮影。在中華民族光輝燦爛的歷史長河中，古聖先賢在南京創造了舉世矚目、富有特色的六朝文化、南唐文化、明文化和民國文化，爲中華民族文化的傳承和發展作出了不朽貢獻。然而，由於時代的遞遷、戰争的破壞以及自然的損毁等原因，歷史上南京的輝煌成就以物質文化形態留存下來的相對較少，見諸文獻典籍的則相對較多。南京文獻内涵廣博，卷帙浩繁，版本複雜。截至一九四九年中華人民共和國成立，南京文獻留存下來的有近萬種，在全國歷史文化名城中名列前茅。以六朝《世説新語》《文心雕龍》《昭明文選》，唐朝《建康實録》，宋朝《景定建康志》《六朝事迹編類》，元朝《至正金陵新志》，明朝《洪武京城圖志》《金陵古今圖考》《客座贅語》，清朝《康熙江寧府志》《白下瑣言》，民國《首都計劃》《首都志》《金陵古蹟圖考》等爲代表的南京地方文獻，不僅是南京文化的集中體現，也是中華民族優秀傳統文化的重要組成部分。這些南京文獻，積澱貯存了歷代南京人民的經驗和智慧，翔實地反映了南京地區的社會變遷，是研究南京乃至全國政治、經濟、軍事、文化、外交和民風民俗的重要資料。

歷史上的南京文化輝煌燦爛，各類圖書典籍琳琅滿目。迄今爲止，南京文獻曾經有過三次不同程度的整理。

第一次是距今六百多年前的明朝永樂年間，明朝中央政府在南京組織整理出版了《永樂大典》。《永樂大典》正文二萬二千八百七十七卷，凡例和目録六十卷，分裝成一萬一千零九十五册，總字數約三億七千萬字。書中保存了中國上自先秦、下迄明初的各種典籍資料達七八千種，是中國古代最大的類書。

第二次是民國年間，南京通志館編印了一套《南京文獻》。《南京文獻》每月一期，從一九四七年元月至一九四九年二月共刊行了二十六期，收入南京地方文獻六十七種，包括元明清到民國各個時期的著作，其中收録的部分民國文獻今天已經成爲絶版。

第三次是二〇〇六年以來，南京出版社選取部分南京珍貴文獻，整理出版了一套《南京稀見文獻叢刊》點校本，到二〇一三年初，已經出版了三十六册七十一種，時代上起六朝，下迄民國，在學術普及方面作出了一定的貢獻。

新中國成立六十年來，尤其是改革開放三十年來，南京的政治、經濟、文化建設飛速發展，但南京文獻的全面系統整理出版工作一直没有得到應有的重視，這與南京這座國家歷史文化名城的地位頗不相稱。據調查，目前有關南京的各類文獻主要保存在南京圖書館、南京市檔案館，以及全國各地的高等院校、科研院所、圖書館、檔案館、博物館，少數流散於民間和國外。一方面，廣大讀者要查閲這些收藏在全國各地的南京文獻殊爲不便；另一方面，許多珍貴的南京文獻隨着歲月的流逝而瀕臨損毁和失傳。南京文獻的存史、資治、教化、育人功能没有得到應有的發揮。

盛世修史（志）。在中華民族和平崛起和大力弘揚民族傳統文化、全力發展民族文化事業的大背景下，在建設『文化南京』的發展思路下，中共南京市委、南京市人民政府於二〇〇九年十二月作出决定，將南京有史以來的地方文獻進行全面系統的匯集、整理和影印出版，輯爲《金陵全書》（以下簡稱《全書》），以更好地搶救和保護鄉邦文獻，傳承民族文化，推動學術研究，促進南京文化建設；同時，也更爲有効地增加南京文獻存世途徑，提昇南京文獻地位，凸顯南京文獻價值。

爲編纂出能够代表當代最高學術水平和科技成就，又經得起時間檢驗的《全書》，我們將編纂工作分成三個階段進行。第一個階段爲調研階段，主要對南京現存文獻的種類、數量、保存現狀以及收藏地點等進行深入細緻的調研，召集專家學者多次進行學術論證和可操作性論證，撰寫出可行性調查報告，爲科學決策提供依據，此項工作主要由中共南京市委宣傳部和南京出版社組織完成。第二個階段爲啓動階段，以二〇〇九年十二月二十四日召開的『《金陵全書》編纂啓動工作會』爲標志，市委主要領導親自到會動員講話，市委宣傳部對《全書》的編纂出版工作作了明確部署。在廣泛徵求專家學者意見的基礎上，確定了《全書》的總體框架設計，確定了將《全書》列爲市委宣傳部每年要實施的重大文化工程，確定了主要參編責任單位和責任人，並分解了任務。第三個階段爲編纂出版階段，主要在全國範圍内進行資料的徵集、遴選和圖書的版式設計、複製、排版及印製工作。

爲了確保《全書》編纂出版工作的順利進行，中共南京市委、南京市人民政府成立了專門的編纂出版組織機構。其中編輯工作領導小組，由中共南京市委、市政府領導以及相關成員單位主要負責人組成；《全書》的編纂出版工作由市委宣傳部總牽頭；學術指導委員會，由蔣贊初、茅家琦、梁白泉等一批全國著名的專家學者組成，負責《全書》的學術審核和把關。

《全書》分爲方志、史料和檔案三大類。自二〇一〇年起，計劃每年出版四十册左右。鑒於《全書》的整理出版工作難度較大，周期較長，在具體操作中，我們採取了分工協作的方式。市委宣傳部和南京出版社負責《全書》的總體策劃，其中方志部分，主要由南京市地方志編纂委員會辦公室和南京出版傳媒集團·南京出版社共同承擔；史料部分，主要由南京圖書館承擔；檔案部分，主要由南京市檔案局（館）承擔。《全書》的編輯出版，得到了江蘇省文化廳、江蘇省新聞出版局、江蘇省檔案局（館）、南京大學、南京圖書館、南京市文廣新局、南京市社科聯（社科院）、南京市文聯、金陵圖書館以及各區委宣傳部和地方志辦公室等單位及社會各界的熱情鼓勵和大力支持，尤其是得到了中國國家圖書館和全國各地（包括港臺地區）高等院校、科研院所、圖書館、檔案館、博物館等藏書單位的鼎力相助，在此表示深深的謝意！

我們相信，在中共南京市委、南京市人民政府的長期不懈支持下，在各部門、各單位的積極配合和衆多專家學者的共同努力下，這項功在當代、利在千秋的傳世工程一定能够圓滿完成。

《金陵全書》編輯出版委員會

凡例

一、《金陵全書》（以下簡稱《全書》）收録的南京文獻，依内容分爲方志、史料和檔案三大類。

二、《全書》按上述三大類分爲甲、乙、丙三編，以不同的封面顔色加以區分；每編酌分細類，原則上以成書時代爲序分爲若幹册，依次編列序號。

三、《全書》收録南京文獻的範圍，以二〇一三年南京市所轄十一區，即玄武、秦淮、建鄴、鼓樓、浦口、六合、棲霞、雨花臺、江寧、溧水和高淳爲限。

四、《全書》收録的南京文獻，其成書年代的下限爲一九四九年。

五、《全書》收録方志和史料，盡量選用善本爲底本。《全書》收録的檔案以學術價值和實用價值較高爲原則，一般選用延續時間較長、相對比較完整的檔案全宗。

六、《全書》收録的南京文獻底本如有殘缺、漫漶不清等情況，必要時予以配補、抽換或修描，以保證全書完整清晰；稿本、鈔本、批校本的修改、批注文字等均保留原貌。

七、《全書》收録的南京文獻，每種均撰寫提要，置於該文獻前，以便讀者了解其作者生平、主要内容、學術文化價值、編纂過程、版本源流、底本採用等情況。

八、《全書》所收文獻篇幅較大時，分爲序號相連的若幹册；篇幅較小的文獻，則將數種合編爲一册。

九、《全書》統一版式設計，大部分文獻原大影印；對於少數原版面過大或過小的文獻，適當進行縮小或放大處理，並加以説明。

十、《全書》各册除保留文獻原有頁碼外，均新編頁碼，每册頁碼自爲起訖。

提要

《崇禎江浦縣志》十二卷，明李維樾重修，沈孚中總纂。

李維樾（?—一六五四），字天棟，號蔭昌，晚年自謂『素園老人』，浙江瑞安（今瑞安市）人。萬曆四十三年（一六一五）中舉人。與林增志（瑞安人）同編《忠貞録》，清乾隆年間被編入《四庫全書》。崇禎七年（一六三四）授江浦令。在任時，勸富户輸糧賑荒，德政在民；敬重鄉賢，激勵後學，親臨授課，撰《格言纂要》、《瑞鳳堂講録》等，組織纂修《江浦縣志》，一時文風蔚起。崇禎十四年，擢升户部給事中，督漕江北，時兵事連年，水旱并灾，維樾多次上疏請求減免漕糧賦税。崇禎十七年授予大僕少卿。清順治三年（一六四六），回歸故裏，務農事桑。著有《記録存牘》、《諫垣奏議》、《掖垣封事》、《折衝紀述》、《督漕行草》、《獨峰唱和》等，大都遺失，惟《諫垣奏議》有傳本。

沈孚中（?—一六四五），又名嵊，字會吉，浙江錢塘人。崇禎中，參加縣試。孚中積墨廣硯，大書《登高詞》于粉壁之上。邑令宋兆和見之，大加賞識，薦之學使者，補弟子員，遂爲浙江名士。名入中華博物審編委員會《中國古代名人録》。著有《曲録》及傳奇《息宰河》、《綰春園》、《宰戌記》各一本。

崇禎志沿襲萬曆七年（一五七九）《江浦縣志》、萬曆四十六年《江浦縣志》卷目，共設十二卷。卷一縣紀，卷二秩官表，卷三選舉表，卷四輿地志，卷五建置志，卷六賦役志，卷七水利志，卷八學校志，卷九秩祀志，卷十兵防志，卷十一宦績列傳，卷十二人物列傳。各卷所設分目仍依其舊，如卷四『輿地』下設八個分目，分別記載疆域、星野、山川、形勝、風俗、鎮店、古迹、冢墓等内容。卷五『建置』則詳細記述城池、公署、倉庫、坊牌、鋪捨、郵政、橋渡、寺觀等情況。卷八『學校』依序記述縣學、社學、書院等機構設置。

該志體例仿自萬曆四十六年《江浦縣志》，即保留前志的所有卷目及其記述的内容，續記前志斷限後的内容，以保持各類資料的連續性、完整性。如該志卷一『縣紀』，不但照録萬曆七年《江浦縣志》和萬曆四十六年《江浦縣志》所有『記事』，而且增記崇禎八年（一六三五）、九年、詳細記載十一年、十三年有關城防建設、戰事及賑災等事項。又如卷二『秩官表』詳細記載洪武九年至崇禎十四年的知縣名録，有的還記有字、號、籍貫及科第。其次，對前志有關卷目出現的疏漏和訛誤，予以補闕和糾正。該志各分志前皆設小序，交待該卷設置緣由或内容概要；末有『論曰』，對所記事物的興衰利弊略加點評，這在傳統志書中也是不常見的。

《崇禎江浦縣志》明崇禎十四年刻本現存臺北故宫博物院，南京圖書館等多個圖書館藏有此刻本膠卷。《金陵全書》即根據此膠卷復制出版，此本似有缺損，如卷首缺失修志『凡例』『目録』及『編修姓氏』等項，且有葉序混亂之現象。

劉海東

重修江浦邑志序

鄭樵有云志者憲章之所繫識重之也故必學窮五車而又識寓于古始可徵信班固易司馬遷八書爲十志江淹因謂修史

之難無道於志可易言哉浦邑
創於
高皇帝定鼎之九年所析者六和
滁之三壤二十四年又割江寧
沙洲鄉民之一千户以實之新

棘披荆零星補湊以有茲彈丸之區何從淂志之之輯於萬曆二年永定沈邑侯脩於萬曆四十六年豫章余邑侯迄今二十五載賦日繁一日土田瘠一日民

日歲一日焉至崇禎八年冬流寇攻城九晝夜賴李邑侯蔣將軍堅守如鐵賁未得下賊無所得食四鄉焚刼凡接滁和六合村落鞠為萊按前志而開田

曉州舊編不合也如當陽鋪撥撫前志而問廛舍則廛實不合也民化爲鬼蜮前志而問戶口則多寡不合也勸餉之後練餉繼之練餉之後練米繼之此皆前

志所無不可無紀紀之則必有
道矣上焉者焉不得已之徵下
焉者焉不得已之應非異道子
點睛名手安能擠出長令之若
心羅民之藥竟年李儀八載嘗

荼存活無算兹
内召函行猶惓〻邑志耄念專以
執筆屬之浙名士沈孚中夫亦
度其學與識了此裕如可謂得
其要領矣我明康沚涵先生之

志武功邢子愿先生之志陵邑
鄖美命先生之志江更浦增家
尊之於陸澄地里書顧野王輿
地志之上允堪不朽余宦轍所
至咸得寓目此皆以上襄操觚

尹宜其家傳戶誦近日松江郡志出於宗老友希衣陳仲醇之手可與三先生雁行讀之茶人皆頗志之修置專在名位執念於邑莫服李侯之爲也

崇禎歲次辛巳孟秋吉旦
賜進士出身正議大夫
欽差巡撫登萊東江等處地方贊
理軍務都察院右副都御史加
服俸一級邑人陳應元撰

西抵滁州

南抵和州界七十里

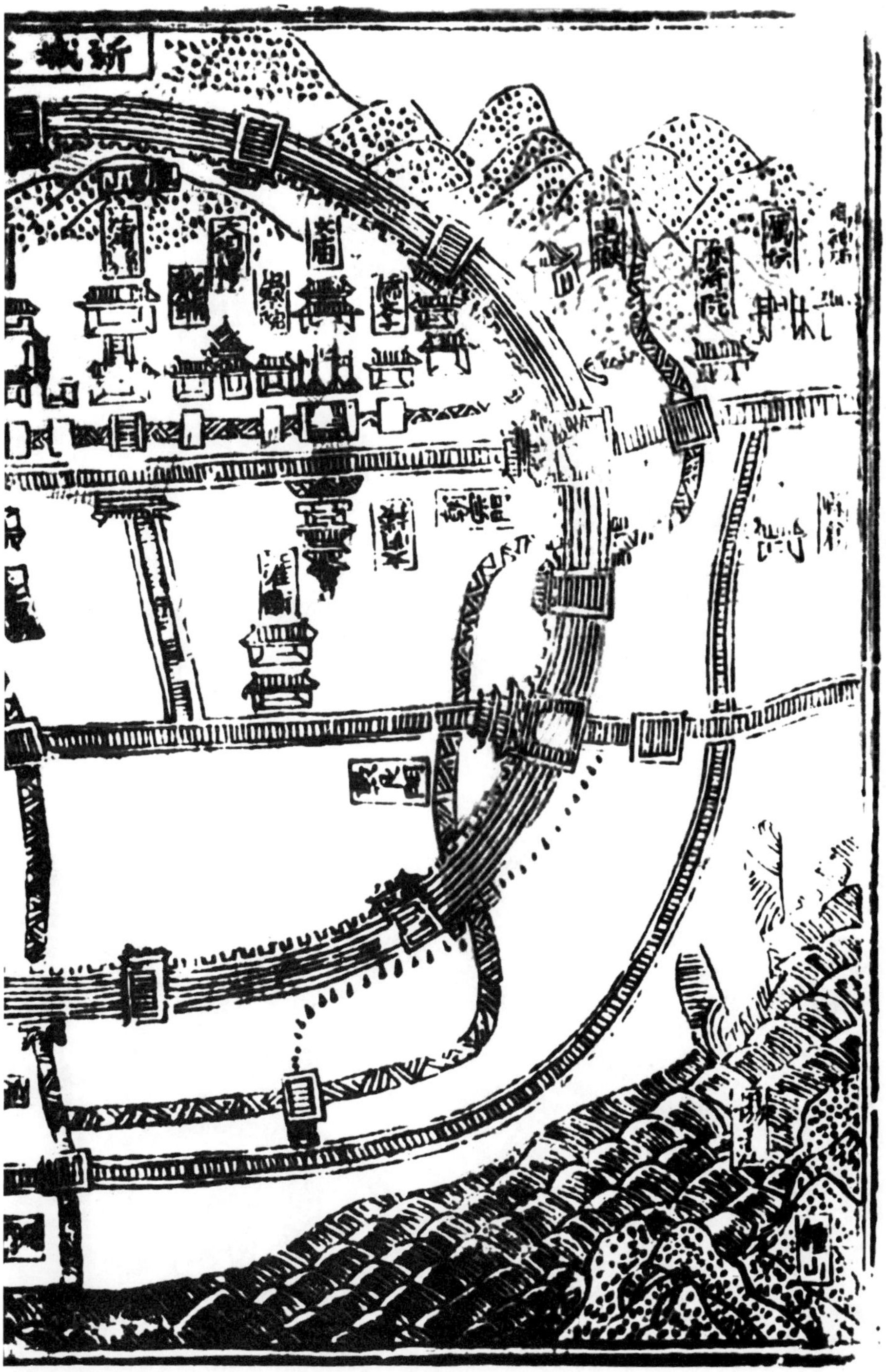
新城

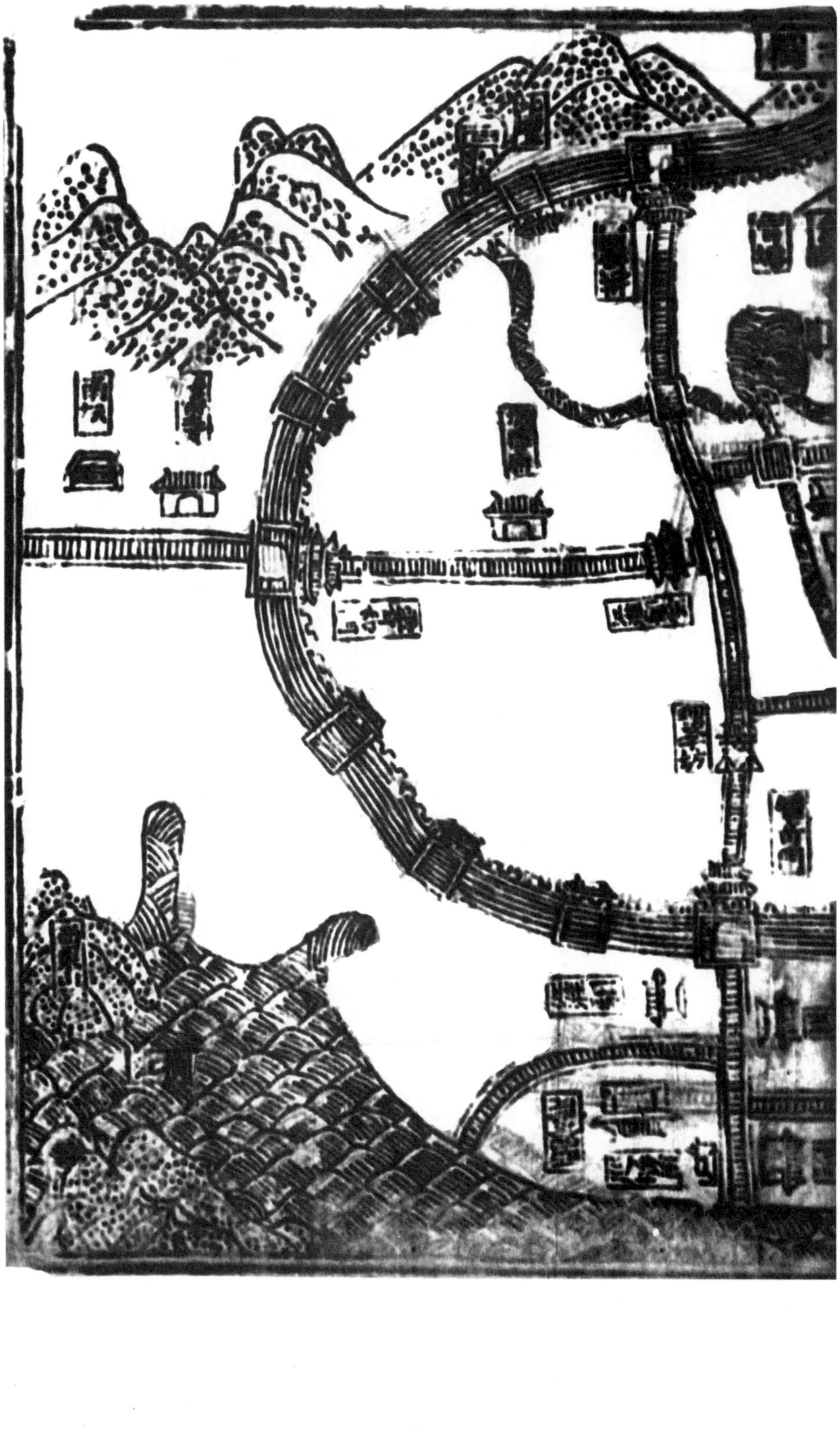

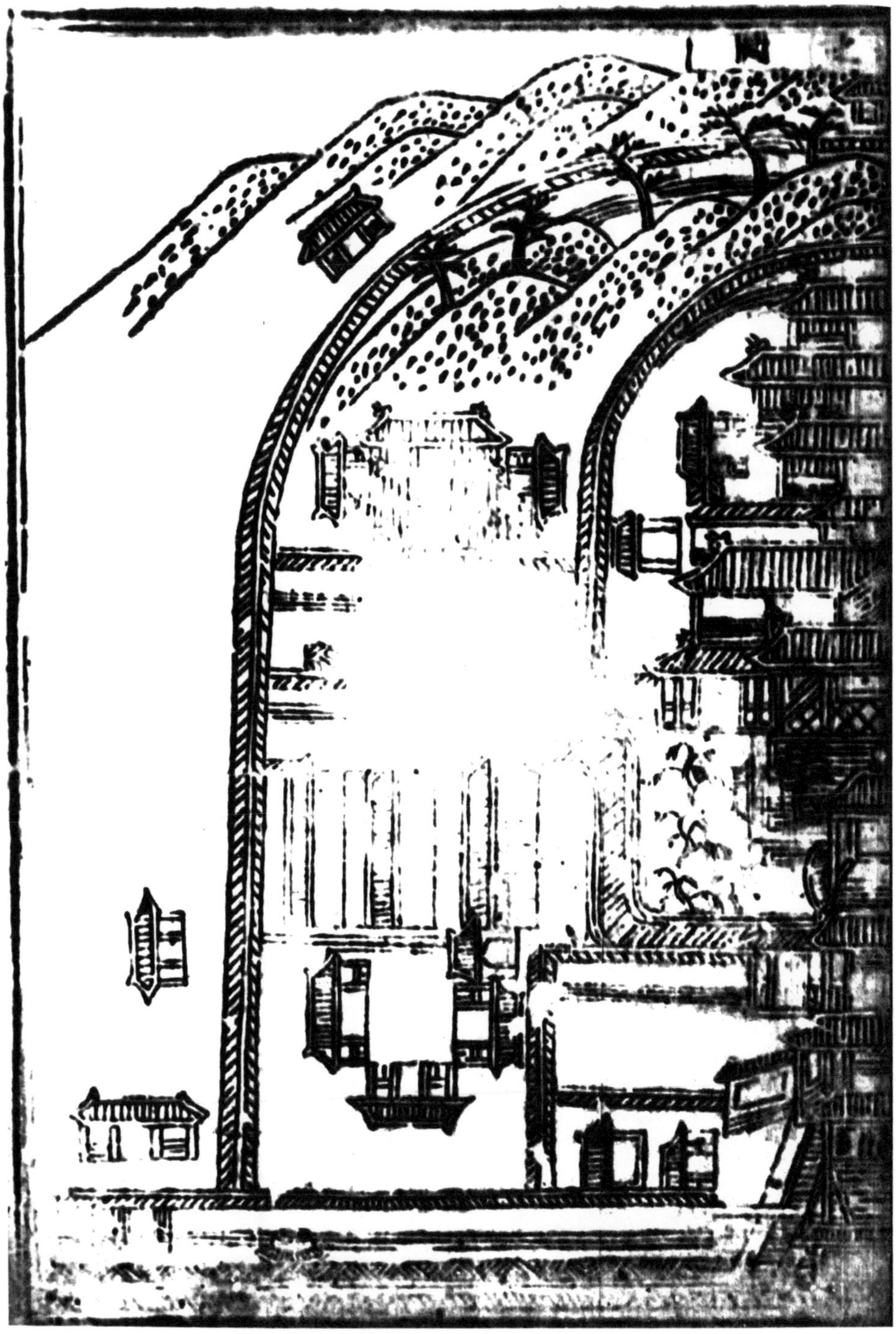

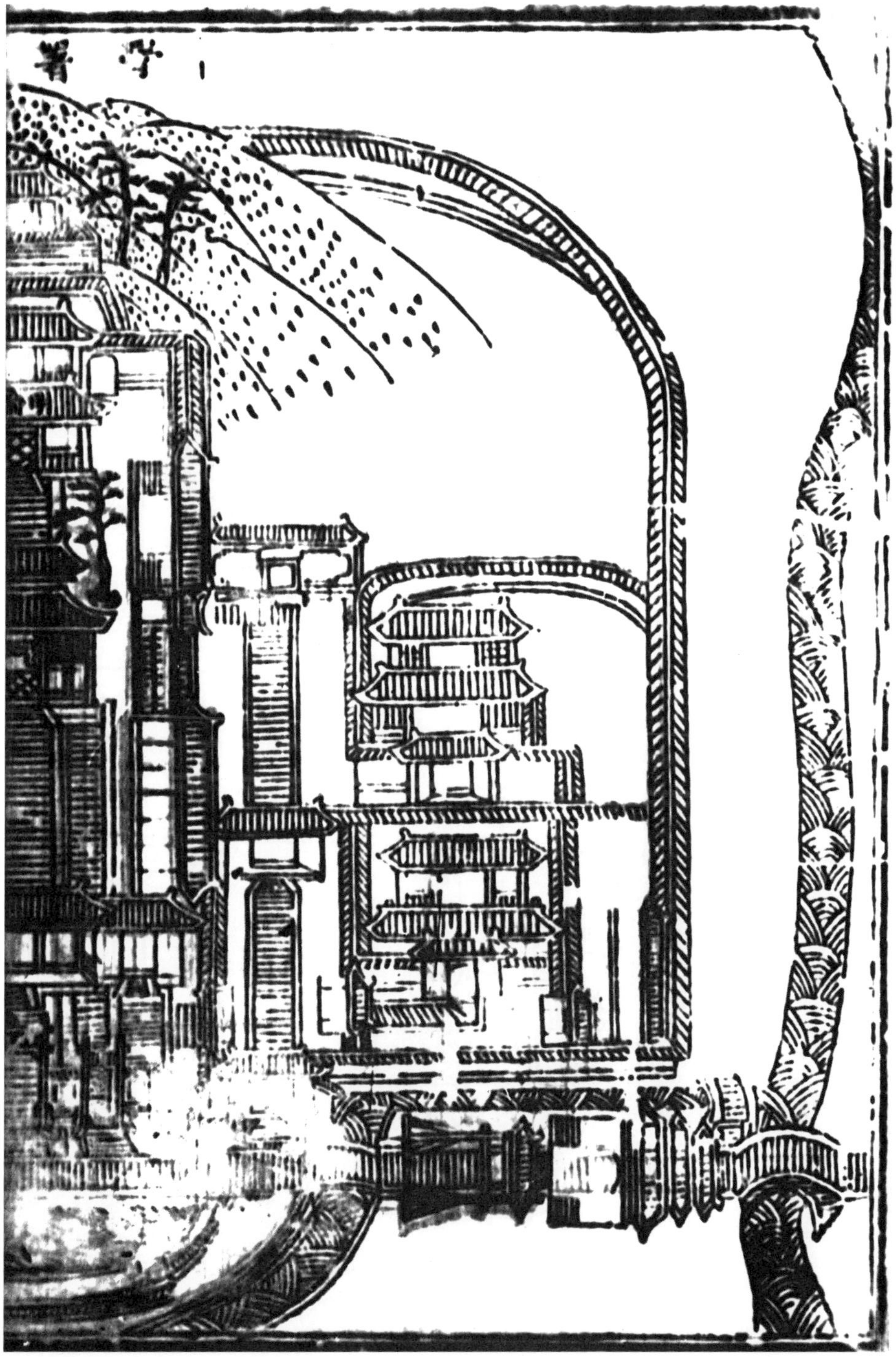
學署

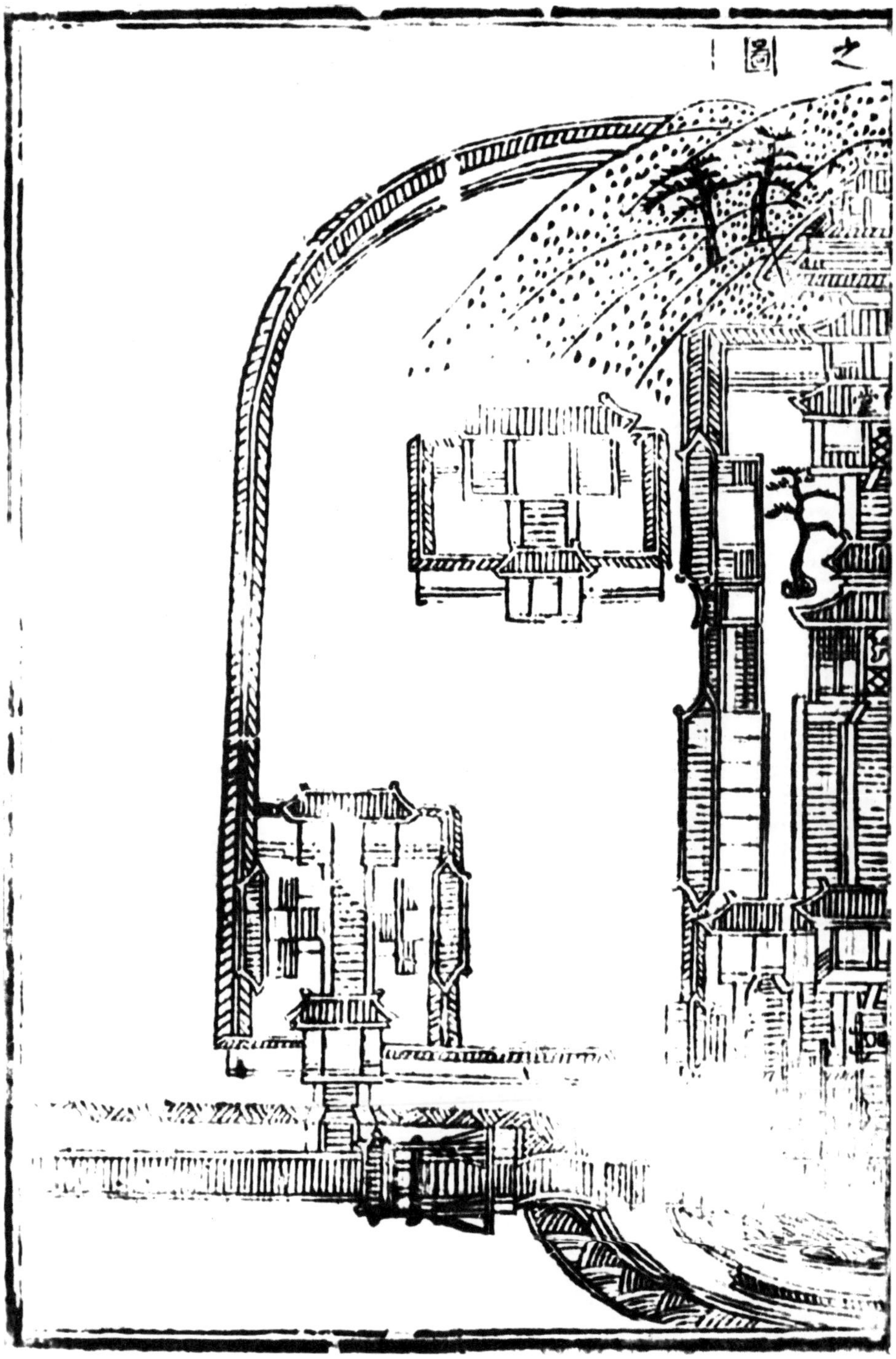
之圖

福龍

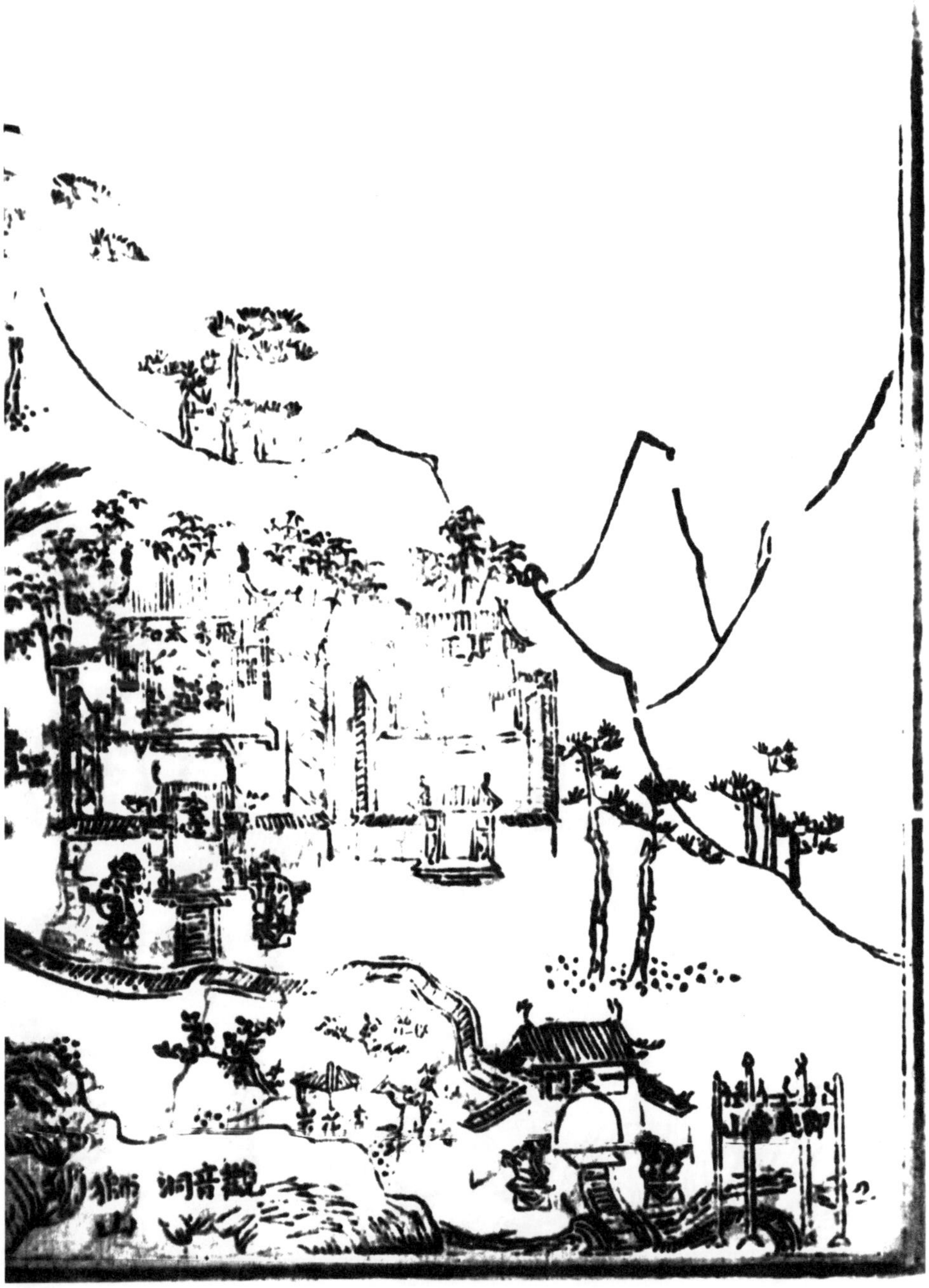

山圖
三天門
土地祠
香爐峯
象山

江浦縣志卷之一

江浦縣行取知縣李維樾重修

縣紀

紀主記事事之大者曰沿革曰攻戰曰禨祥均足以資理而鏡來也江浦置雖二百餘年顧自有土以來載籍斌斌可據爰稽往昔本其事而記之法竊史綱政詳 聖代永爲一邑綱維作縣紀

唐帝堯八十載地屬揚州 揚州之域北至淮東南至海沿于江海達于淮泗江浦地介江淮南北屬揚

域無徒但聞邑之名莫考耳

周靈王十三年爲棠邑地屬楚棠邑之置已久至是始見春秋昭節今之六合也浦析六合而置故特紀之下倣邗溝敘此

敬王三十四年吳子夫差始通江淮地遂屬吳禹貢江淮本通通之自夫差始今浦建關設衛但名江淮實都會所在

元王三年越滅吳不能正江淮地郡屬楚

秦始皇帝二十六年爲棠邑歷陽二縣地歷陽所統

亦也屬和州

漢太祖高皇帝四年地歸於漢爲崇邑歷陽建陽建陽即元之浦流也屬滁州

五年十二月遣韓信等追楚王籍及之至東城籍引騎依四潰山爲陣欲東渡烏江亭長艤船待籍不從自殺

孝獻皇帝興平二年十二月孫策領兵濟江揚州刺史劉繇遣將樊能屯橫江以拒策策擊破之

帝禪延熙二年魏將州仁攬烏江以擊吳不克

晉世祖武皇帝太康元年將軍王濬敲江而下以伐吳吳彥爲鐵鎖斷橫江路

孝懷皇帝永嘉元年春顧榮遣征東將軍劉準發兵臨江討陳敏準進揚州刺史劉機出歷陽敏遂使弟昶將兵數萬屯烏江周玘遣人斬之〇瑯琊王睿西陽王羕汝南王佑南頓王宗彭城王紘於宣化鎮渡江時童謠曰五馬渡江一馬化爲龍遂北瑯琊踐祚〇宋六合志宣化鎮與烏江縣相接云

顯宗成皇帝咸和三年蘇峻帥兵反濟自橫江登牛

渚向京師

安帝隆安元年置秦郡治六合山更堂邑郡爲之別置尉氏縣○按一統志詳六合沿革於江浦六合志已辨之矣此書置秦郡何以其治在六合山而非爲置郡書也烏江葛城治與是同

二年七月庾楷桓玄等反九月譙王尚之討楷於牛渚楷敗奔玄玄大破官軍於白石進至横江尚之退走

宋太祖文帝元嘉二十七年十二月大具水軍使左將軍尹弘守

橫江以禦魏

世祖孝武帝大明五年宋主登梁山有雙白雀集於鳳臺遂於山立雙石闕〇置懷德縣隸秦郡縣今有懷德鄉

七年二月宋主校獵於烏江登六合山如尉氏觀温泉割懷德烏江置臨江郡十月習水軍於梁山

宋主子業永光元年廢臨江郡仍以懷德隸秦郡烏江隸歷陽

齊太祖高帝建元二年領軍將軍李安民擒巨盜王元初於六合山加安民散騎常侍

齊武帝永明十年　蘭陵民齊伯生獲金璽一紐於六合山文曰年予主

齊主寶卷永元元年　十一月將軍胡松李叔獻帥水軍據梁山以備陳顯達

梁高祖武帝太清二年　八月侯景舉兵反十月濟橫江至慈湖地遂入東魏東魏置臨滁郡治葛城領懷德烏江等縣縣舊志云梁置臨滁郡滁志云北齊改北譙爲臨滁郡領縣亦有臨滁云未知孰是

世祖孝元帝承聖元年　三月王僧辯討侯景與其將侯子鑒戰

於梁山大破之

敬帝紹泰元年陳霸先遣侯安都周鐵虎立柵於梁山以備侯瑱

陳宣帝太建五年地入北齊四月北齊於秦郡置秦州州前江浦通涂水齊人以大木爲柵於水中將軍吳明徹使豫章內史程文季將驍勇拔其柵克之五月秦州城降據南史文季傳則江浦之名其來舊矣縣之得名始此觀六合宋志江浦在宣化鎮南又載涂塘入宣化鎮通江浦達於江即吾浦東北境

隋高祖文皇帝開皇九年正月總管韓擒虎自横江濟師以伐陳

唐懿宗皇帝咸通九年十二月盜龐勛敗官軍分遣其黨丁從實等各將數千人破烏江遂寇滁和州

宋徽宗皇帝崇寧元年十二月詔開遇明河自宣化江至淮河口

高宗皇帝建炎三年十一月統制岳飛敗李成於六合成遂會兀术寇烏江宣撫使杜充閉門不出尋

叛附金

四年五月金人自滁安鎮渡宣化而去

紹興七年正月[illegible][illegible]宣化渡城

十一年張俊與金人戰收復宣化

三十一年　八月[illegible][illegible]川統制邵宏淵遣統領崔

皋及金人戰於定山敗之

寧宗仁皇帝開禧二年十一月金僕散揆入滁圍和州

十二月知建康府葉適命定山居民劫敵營俘其

俘馘以歸金解和州圍退屯瓜埠適又遣石斌賢

渡宣化峯走金人
三年正月柴適度滁江地創大堡於定山阨蔽靖安
堡成流民漸復
理宗皇帝嘉熙元年四月詔兩淮策應軍戰宣化兩
軍殺傷相當陣亡將校李繼王海李雄廖雷等贈
官有差
開慶元年三月蒙古兵自烏江渡北
甲午八月我
太祖遣兵復下滁水六合等寨〇十月六合清流地

俱附於我

太祖尋以六合隸淮海翼元帥府省清流入滁州

乙未烏江地附於我

太祖烏江尋省入和州○元太子禿堅及樞密副使

絆住馬氏兵元帥陳也先各道兵分屯高望青山

等處道梗不通我

太祖率諸將擊走之

大明

太祖高皇帝洪武元年設浦子口巡檢司

三年十一月命戶部給戶口勘合孝義鄉民俱有存者

四年八月始築浦子口城設應天衛於城內○設東葛驛

九年始析六合孝義鄉和州遵教懷德任豐白馬四鄉滁州豐城鄉置江浦縣屬應天府治浦子口城內

以六合舊有江浦故名弘治縣志謂改烏江為縣葢未審已廢烏江也且以近江臨浦名之誤矣和志止云割任豐白馬二鄉又叙於三年之上亦

非是　七月設龍虎衛於浦子口城

十年建儒學於浦子口城

十一年詔免今年秋糧〇移武德和陽橫海三衛於浦子口城　俱原設在京者

十四年始造黃冊定軍民匠籍十月詔今年秋糧[illegible]田減半民田盡免

十五年免今年夏秋二賦

十六年五月詔免今年秋糧

十八年造賦役冊定民戶上中下三等凡徭役取驗

九年二月詔民年八十以上賜爵里士九十以上

賜爵社士皆與有司為禮復其家

二十年六月免今年馬草閏月詔東葛等驛置馬四

十匹以蘇州松江常州鎮江嘉興五府市民為馬

夫

二十一年五月令今歲民租對衛作將校軍士俸糧

二十三年詔設預備倉八月遣老人齎鈔收糴備荒

糧儲○立草場於湯泉等處

二十四年遷縣治於鳳凰山之陽開新路通江淮關

設江淮巡檢司隸於府復割江寧縣淤開鄉其[illegible]

并和州屬縣爲崇德鄉 編戶一十八里後併爲四里

共十四里糧稅供各里賦納 更建城隍廟於縣治

南先建於浦子口城內

二十五年遷儒學於縣治東

二十七年正月令以預備倉糧貸貧民

二十八年九月詔免今年秋糧○設江淮衛於縣治

東開設馬船於江淮浦子口二渡

二十九年八月詔免今年秋糧

除四年

成祖出六合至浦子口渡江駐師龍潭○謹按今年

一大役

成祖文皇帝永樂元年十一月罷遣浚河民夫

[illegible] 車駕將北巡敕有司建行殿二月建殿於縣

治東半里及東嶽城門黄恍嶺 道

十六年十一月 車駕北巡駐蹕

十九年九月定養馬例

宣宗章皇帝宣德二年有虎入縣境

英宗睿皇帝正統四年八月大風時杨子江渡者多覆没

十二年夏大疫

天順五年五月大水

憲宗純皇帝成化元年水巡撫都御史劉孜奏減種馬孜奏江浦路當衝要今年又被水災人民艱難查得洪武永樂年間原有三十六里原領養種馬一千二百九匹附餘馬一百八十四匹自後逃亡死絕止存二十里中間消耗亦多景泰五年所添

協馬四匹至四十五匹卽今種馬多而人丁少仍一
之家併養馬四五匹者有一戶併養八九匹者乞要
查勘分減事下獲減種馬四百七十四匹
六年四月大水免稅
八年七月大風雨江溢議恤之
九年七月以水災免去年秋糧
十八年巡撫尚書王恕奏准將官田減耗民田勸米
以補官田原額
二十一年大水

二十二年旱民饑

孝宗敬皇帝弘治元年大旱停解馬

三年夏旱既而大雨冬大雪月餘○勅建社學○工部郎中毛科奏將本縣均工弓兵場洲并續報洲悉赴工部抽科納課

七年遣官丈境內草場

十二年建鄉賢尊賢二祠

十六年浦子口城圮遣官祭告江神　南京守備成國公朱輔等奏稱浦子口城拱衛京畿藩屏地方大

破江水逐年衝洗逼近城腳矣

勑該部議照先年事例遣官祭告江神遂

命輔致祭　知縣章文韶奏處坍荒及額外田賦

十七年創修縣志成

十八年革管馬主簿七月大風潮溢江淮衛船多漂

没

武宗毅皇帝正德七年夏流賊劉六等犯縣典史談

傑率民兵驅至四瀆山沂前數級餘潰入江〇更

建儒學於龍脊右　易東[illegible]記之

十二年夏大雨水漲江溢街衢可通舟溺死民没廬
舍甚衆
十五年大風
世宗肅皇帝嘉靖二年 三月大風以水災減田租
稅
二年夏秋大旱絕禾稼遣官賑之仍[illegible]
三年夏大疫死者相枕於道
四年巡撫都御史吳廷舉勘[illegible]議荒田[illegible]
年革西江巡檢司

九年革江淮浦子口二關

十年江溢没田

十一年火焚江淮衛船六十餘隻

十三年建祠祀理學名臣莊昶

十四年旱蝗遣官賑恤

十六年巡撫都御史歐陽鐸會議均攤田賦始秋糧

帶徵里甲米

十七年剏建譙樓

二十三年奏准豁坍江賦役○夏秋大旱饑

二十四年夏大旱

二十五年夏建青雲閣於櫺星門左

二十六年有虎入縣境

三十年鑿泮池

三十三年大旱

三十四年夏麥大稔秋蝗飛過境不爲災

三十九年大水

四十一年冬戶部分司災

四十五年十二月雨大水

穆宗莊皇帝隆慶元年革東葛城驛冬地震
二年不雨○始置社倉
三年巡撫都御史海瑞奏行一條鞭法
四年革訓導一員○蠲蘆洲逋課
今上皇帝萬曆元年春始築縣治刷垣
三年五月本府府尹汪宗伊奏准減縣里川平米一千一百九十五石有奇里甲均徭驛傳銀一千八百四十七兩有奇著爲例○築縣治重垣設防禦
鋪

四年三月兩館

五年大修學宮啓建啓聖祠於明倫堂右〇剙置瀞澤園

六年南京都察院右都御史汪宗伊奏築縣城奏畧云江浦與南京對時共守長江之險急修築城池合用工費查將見存掣鹽等項銀兩經歷司并山東道上元江寧二縣各庫通共貯銀一萬八十五兩有奇不係起解銀兩俱應動支聽應天巡撫銀應用其不敷之數及修築事宜俱聽南京兵部

應天巡撫計議請奪事下兵部勘覆重建陰陽醫

學○重建馬神廟○置書籍於學宫○有年

七年知縣沈孟化纂修縣志成○春大豐○冬清丈

縣田畝始均税糧

八年春三月知縣余乾貞築城秋九月城成○建文

明樓於泮池前○夏改建存晋預備社三倉於縣

治右○改建名宦鄉賢祠於戟門右○秋重建明

倫堂

九年復定丈過上中下田爲一則徵税糧

十一年知縣孔貞尭刪濬城濠

十三年三月地動有聲○夏重建縣治親民堂○改建存留預備倉於縣儀門左○建縣治右大察院○建觀賢館

十六年大水

十七年大旱遣官賑貸○奏　允漕糧改折三年帶徵○秋大疫知縣梁材於設粥施藥全活甚衆

十九年知縣王守正建文昌樓於明倫堂左

二十二年知縣倪壯猷給濟州汀洲

二十三年復東葛城驛○冬濬王家套河
二十四年秋建關口官廳及威鎮樓
二十七年大水
二十八年地生白毛
二十九年知縣梁可述重修縣治復春堂及親賢館
土地祠
三十年春大雪
三十一年秋大疫
三十二年夏大旱知縣田擊出倉穀四百石代民濟

樓

三十三年重脩敵一亭并義路等門

三十四年民大饑本縣請發倉穀一千四百石賑濟

三十五年操江都御史丁賓檄行里甲一當九空法

三十六年夏江水泛溢田廬渰没者甚衆

三十八年重脩儒學文明文昌二樓

三十九年府尹陳長庚定南馬改折例

四十一年大水○知縣蔡佩之定柴縣解差法

四十二年南京工部尚書丁賓銜本縣進 [illegible]

自拱極門抵滁州界五十里
四十三年春知縣余樞開儒學前新河○清查本縣庫藏積侵條折等銀三千餘兩補解○申減起運耗米一百三十餘石○是年夏六月大雨城内水深三尺損田廬甚衆
四十四年修築張家圩墾軍民田地七千餘畝復糧四百石有奇○巡按御史駱驥會奏　請尚書張瑄郎中莊杲謚○建常平倉及社倉於各鎮○秋飛蝗入境不爲灾

四十五年　賜郎中莊泉謚○四月府尹姚思仁條
錢給鄉民督令捕蝗蝗患遂息○秋大旱知縣余
樞申請撫按行委太平府推官胡永順踏勘災傷
悉心條陳奏　允秋糧改折
復請發預備倉稻并六鎮社倉稻共一千五百石
賑濟饑民

上崇禎八年秋知縣李維樾創建安固關於北關城
外中爲瞭遠樓左設候館右移郎公祠以護城
八年冬流寇攻城九月夜知縣李維樾力却之銃砲

城舉傷賊數千將戶張由寶手刃上城一賊舍人王臣忠殺三賊全城之功首屬士人次日夜攻守備將若來力却之頭營負重傷猶能格鬬生員熊國璽死難城頭是舉也獲賊級甚多死於銃炮者不可勝計

九年南樞獲細劉泰供賊首九條龍死於江浦城上

十一年旱荒知縣李維樾始親徵漕糧蠲革陋規且出庫銀五千兩易米江西與民完糧

十三年荒歉知縣李維樾設粥廠二處全活無數

論曰江浦故和滁六合地也繇今而遡域於揚爭於吳楚迨漢而下經畫靡定兵革頻仍亂至胡元極矣奚足述哉

皇祖開天首奠茲土歸焉之後建邑設官遂爲畿輔要地而關津之置武衛之參郵鄉之部視它郡獨詳

聖聖相承恩覃化洽吾民永賴在茲則夫審勢相時興災杜患以固邦本而翊　神京者謂非長吏責耶

江浦縣志卷之一終

江浦縣志卷之二

江浦縣行取知縣李維樾重修

秩官表

帝王設邦邑必命官以理之志標氏名使明而易見也粵稽秦卿烏江諸治俱在浦城中雖守令有徵緣非專官不錄茲斷自　昭代書其可知爵繫年人繫爵籍繫人遠者莫稽凡耳目所睹記則進事加詳瑜以掩瑕亦不非父師之義作秩官表

知縣	縣丞	主簿	典史

洪武劉進

黃克脩 貞

劉英

楊立

仇存仁

龐俊

永樂周益

金仲芳 浙江餘姚人舉貢經管清勤子成隨任補邑庠生因附籍本縣

婁文達 山東樂安人人材除半剛果撫民有方歷九載

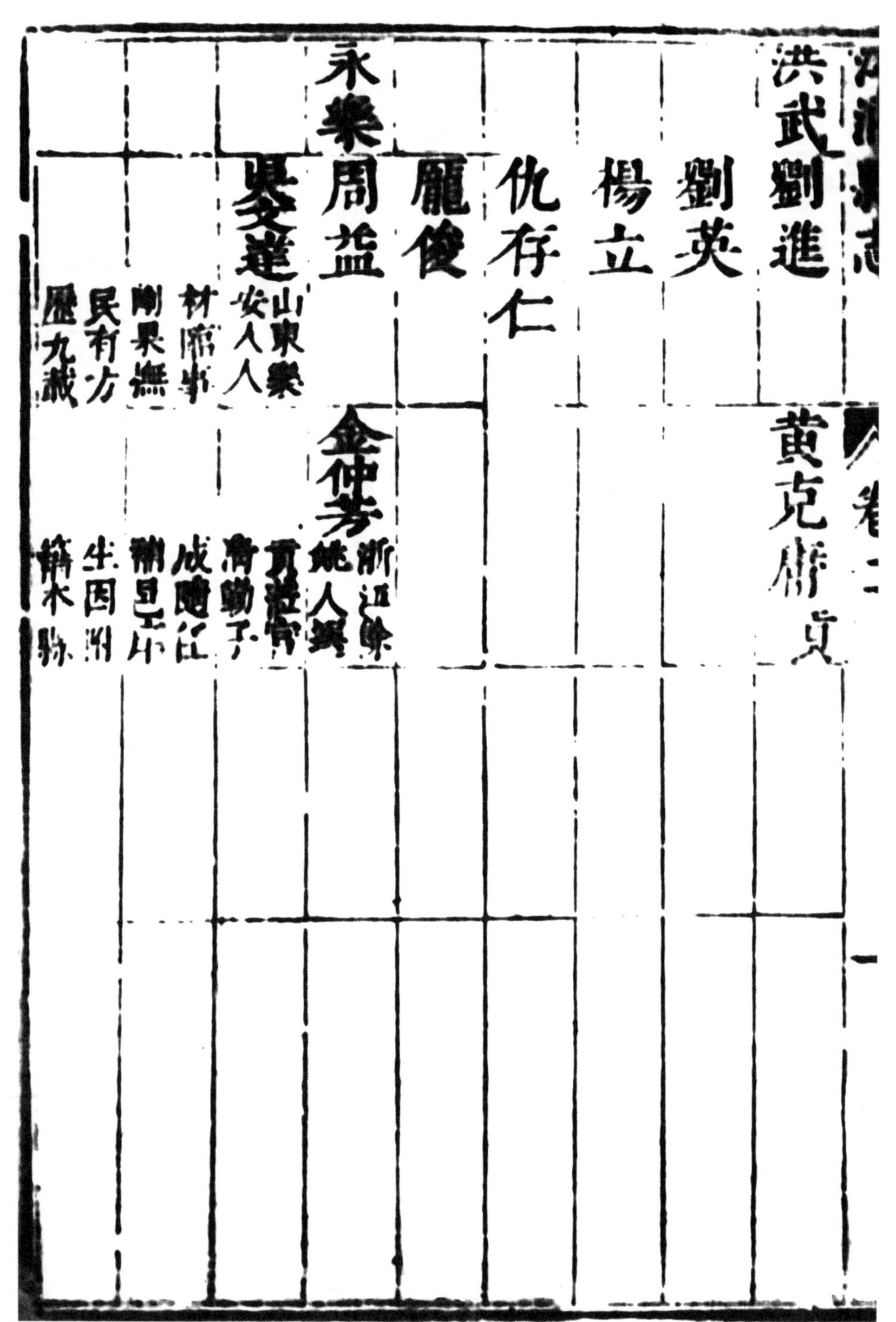

洪武以迄八

穆嶽迪 傳見官蹟　李之煥 傳見官蹟　王童　邵斌

陳思堯　張肅　汪世祿

正統 文彬 廣西臨桂人舉人　陳端 浙江蘭谿人　蕭增 山東人　陳寬 山東樂陵人

羅信 傳見官蹟　賈琮 浙江永康人　李素 山東高密人

景泰 勞鉞 傳見官蹟　尚聰 湖廣襄陽人貢　張宏道 江西南昌人

天順 彭烈 傳見官蹟　丁潮　王鑑　楊紳

王廸 直隸故城人貢　孟春　高濟 山東泰安人貢

成化袁綱四川銅梁人貢石清　林杲福建莆田人有惠政鄒信山東人

雷以時河南西平人進士張聰山西嵐縣人貢潘源廣東南海人貢

馬文麟見宦蹟傳王欽直隸清苑人貢廖貴湖[illegible]興[illegible]沅人

張鳳江西宜春人進士治劇剸繁紀綱振肅越一載以憂去[illegible]思目鄒韓紹祖山東章丘人貢

史

林資 浙江分水人進士

蕭育 江西泰和人舉人游官九年曾修濠水事時以能吏升之

趙續 直隸定興人貢

楊選 山東陵縣人

譚俊 湖廣人

弘治

馬燧 四川內江人進士陞御史

陳忠

樊誠

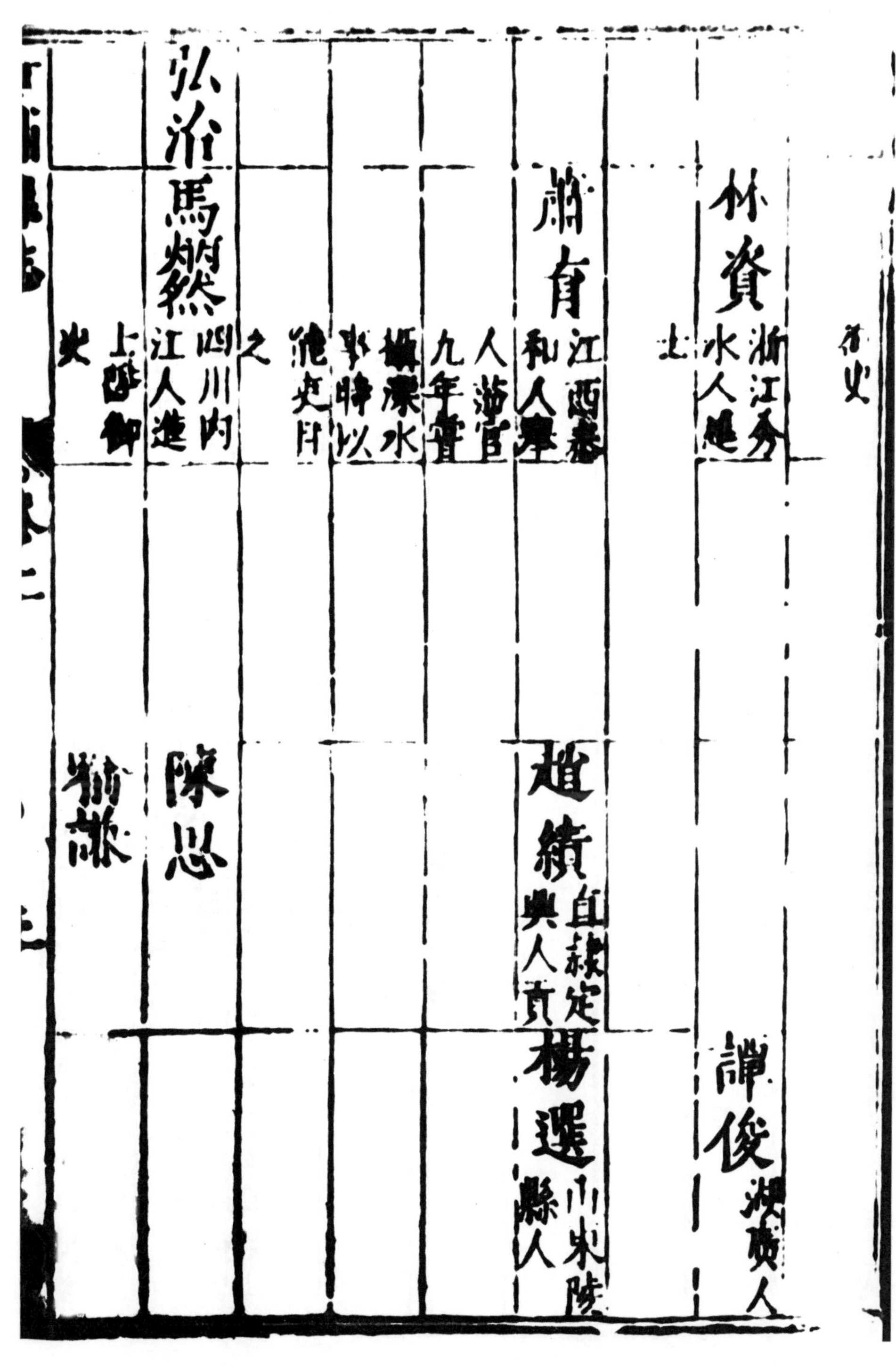

胡昉 浙江蕭山人，進士，陞工部主事。

乾之蘅 浙江黃巖人，進士，留心民瘼，奏乞丈量州江及荒蕪田地，將洲地升補後之缺額，州之賦稅實頼焉，于此陞工部卞。

楊正 江西人

鄢兼 江西[illegible]安人

楊思和 湖廣孝感人

向越 江西安福人，監生。

張釗 白綠人名人

胡之卿 河南睢山人，監生。

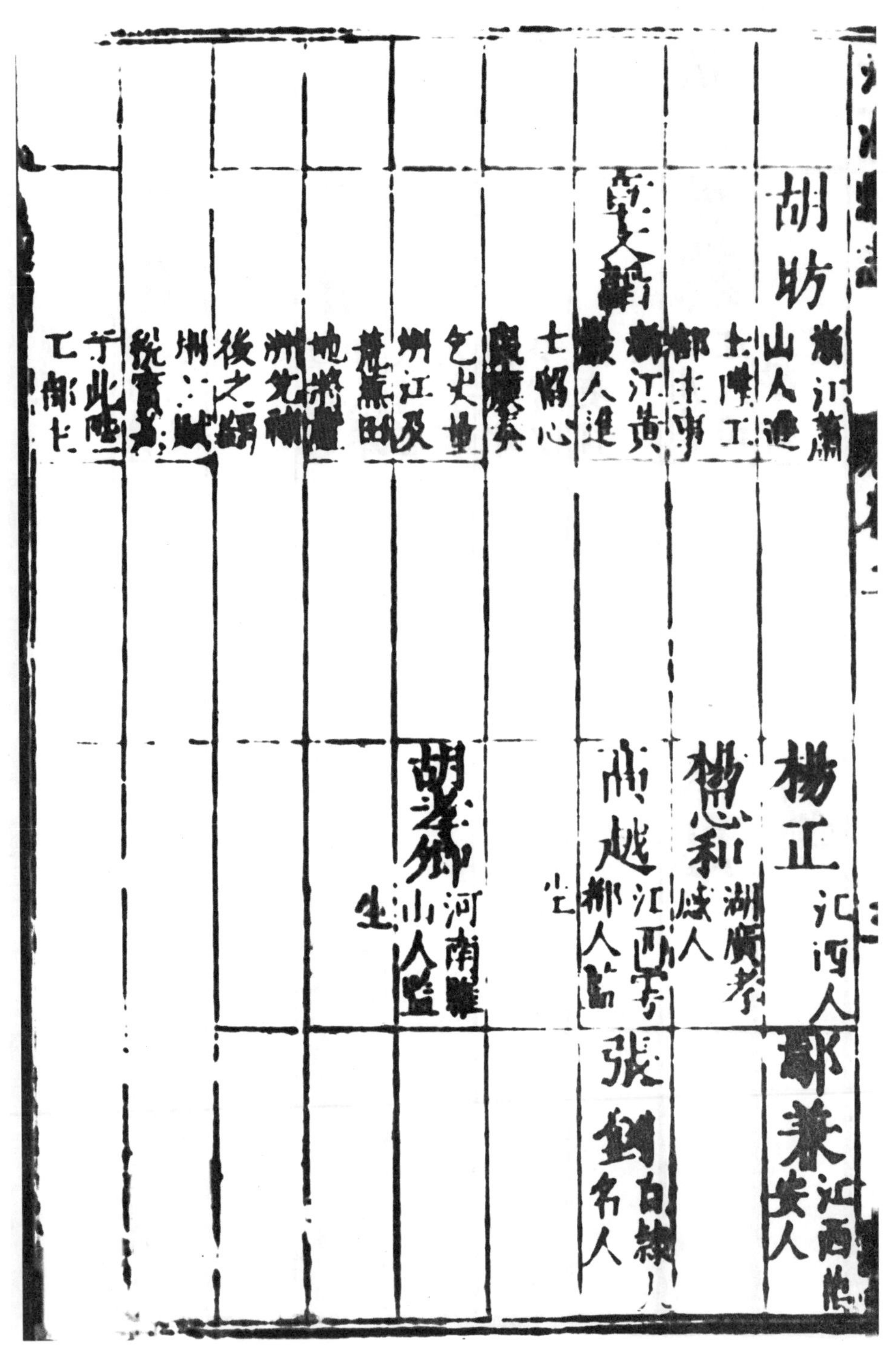

事歷僉事

馬文盛 湖廣漢陽人進士陞成都通判

正德

吳華 江西臨川人進士操履方潔夙弊剗除以憂去尋陞御史

秦銳 浙江山陰人進士陞御史歷按

衛秉謙 山西陵川人監生

陳欽 湖廣應山人吏員

歐禎 廣東南海人吏員

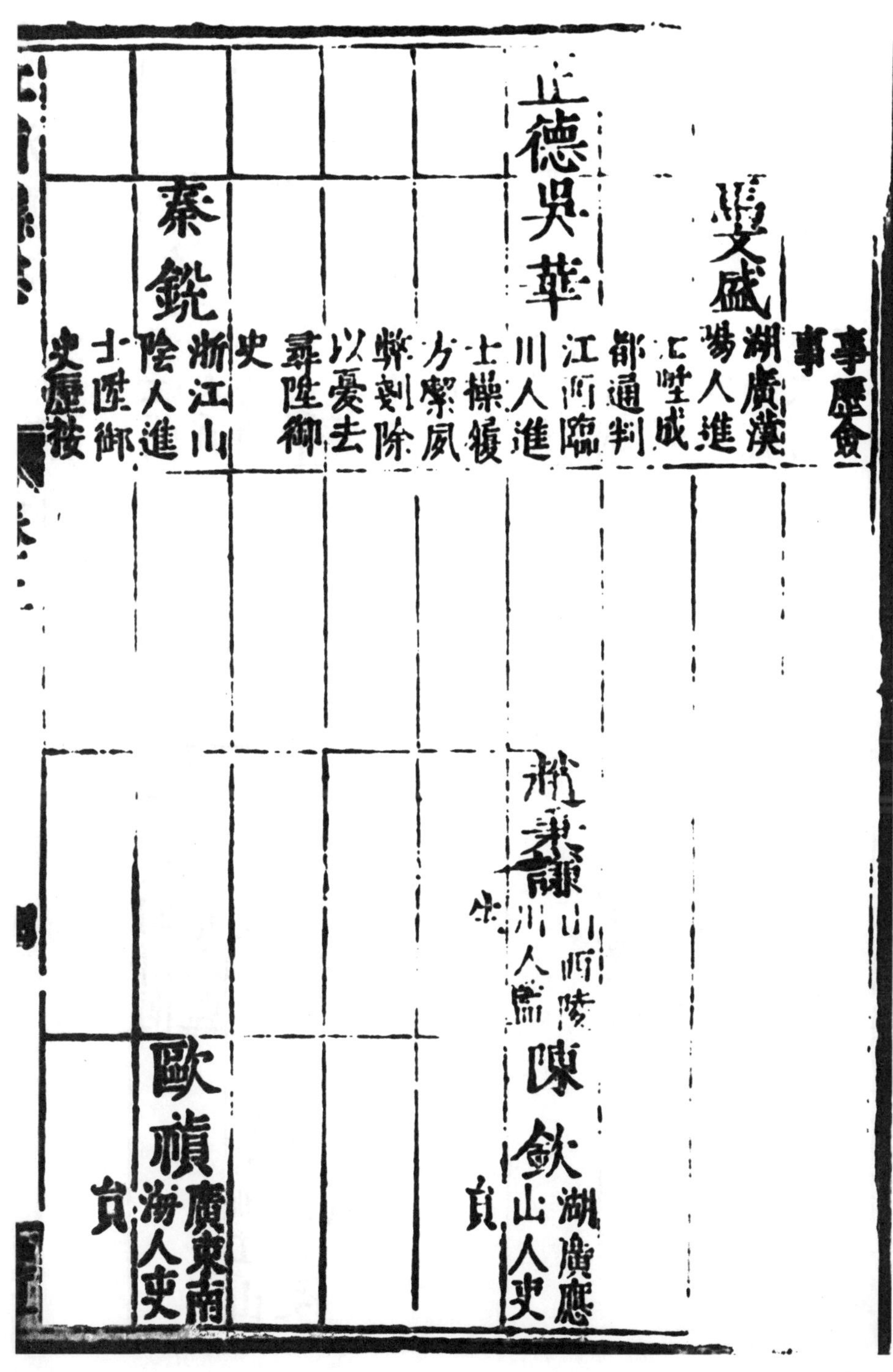

察副使

董遵　浙江蘭谿人貢

魏題　湖廣蒲圻人舉人莅事剛果人不能干以私陞永寧知州

孫經　河南鄭州人進士陞都察院經歷未行卒

張忱　四川南充人監生

談傑　浙江山陰人吏員

金海　直隸撫寧人監生

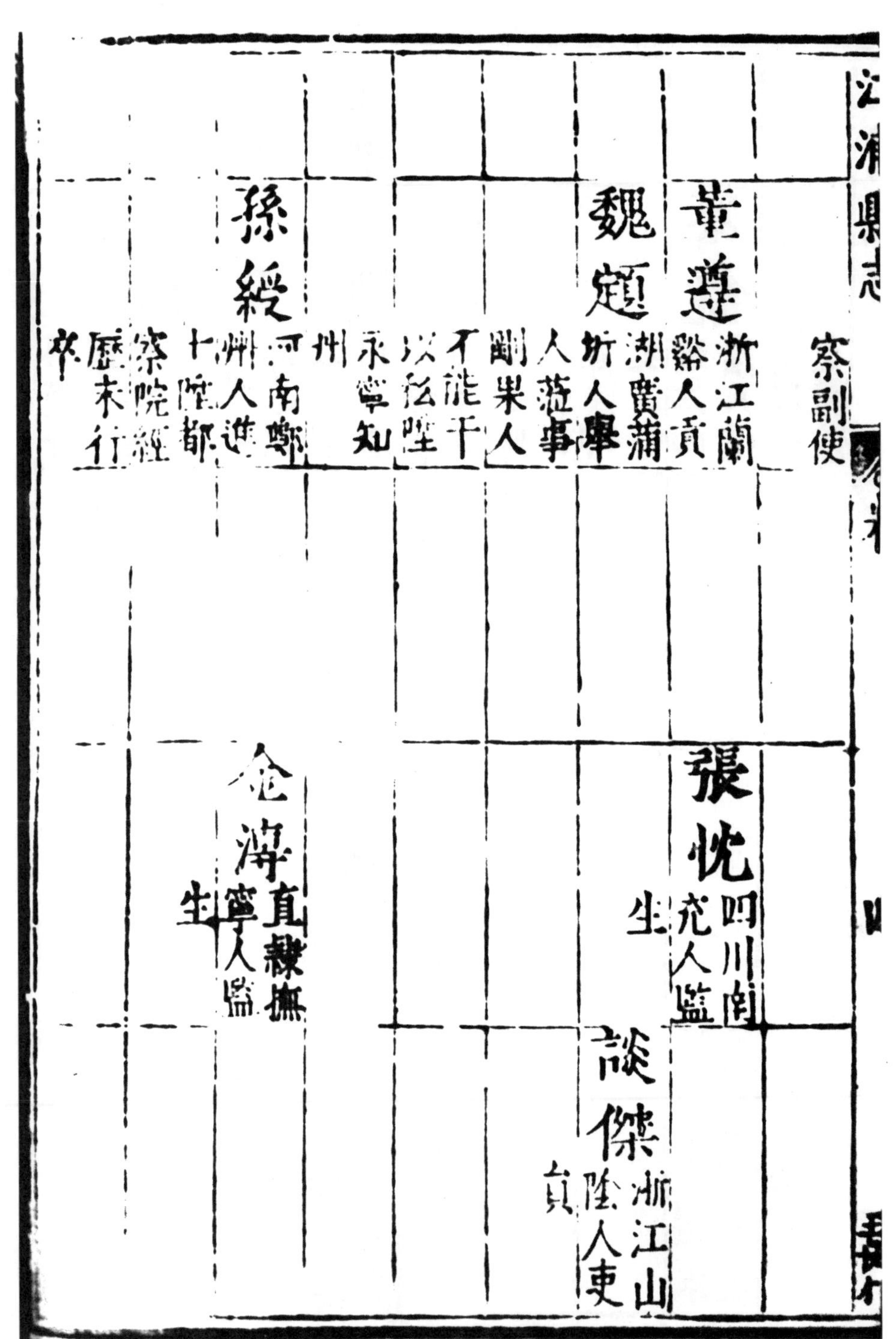

□義 浙江淳安人舉人

新蔡

王立 直隸吳橋人舉人陞東昌府通判

王卿 湖廣清浪衛人監生

但琛 湖廣武昌人吏員

耿瑤 見宦蹟傳

譚洪 湖廣攸縣人吏員

周綺 浙江鄞縣人舉人政尚牧愛加意節省[illegible]

李繡 河南中牟人監生

林繼皋 福建閩縣人，進士，累官知府。

廖君 福建閩縣人，進士，歷陞郎中。

劉紳 廣西桂林人，舉人，陞興化通判。

高祉 山西汾州人，舉人，陞官清約自持，陞獻皇府伴讀，宮道經。

葛綬 河南太康人。

黃容 福建莆田人。

姚鑾 陝西西鄉人，監生，以疾去。

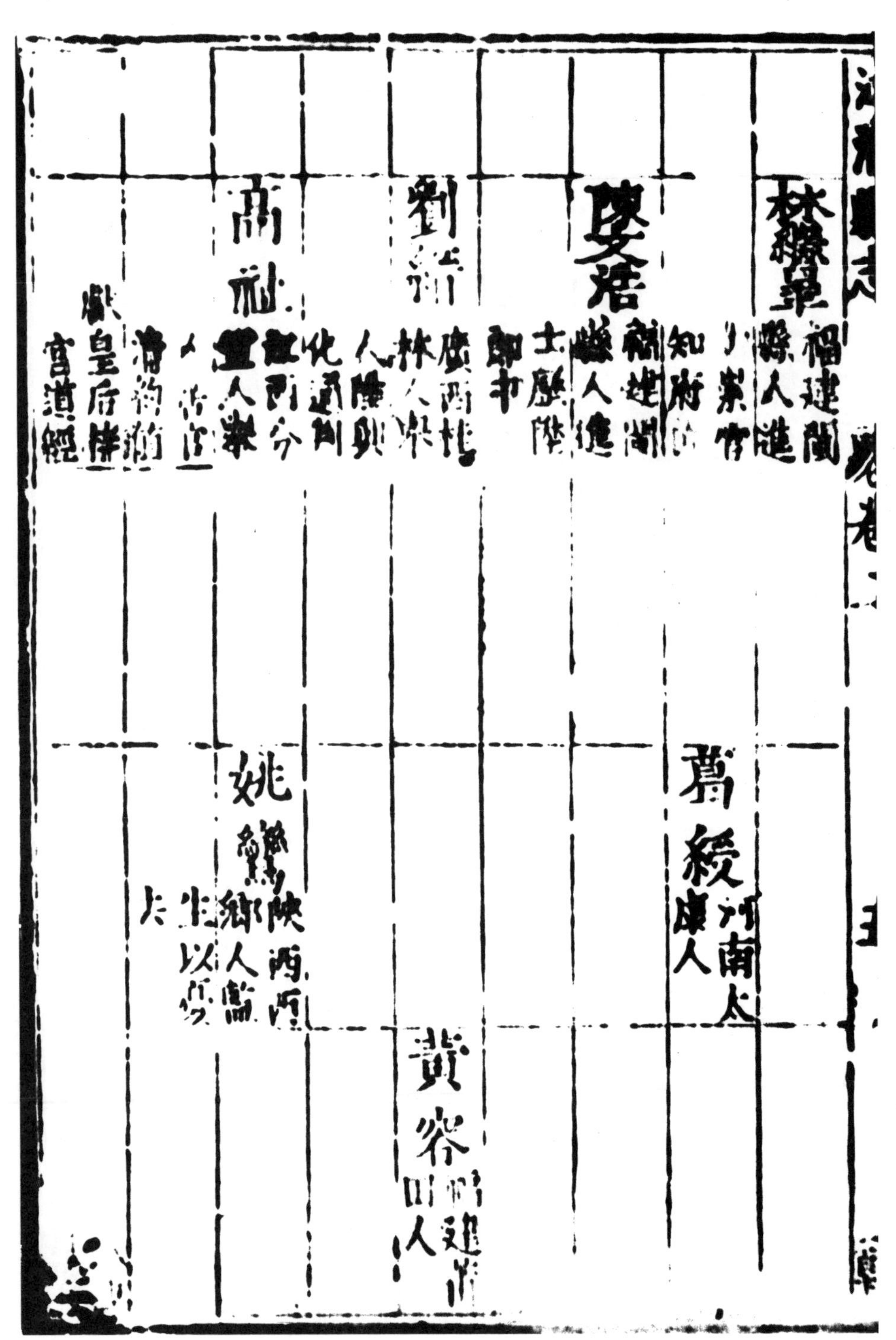

江夫
仙賴以
不壞仟
當道龍
拼成磡
南樂陞
南京太
僕寺丞

小約 湖廣興國人貢以調去

黃昭 江西廣昌人舉人陞四川眉州知州

柳 浙江蕭山人貢

卄沔 江西南昌人吏員父卒於官

楊熊 湖廣石門人監生陞安平縣丞

金琇 直隸薊州人吏員

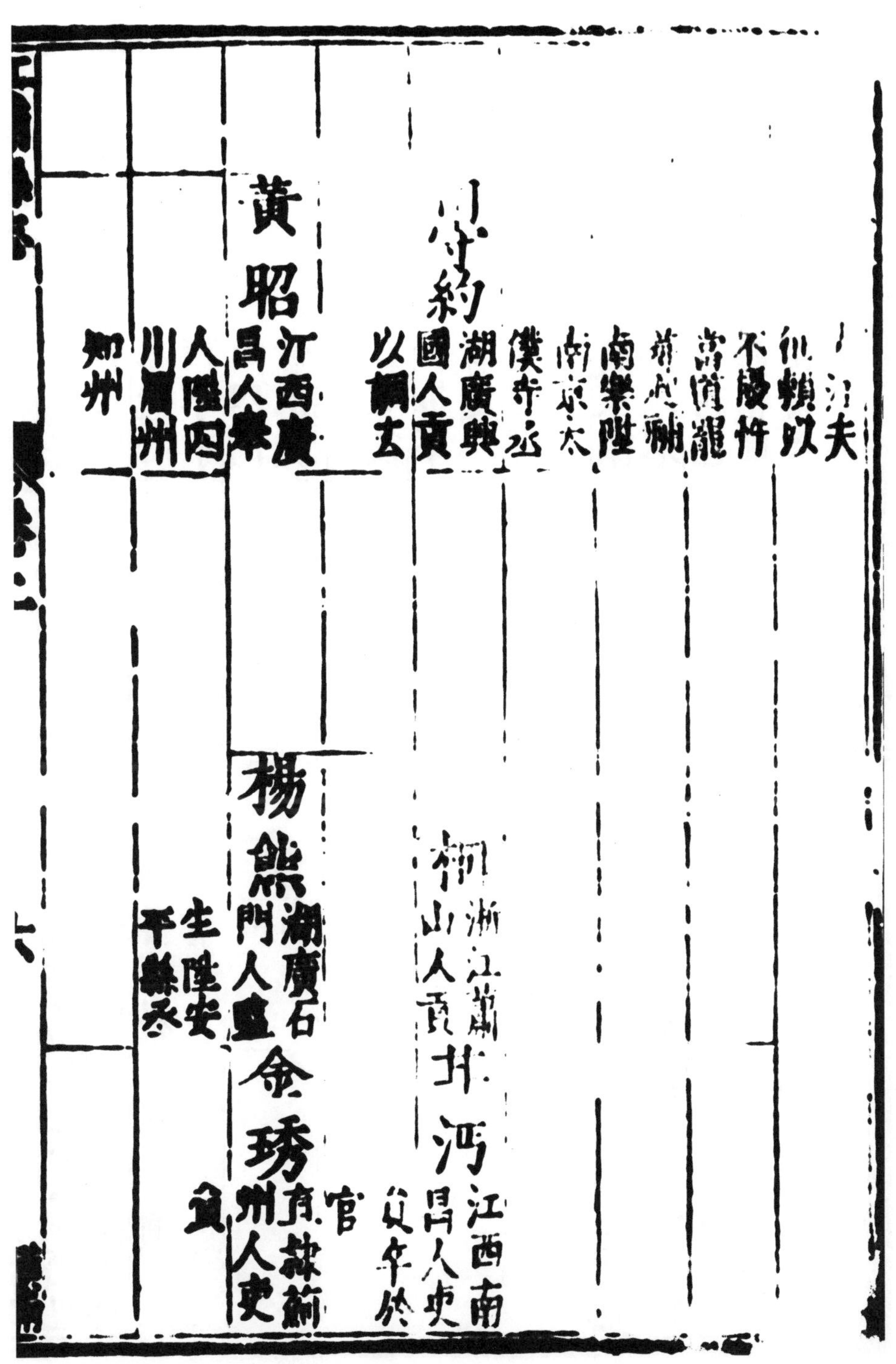

張峯　江西泰和人，舉人。悉心撫字，申免四門倉米，民德之，爲立遺愛祠。擢本府通判，累官郎中。

侯國治　廣東南海人，舉人。持己謙慎，節用愛民，遷戶部。

蕭時學　湖廣臨武人，監生，卒於官。

袁廷崑　湖廣□陵人，吏員。

周實　廣□人，貢。

夫章　山西廣昌人，貢。

謝鎬　廣東南海人，吏員。

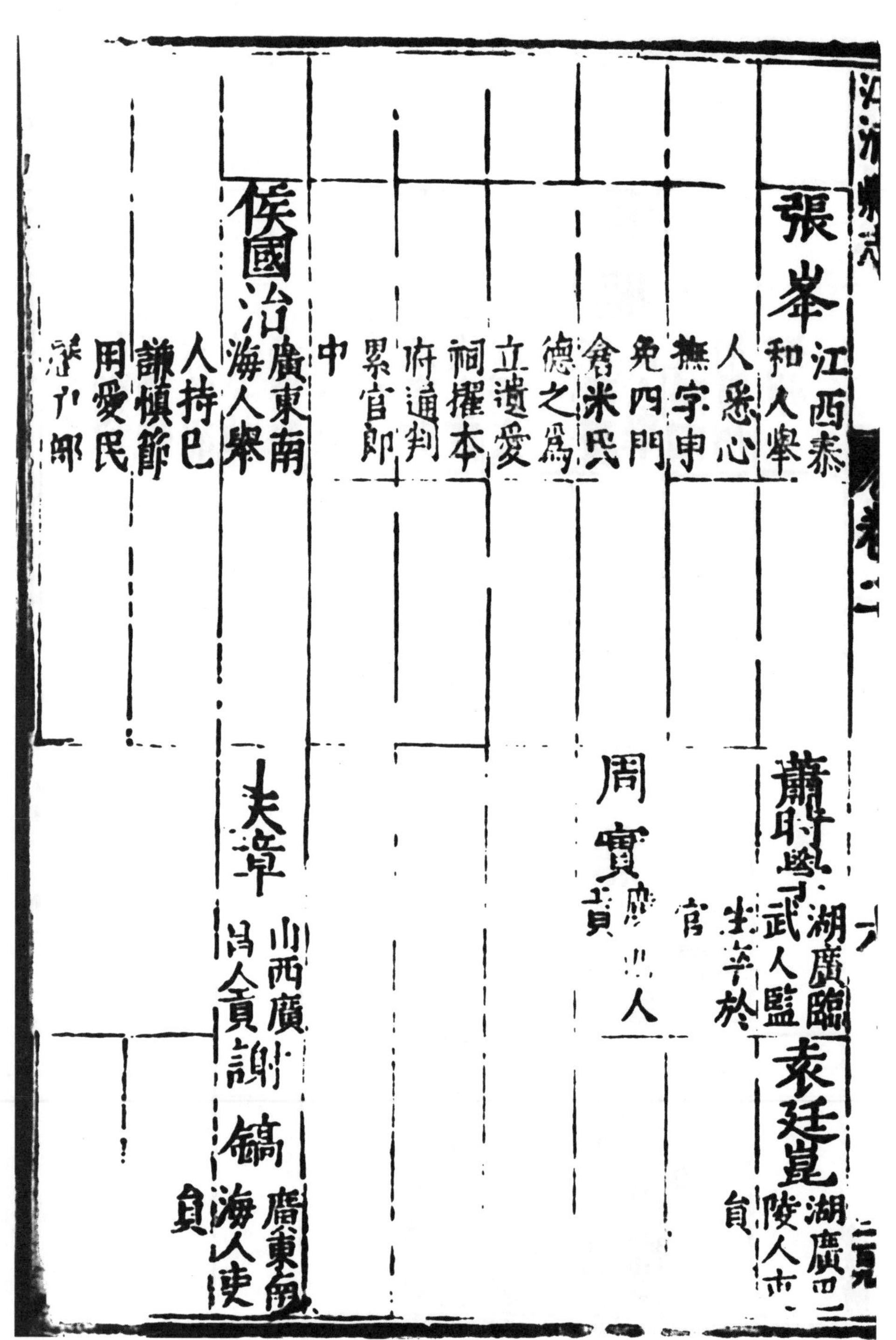

小史歷以知遷

黃惋　人貢

蕭惟馨　廣西桂林中衛籍江西廬陵人舉人陞邳州知州

李大潤　福建晉江人進士雅志飭儉廉而有威一時稱

去

王繼明　廣東陽州人監主

李大術　福建莆田人吏貟

陳有孚　浙江餘姚人監生廉慎自持以憂去復補前日

金櫃　浙江山陰人吏貟以憂去

[illegible]府[illegible][illegible][illegible]州府同知

隆慶

韋之綱 湖廣興陵人舉人材識過人諳所準亡淀邊遺輯陞濟南通判

周一經 江西貴溪人進士廉明仁綏民

吳庠 江西上饒人監生陞吉府工正

金煒 浙江餘姚人吏貟陞倉大使

沈湨 浙江山陰人監生以疾去復補

梁策 廣東南海人吏貟陞[illegible]州[illegible]

[illegible]

出會□□不事催科民無逋負以起科餘賦申請滄荒其他泊竹不能殫述調金壇歷陞南京刑部郎中見宦蹟傳

萬曆

浙江 孟化

孫鏜 浙江嚴州人吏員以憂去

彭建 □□貴溪人監生居官儉慎墨□□卒

金學詩 浙江□□人

徐淮 浙江□□人

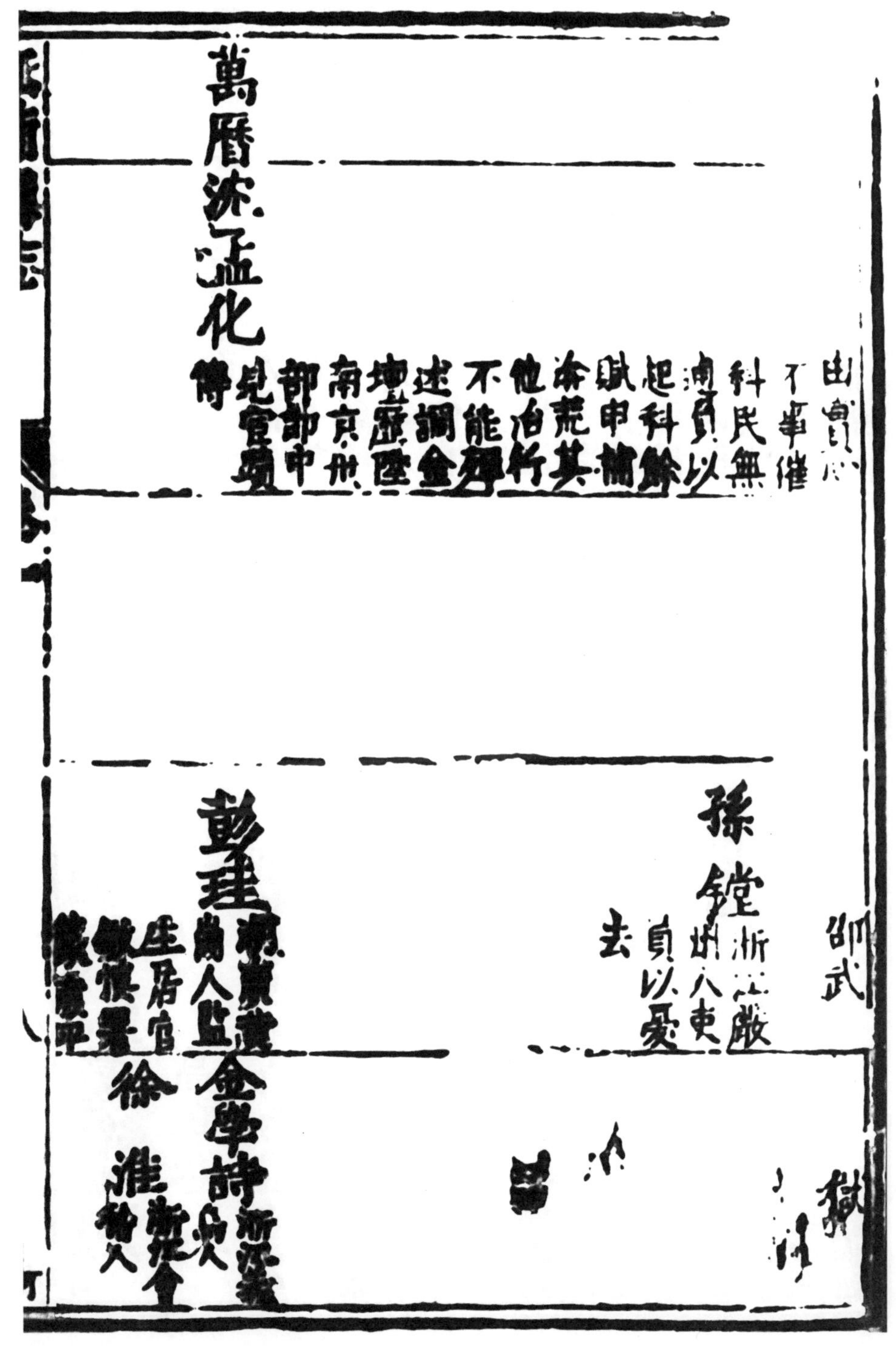

余乾貞 見宦蹟傳

孔祖充 廣西桂林人舉人滋任四年調停縣衛大得人和調充平

梁祖齡 四川溫江人進士清操雅度禮士恤民調武進歷陞巡撫都御史

王壯 浙江山陰人監生

董魚儒 山東曹城人

昌迎春 四川人

夏希尹 福建福清人吏員

孫尚德 浙江餘姚人

李廷昂 福建泉州人

周鳴珩 湖廣蘄水人監生

羅奎 廣東南海人

李應椿 福建福州衛人

周效賢 浙江人

陳應奎 浙江錢塘人志向不凡操守無玷陞廣東巡檢

戴上允 浙江鄞縣人吏員

之

鄭　道 浙江餘姚人舉人

王守正 山東登州人進士歷大名知府天津兵備副使

倪壯猷 浙江平湖人舉人平易近民清白持己陞南京刑部郎中

吳　誥 浙江歸安人監生卒于官

倪如金 浙江東陽人

魏　健 福建人

祝大賓 浙江湯溪人

劉　芳 浙江人

楊可怵 江西瑞昌人選貢

何九齡 浙江人

王　徵 浙江錢塘人

劉廷藻 江西南昌人監生

何三錫 浙江餘姚人吏員以憂去

州叅議

徐可求 浙江西安人進士發奸摘伏有神明聲清理庫藏胥吏懾服尋調上海歷陞文選郎中

梁可述 四川仁壽人舉人邑有巨惡蔵

葉遇暘 江西浮梁人監生

許三德 浙江錢塘人監生雅勇文名署篆修學詳載碑記

方瓊 廣東番禺人吏員陞[illegible]官

黃惟震 江西樂安人[illegible]

執正法上民稱快

劉汝立湖廣衡陽人舉人

田墾山東曹縣人舉人剛直無私威懷服衆陞本府通判

馬茂良廣東新會人舉

陞雲南中衛經歷

陳承恩浙江會稽人

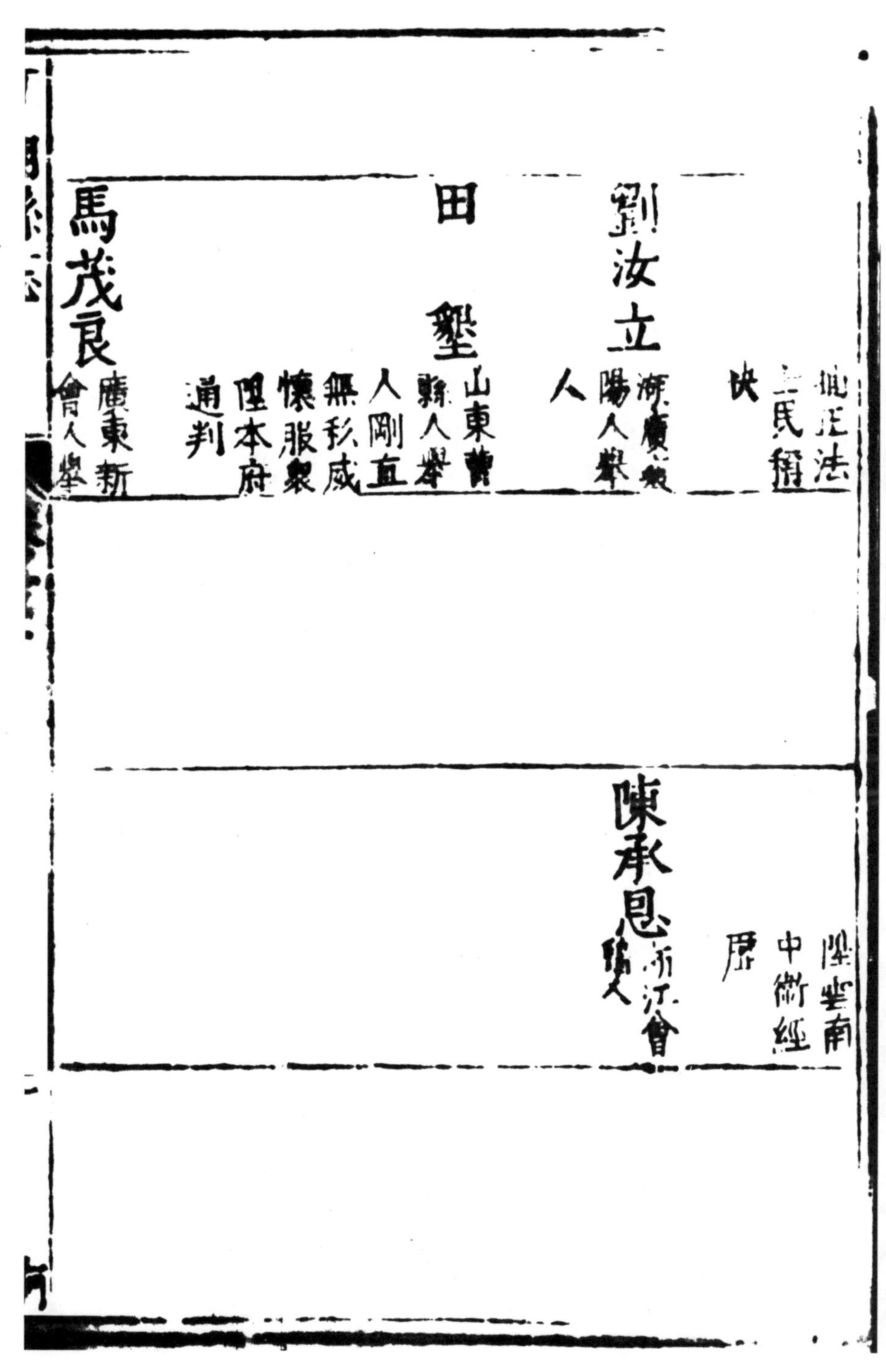

人棠洲清操冲和雅度

郎達 浙江建德人舉人

蔡儼之 直隸永年人舉人英年敏識雅意興修以憂去歸士民德之

余樞 乙酉科貢人生

[illegible]

黎淑錄

黎[illegible]集 州人舉 人水鄉 [illegible]撲[illegible] 惜字衆 摘奸惟 咸慎刑 惟愛修 文廟飭 月課士 咏詩義 [illegible]閭[illegible] [illegible]關樓 民歌[illegible]

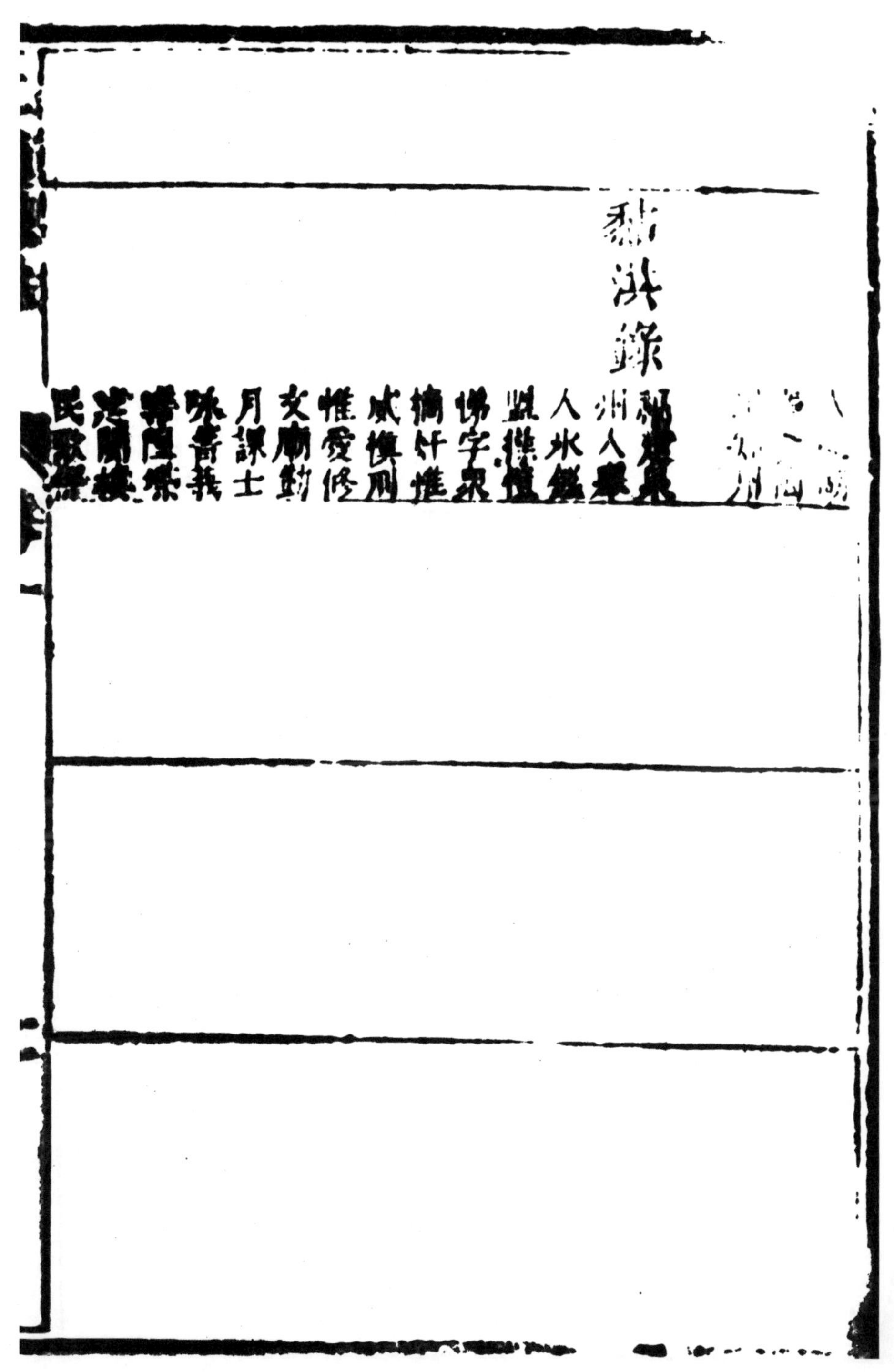

障上壑
稚疏凡
二十餘
稀

儒學教諭

永樂李忠 [illegible]人東安人應介謙訪 [illegible]行人司副作文非

姚行心 [illegible]蹟傳

洪熙

宣德孫門 見宦蹟傳

正統中連璉 湖廣沔陽人舉人作作諸生化之改餘杭學致仕

景泰蔣琰 浙江錢塘人儒士

天順蕭[illegible]

訓導

孫珙 浙江嘉興人舉人陞慶府伴讀

孫謨 浙江錢塘人

俞春 浙江遂安人舉人有學行卒于官

羅慶萊 江西永新人儒士

周樂

陳經 江西廣昌人儒士陞泰興教諭

錢金 浙江會稽人舉人
劉昂 直隸河間人貢
張思孔 四川眉州人貢
成化尹[illegible] 見宦蹟傳
鮑鏞 浙江鄞縣人貢
陳以安 福建莆田人
陳黎 江西玉山人
敖憲 湖廣華容人舉人
洪忠 福建莆田人舉人歷揚州教授
黃思恭 四川安岳人舉人
陳麟 福建莆田人舉人陞浙祥城教諭
廖蘭 湖廣安鄉人舉人
弘治曾軒 浙江[illegible]作人貢
李寬 直隸武進人貢
孫能 廣東順德人舉人正德八不阿上論師之
陸[illegible] 浙江錢塘人貢

林衍 福建莆田人舉人

李彪 江西餘干人貢[illegible]

湯貞 浙江山陰人貢

鄭圻 福建福清人貢

劉惠 河南洛陽人貢

正德 譚夔 廣東南海人貢歷南寧教授

趙鉞 山東青州人貢

何璉 廣東南海人舉人

莫鈍 廣西蒼梧人舉人教諭孝善於論人心加意[illegible]鈞州知州

蔡邦紀 廣東海陽人舉人勤於教務後利之撫諭陞青州知縣

王進 直隸廣平人貢

嘉靖 劉慶 四川巴縣人舉人

楊[illegible] 浙江[illegible]人貢歷教諭

洪麟 河南許州人由國學誠爲陞鎮遠府教授

凌雲 浙江遂安人貢以憂去陞南陵教諭

陳應奉 福建湖縣人舉人陞衛知縣

熊奇山 江西萬載人貢陞定安教諭

林桴 浙江瑞安人選貢陞下府教授

湯宗甫 江西分宜人選貢陞惠州教授

閻悅 廣州伐衛川人舉人以身事人則教諭行妙之山東故城隸霞七十府分諸兩淮鹽場副使崇官鎮江浦邦

孔彥綬 浙江西安人貢卒于官

鄒賢 江西南豐人貢

胡悊 湖廣沅州人舉人國子監小戶部陞陞

吳珠 江西湖口人貢陞封丘教諭

謝循 江西永豐人貢

佘翰 福建永安人選貢陞教諭

吳讓 江西浮梁人舉人訓士勤懇肯惰怠小作吹

陳濬 福建大田人貢以憂去

府經陞司務

包一龍 浙江松陽人，貢，致仕

伍興 湖廣公安人，貢，陞同州學正

王猷 江西豐城人，舉人，然雅縣方士諭陞重慶松溪知縣

王振朝 江西贛縣人，貢

周廷相 廣東從化人，舉人，選陞國子學錄兵部司務

華士彝 湖廣應山人，貢，陞下府教授

楊剛 湖廣江陵人，貢，介氣節，高率下僚

胥象 河南洛陽人，貢，天性渾樸，有古人風，陞慶成教諭，再陞□府教授

黃鍾 江西南昌人，貢，陞浙本教諭

戴乾 浙江昌化人，貢，陞紫陽教諭，歷遷丘知縣

徐圻 浙江龍游人，貢，廉介剛方，振作士氣，以憂去，後補通州

隆慶陳靜湖廣宜都人舉人陞 貴池知縣

楊恢四川新都人貢

熊汝諧湖廣崇陽人舉人陞郎 吉縣知縣

萬曆謝朝元貴州婺川人貢

馮科浙江秀水人貢

曾子孝浙江秀水人貢

張符相四川松潘人貢陞象山 川教諭

劉允璋江西東鄉人貢以憂去

何時傑四川彭水人貢歷陞 陸教諭陞安知縣

謝元順直隸武進人

徐樾浙江人舉人濮懷瀠識多士淮服陞瑞昌知縣　戴邦直隸泰州人貢

陳堯訓湖廣武陵人舉人陞莊浪知縣　凌寰浙江新城人貢陞益湖教諭廣州府教授

謝君恩直隸永平人貢

張問明衛建江浦人貢

蔣俊湖廣武陵人貢陞襄川教授　盧如容直隸滁州人貢

孫承祖直隸青陽人舉人陞南漳知縣　柴恩直隸海州人貢

姚謨直隸舒城人貢勤課諸生加意

[illegible][illegible]陞華江知縣

蔡士登　湖廣衡陽人貢陞吳縣教諭

何居聖　廣東恩平人選貢陞儋州學正

李日叢　山東濰縣人貢卒于官

林喬　湖廣歸州人貢

陳寵　直隷安東人貢陞天津教授

張希仲　直隷長熱人貢

李春融　直隷滁州人貢

刑之表　直隷蕪湖人貢卒于官

陳廷策　直隷儀真籍武進人舉人

高養正　直隷[illegible]縣人貢

	浦子口巡檢	西江巡檢	江淮驛丞	東葛驛丞	稅課大使
宣德	王綱	李九福	章正巳	熊惟寶	李福
天順	陳哲	盧求	沈用賓	歐賓	岑全
成化			汜鎰		
弘治			張暉	劉啓四川人	
			張安	朱秀雲南人	
				楊達	
正德			楊鉦	吳明江西人	
			閔文	黄銘陝西人	

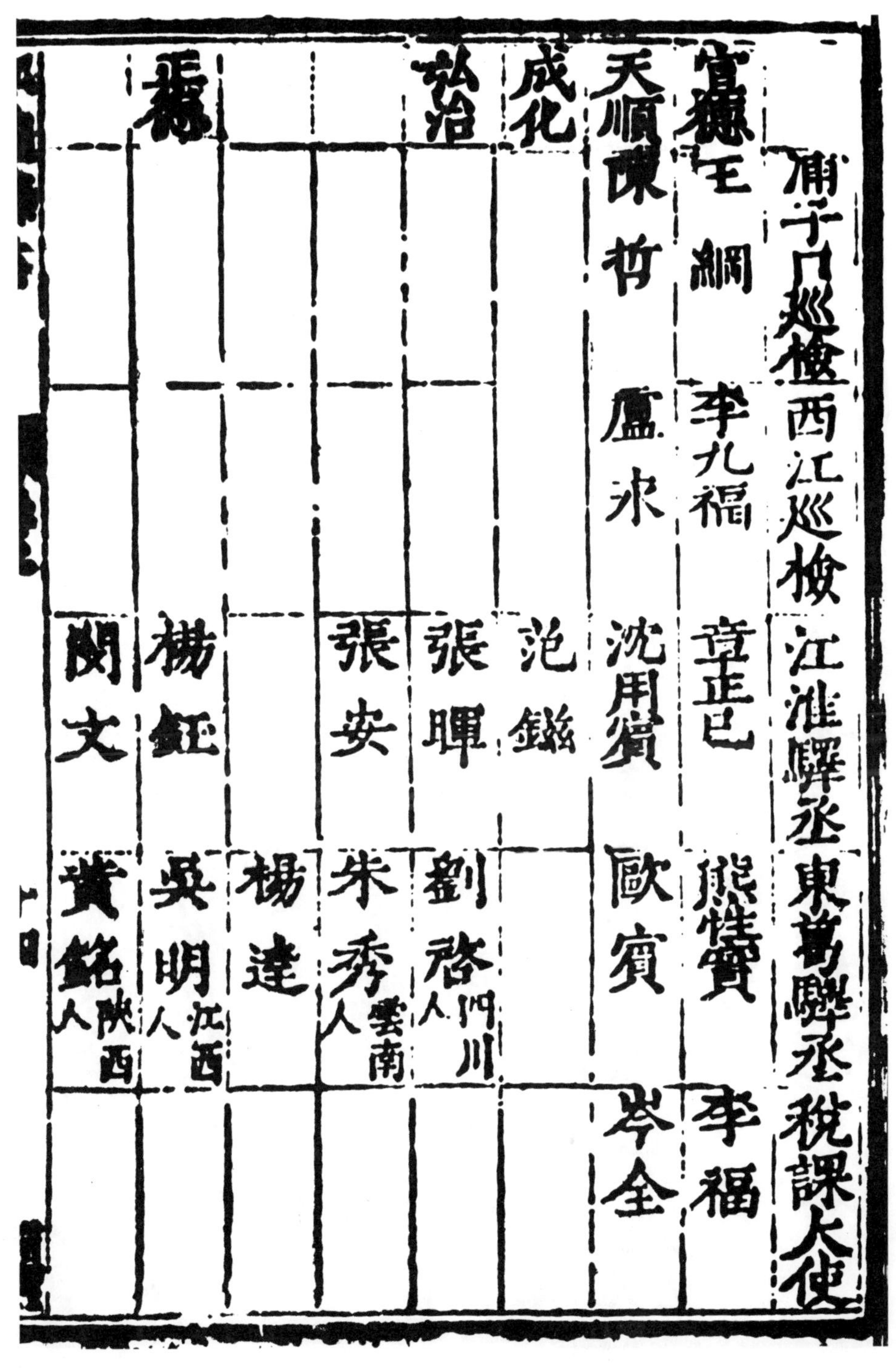

丞

趙[illegible]棠　孫[illegible] 山東[illegible]人

張相 山東曹[illegible]人　傅汝舟 河南[illegible]人　[illegible]

孫珂 浙江餘杭人　婁謨 江西九江府[illegible]人　丁臣

杜江 山西[illegible]人　顧允謙 廣東[illegible]人　孟亮

郭崇義 山東人　劉懷 山東曹州人　黃鳳

常金 山西[illegible]人　全倴 江西南昌人　王朝英 山東人

劉學 [illegible]州[illegible]人　[illegible]江[illegible]人　草儒 應天府人

艾顯名 山東臨[illegible]人　鄭鉄 福建[illegible]人　何英

楊[illegible] 江西[illegible]人　命[illegible]楊 河南[illegible]人　張合

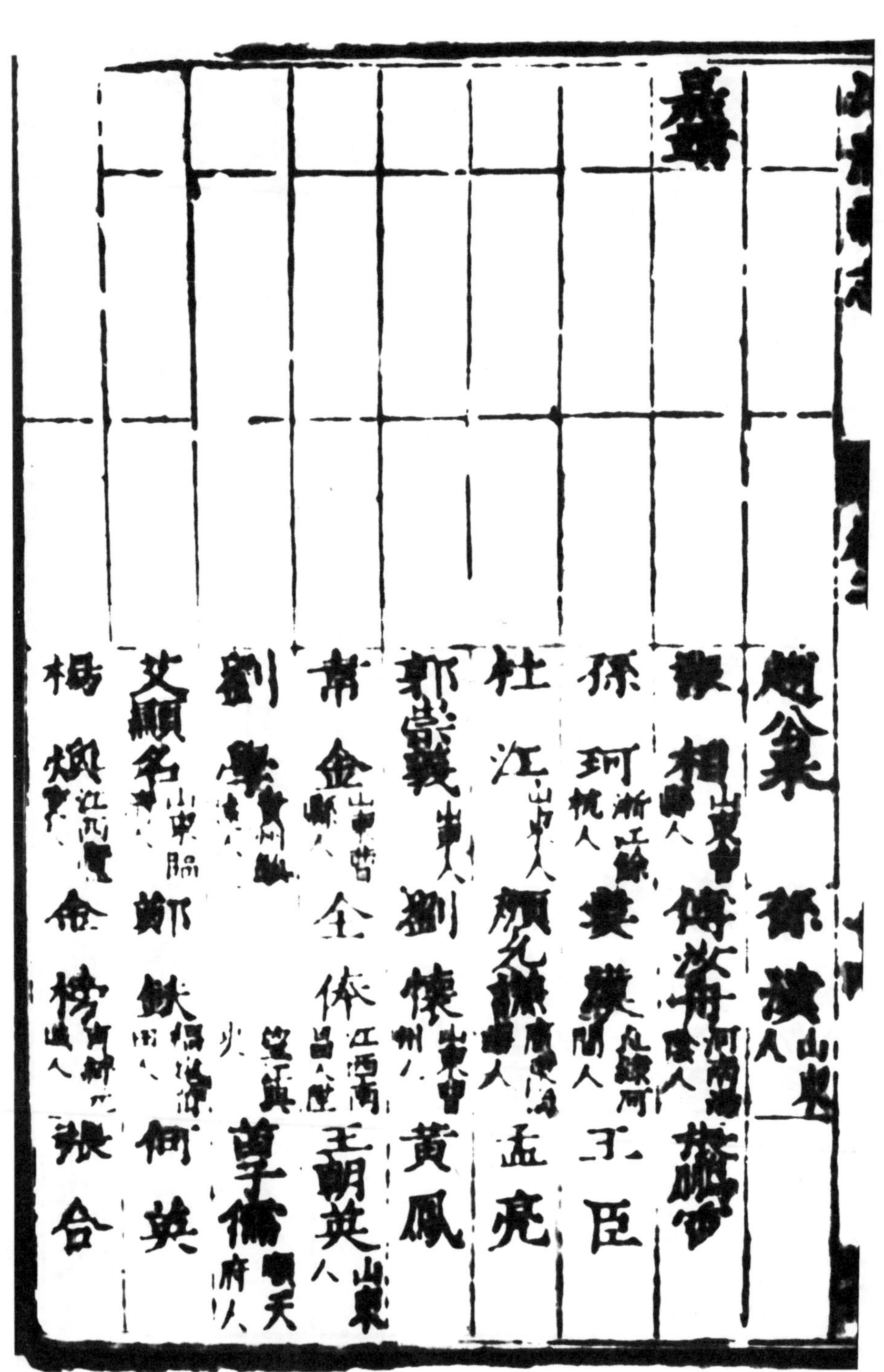

隆慶

劉夢祺　山東[illegible]人

張國綵　山東[illegible]人

董彥析　山東[illegible]人

徐貫誼　湖廣[illegible]人

馬兒　廣西[illegible]人

黃誥　雲南人

張思儒　山東濟南人

王壽頤　陝西咸寧人

黃嘉會　江西人

侯範　山西人

朱文淵　福建[illegible]人

陳上　湖廣羅田人

王大道　直隸邢臺人

林孔珊　[illegible]

潘樸　湖廣黃岡人

梁[illegible]

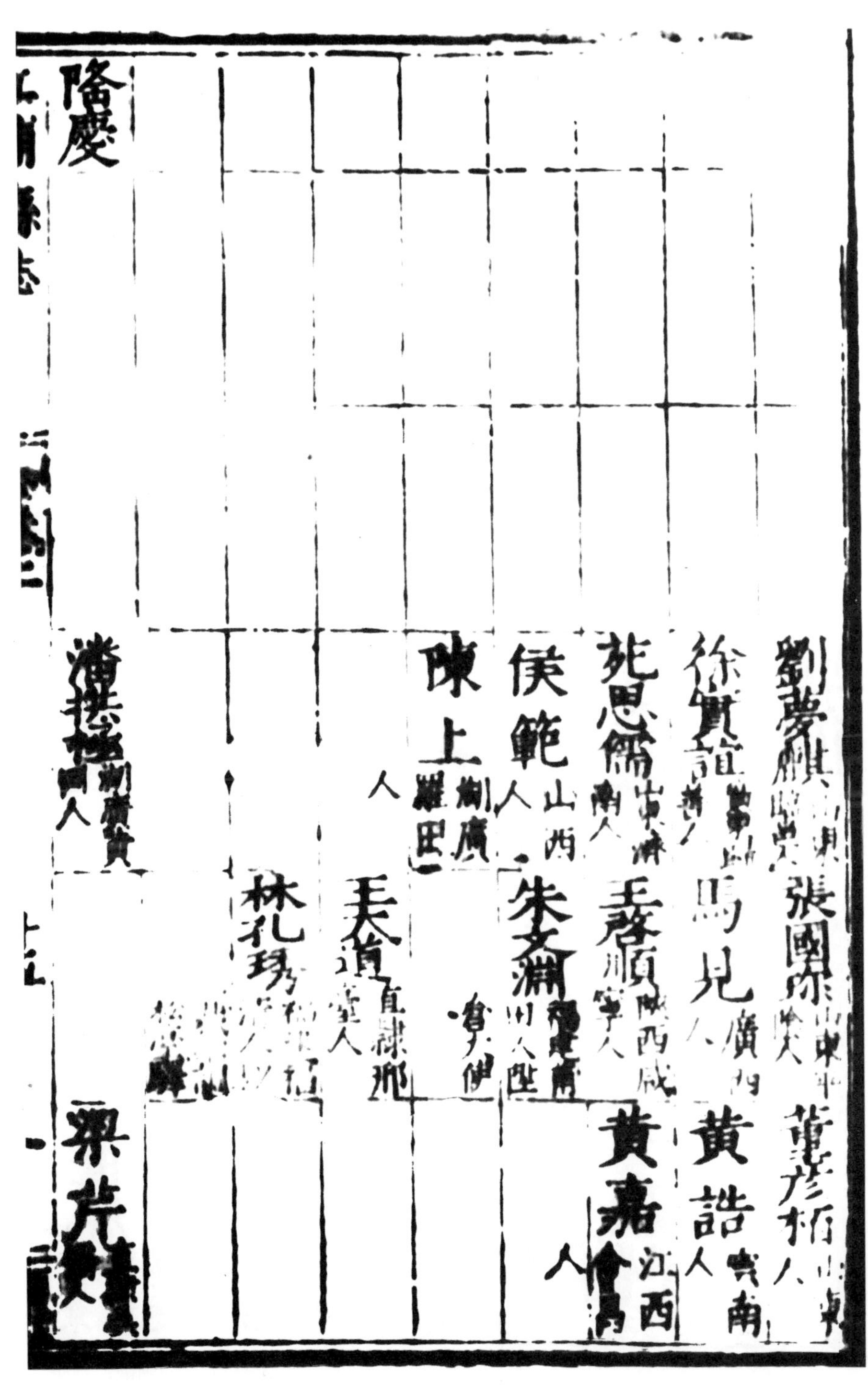

江浦縣志　卷之[illegible]　三

[illegible]

陳景楼　福建南安[illegible]

孫行際　[illegible]州人[illegible]

[illegible]

朱　升　山陽人監[illegible]　同官典史

蔣承芳　廣西全州人監[illegible]　典史

何孟璉　湖廣桂陽人

宋世威　山東萊陽人監[illegible]

程汝科　[illegible]州人[illegible]　[illegible]

王　職　四川[illegible]人監[illegible]　[illegible]

王　箴　[illegible]人[illegible]

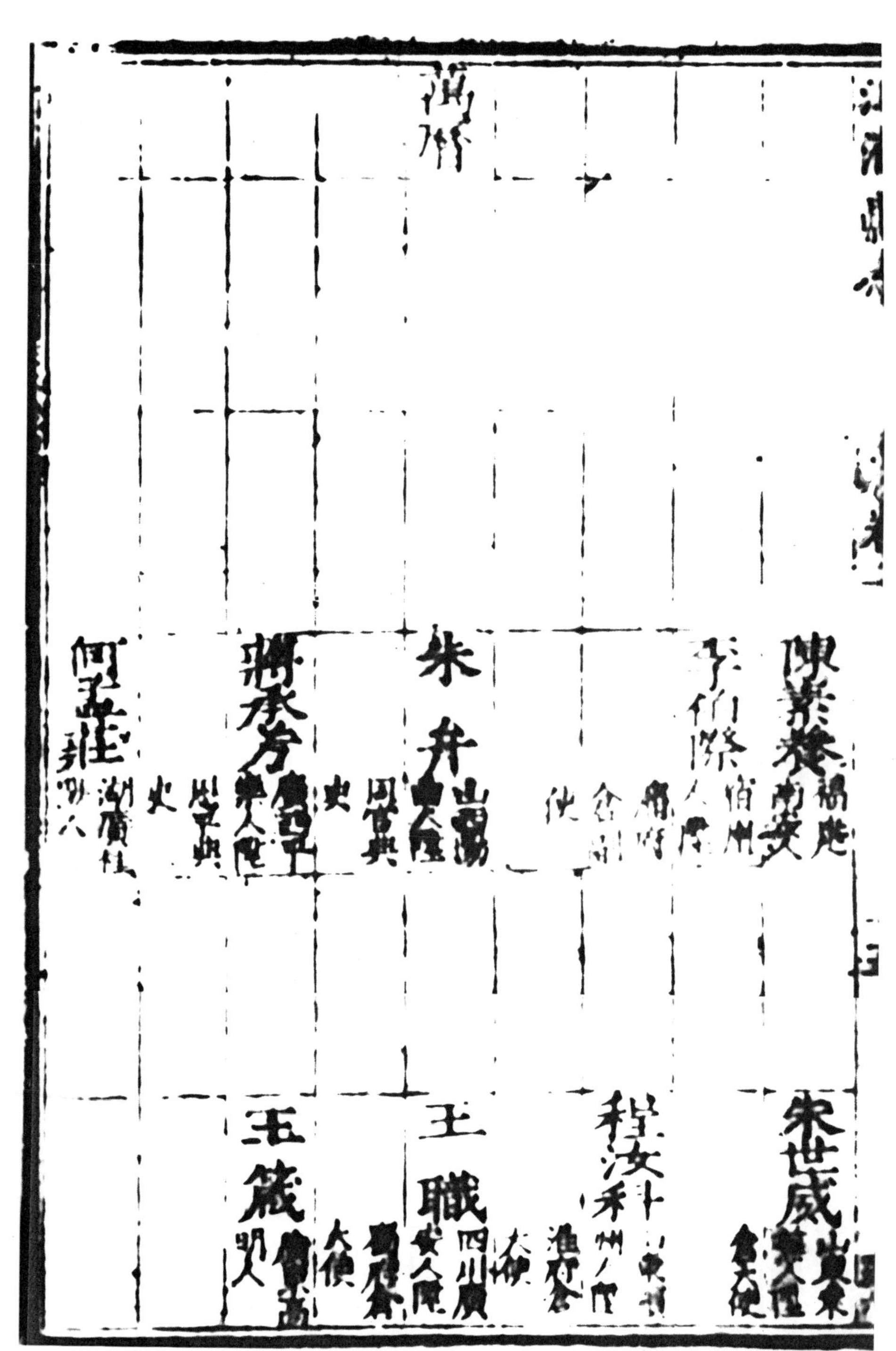

江浦縣志卷之三

江浦縣行取知縣李維樾重修

選舉表

國家用賢莫先辟舉政惇實行敦理允資首善育人褎然應 詔迪利貢法立而孝廉諸途遂皆報罷然士之聯顯榮冊竹帛者相望後先亦彬彬盛矣茲從郡志自洪武表之[illegible]年書其世書其銜與地書其善有足徵書書之弗詳以表主於簡也科貢之外若例貢武胄封蔭雜科均被 恩光並無

建立三吉寸草志者爲馬法當附見作選舉表

薦舉　進士　鄉舉　歲貢

洪武

馬　信　以薦舉授吏部[illegible]部員外郎

趙　仁　以人材舉[illegible]授[illegible]

周小乙　以人材[illegible]授經歷課[illegible]大使

永樂

鄭自強　人材見人物傳

蕭志善　人材[illegible]大使

徐　騏　[illegible]給事中受知[illegible]朝[illegible]博學[illegible]時所重

陳　賓

史冰 貢□典史

將雨 □□典史

丙子

湛英 教諭陞教授

汪敎 知縣

樊談 紀歷

周敏 工部主事陞郎中

張善 御史歷陞僉事鹽運使

陳富 延安府檢校

徐璋 杭州府推官

胡龍 經歷

蔡陀

劉觀 見人物傳

史雄 試大理寺左評事奉璽書中允敕勁乘轄正敕吉丹官因十日[illegible]凡二[illegible]七[illegible]在繼[illegible]清

月

[illegible]河南[illegible]

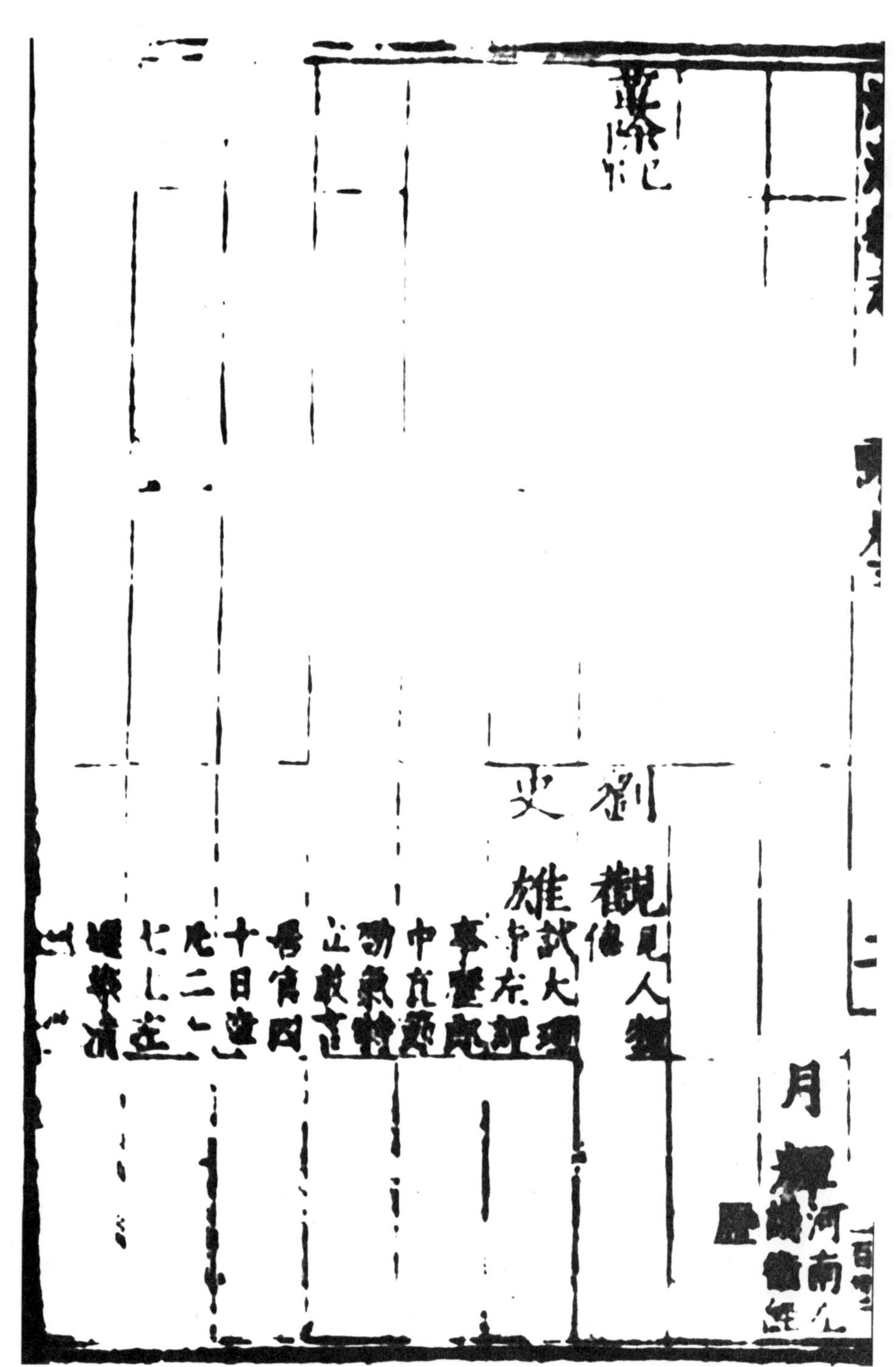

戊子

乙酉

王廣 大興知縣陞兗州府通判

何淸 縣丞

王信 閩縣知縣

吳[illegible] 推官

諸葛平 歷吏部驗封考功郎中陞湖廣參議

臧理 王府審理正

李和 員外郎

沈斌 儀伕

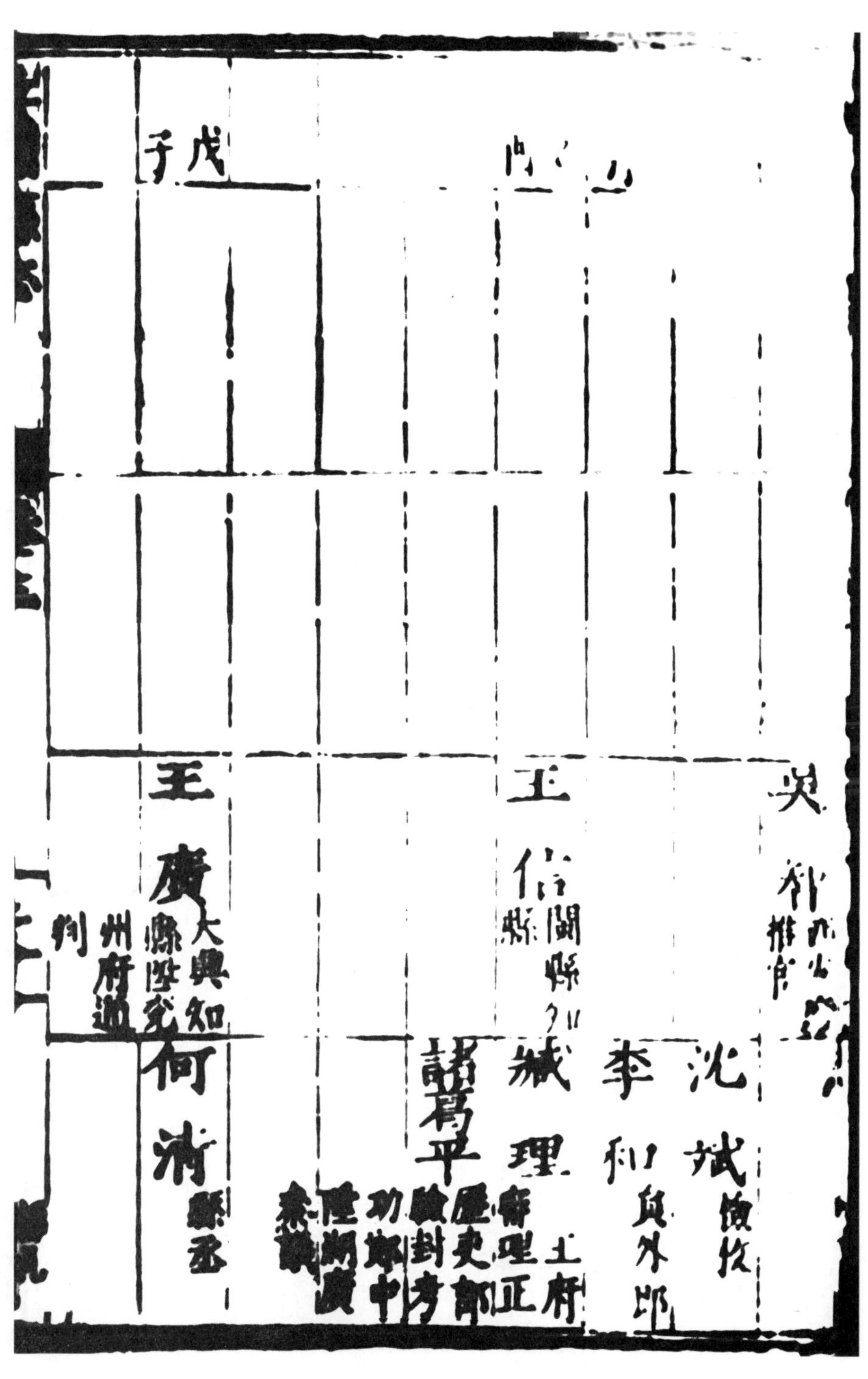

張俊 柏青左府都事嘗與近臣爭事致前被謫戍遼後用薦起任德清知縣政績茂著

劉樵 人竹平陽府同知忤識者起大興州縣

王恕

李鉉

馬常 知縣陞

潘智 縣

趙斌 主簿

殷 事

[illegible]建巡檢
[illegible]

陳憲 王府審理正
李仲良 邵武推官
魏廉 永康知縣
盛廣 電白典史
陳仲 檢校
王子華 照磨
單政 檢校
裴呂秀 縣丞
王義 主簿陞縣丞

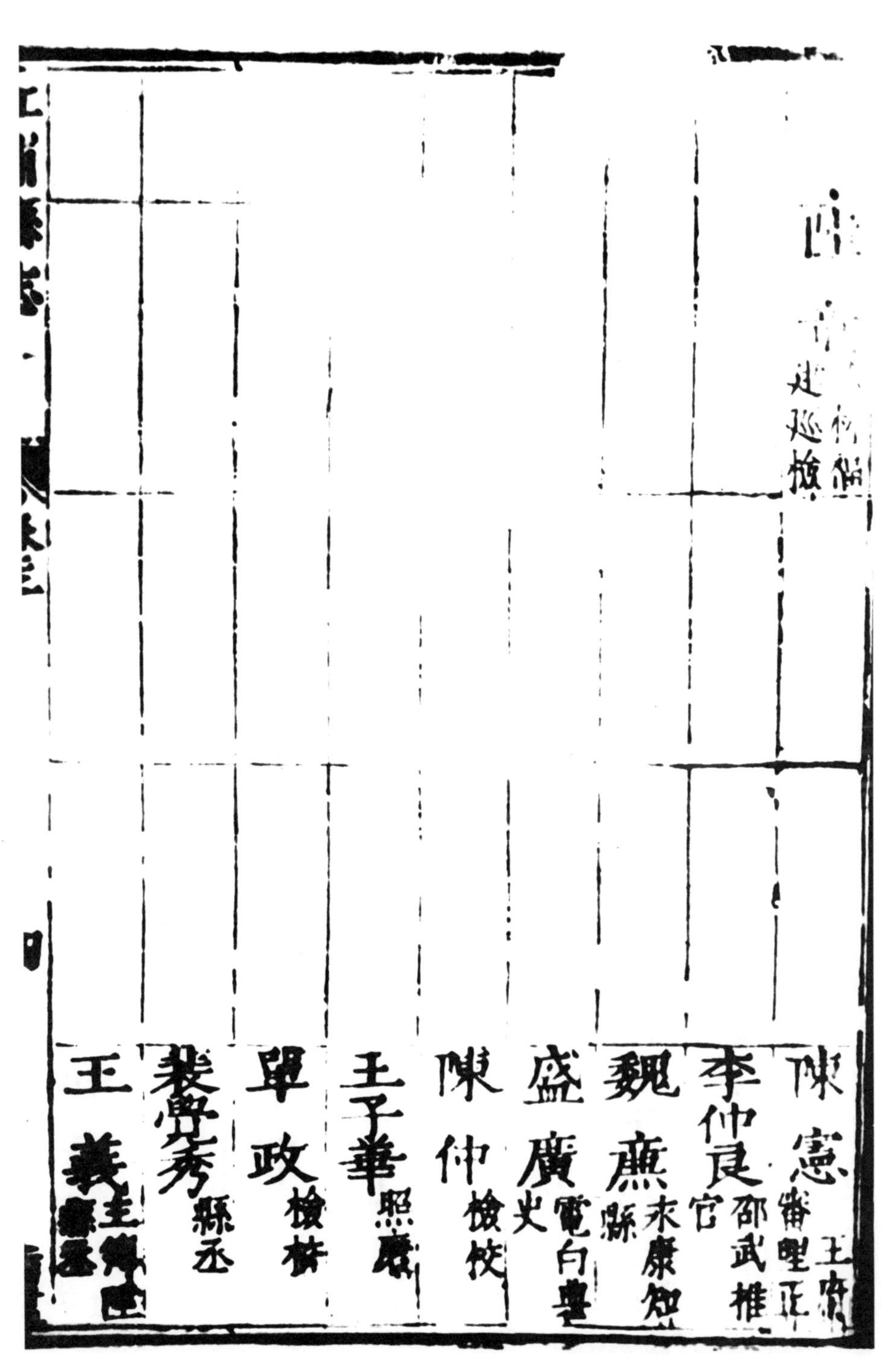

宣德己酉

陞鄭安一州訓導唐山以樂教諭以善[illegible]陞

郁貴 貴之弟沁州知州

鄒暉

弓信 讀之弟開封府檢校

周倫 見舉人

毛大[illegible] 知縣陞九江知府

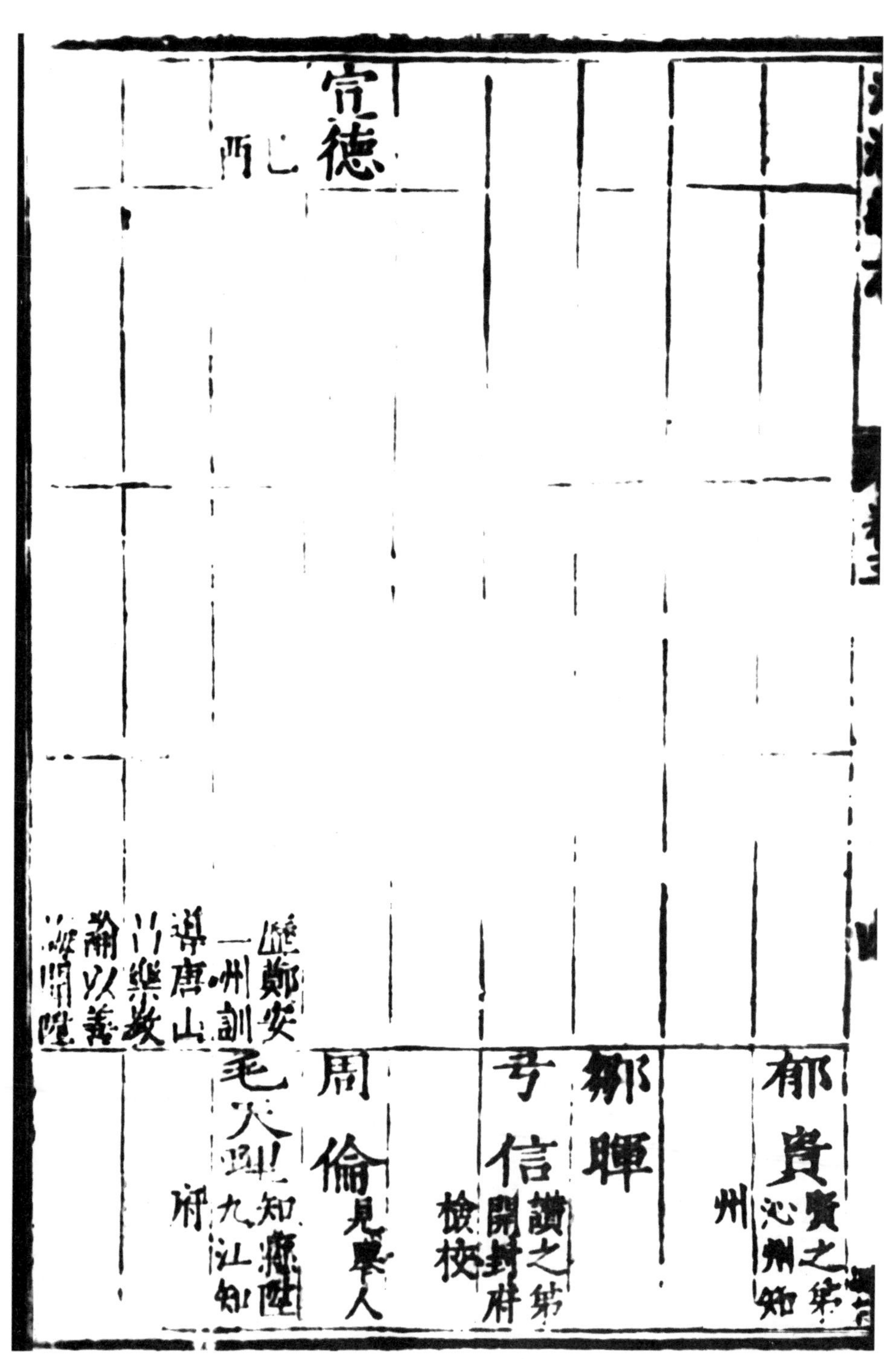

府教授

謝卓

魏榮 終教授歷訓導陞國子監助教翰林院檢討博學能文當時推重

壬子

韓文 戶部上[illegible]

李信 [illegible]滄知[illegible]

裴顯 [illegible]知

五[illegible]

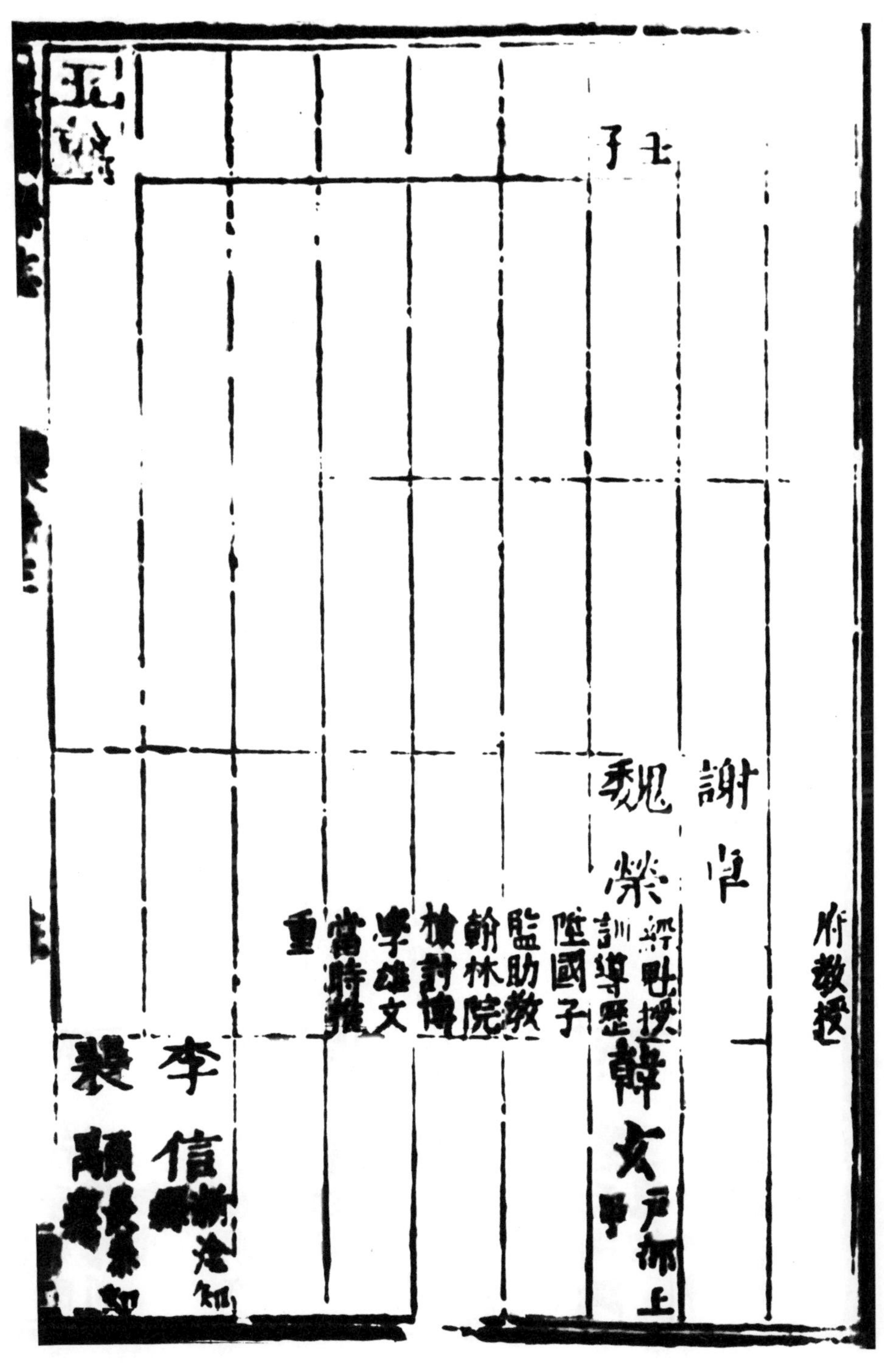

正統

辛酉

壬戌

張璉　仕□□見人物傳

張瓚　見進士

趙昂　雲南府陸□按察司知事

常賢　襄陽府推官

黄通　知縣

夏勤　典寶　王府

郭瑶　天台訓導

字府作

讀

金傑

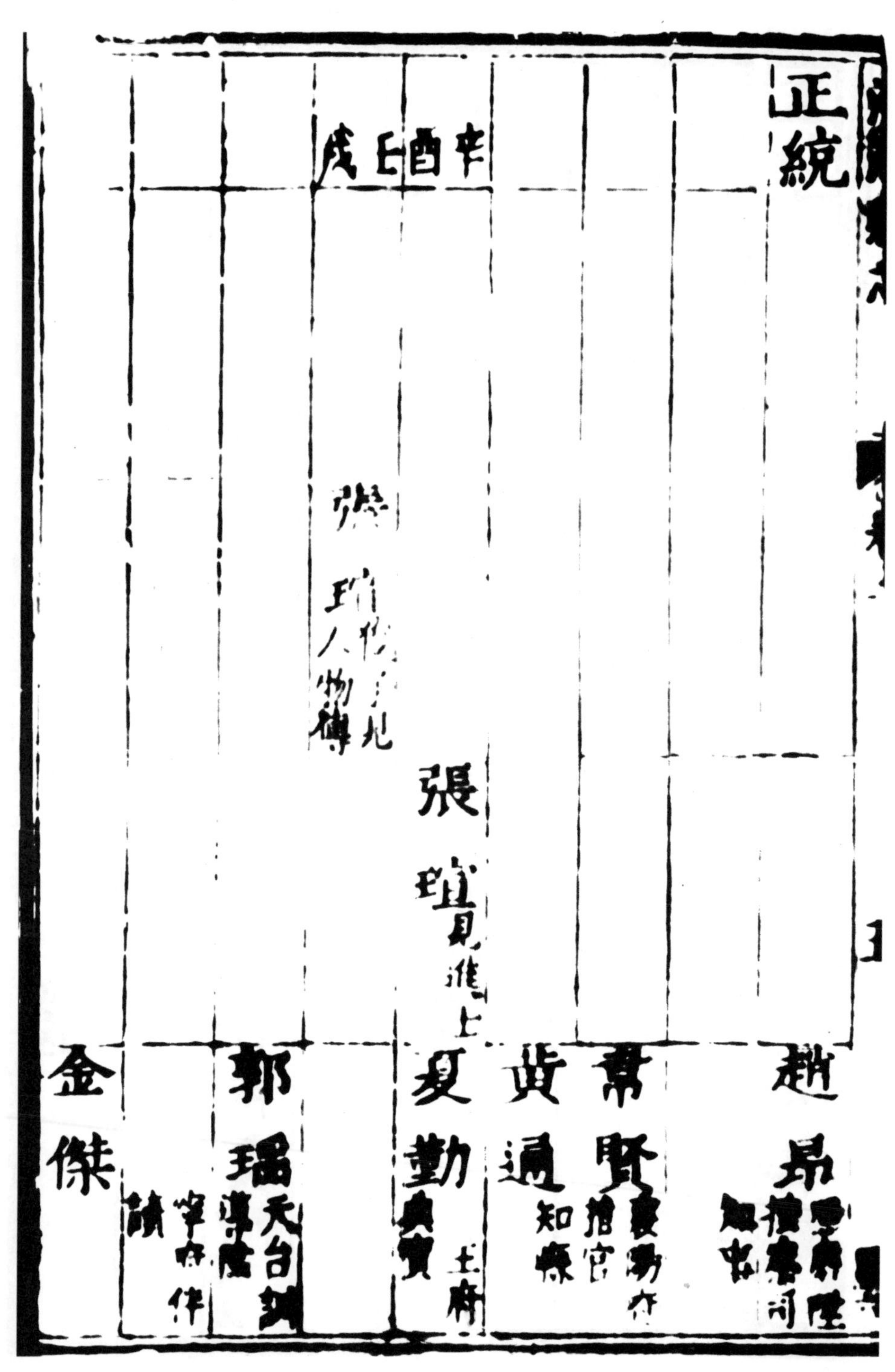

午

陳魁 [illegible]浙江前衛經歷

趙福 [illegible]仁府經歷

癸酉

周廣 武岡州訓導陞崇府伴讀

張墐

朱濟

丙子

王徽 由府學見進士

月階 吏目

郁珍 傳見人物

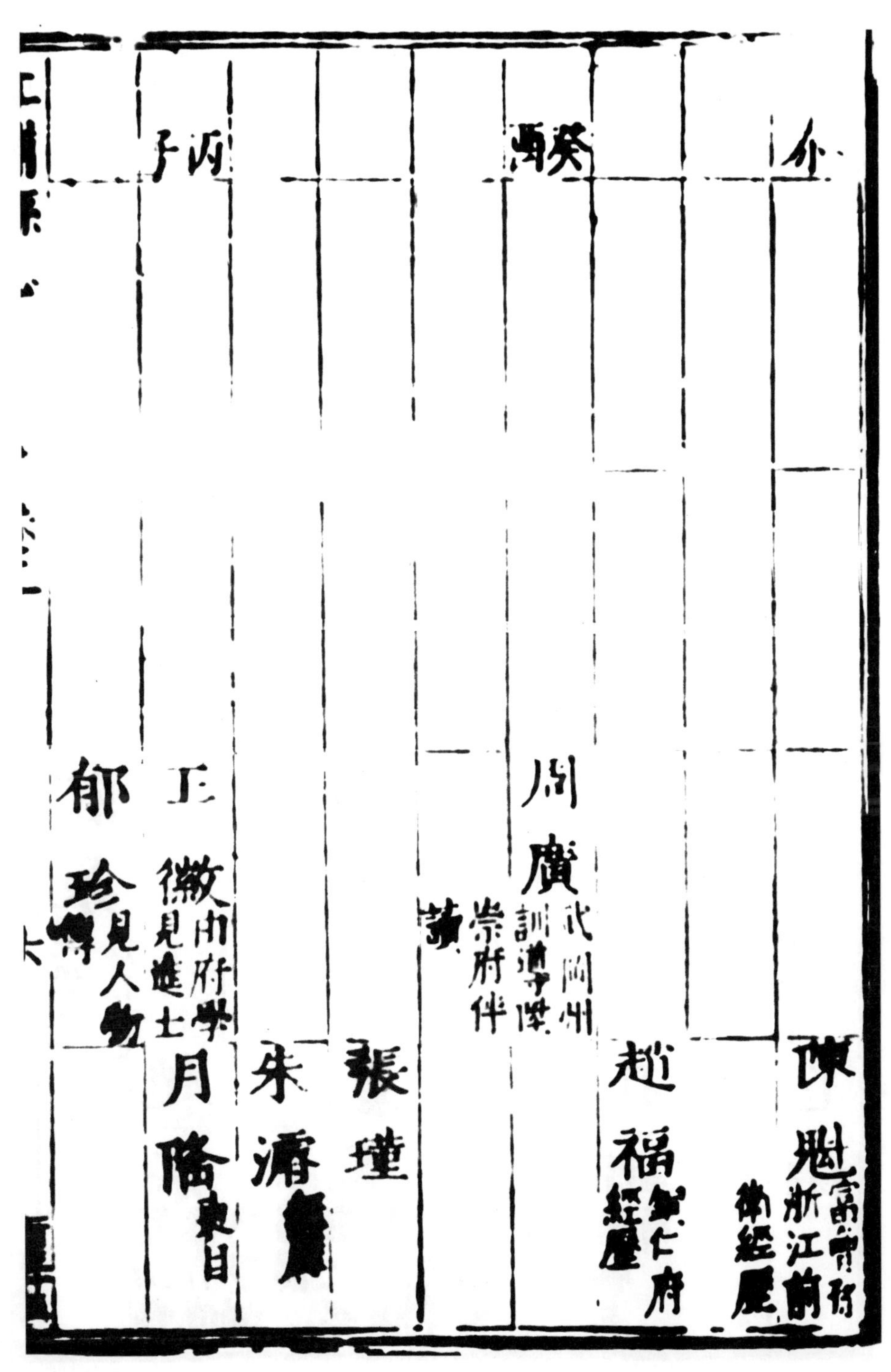

大順

莊杲見進士

趙英任邢縣丞有政惠後補洛陽

己卯

蔣達蓬萊縣知縣

劉憲郡之孫鎮南衛經歷鄭州同知

庚辰

……文見人物傳

孔碩浦城主簿

黃侑

壬午

石淮見避兵

毛翔

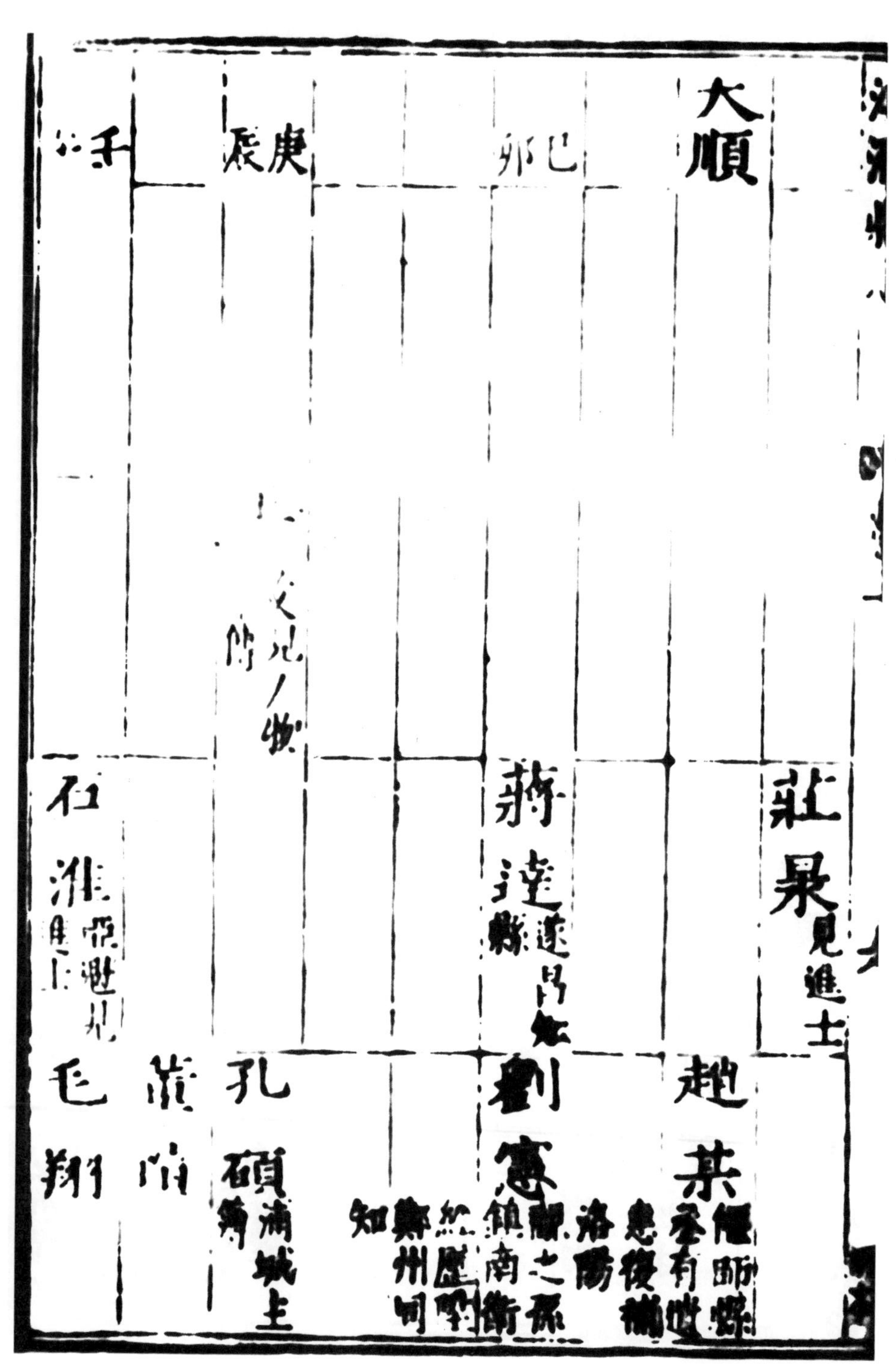

成化乙酉

魯長 甘肅學正

嚴珩 定海典史

丁廣 見舉人

王經

張麟 嘉魚訓導

余平 王府典儀

丁廣 叔之子，湖廣城步知縣

嚴良 洧川訓導，唐府紀善

黃舜 扶溝訓導，陞任丘教諭，大名[illegible]

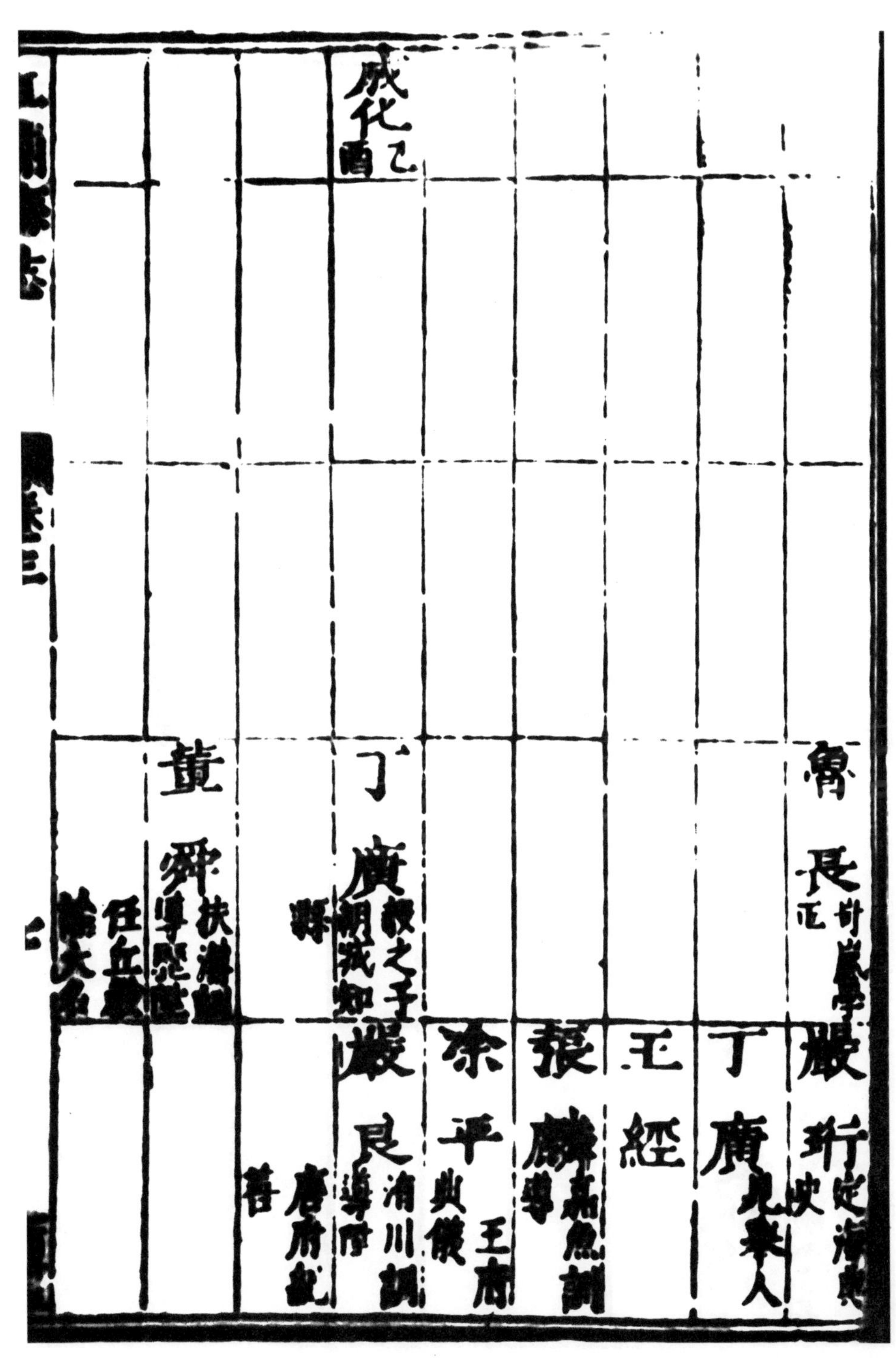

丙戌

鄭杲（以理學傳）

石淮（選庶吉士授戶部主事歷四川河南按察僉事正直方嚴尤有治績）

徐義（武擧主簿）

弓成（閬之子）

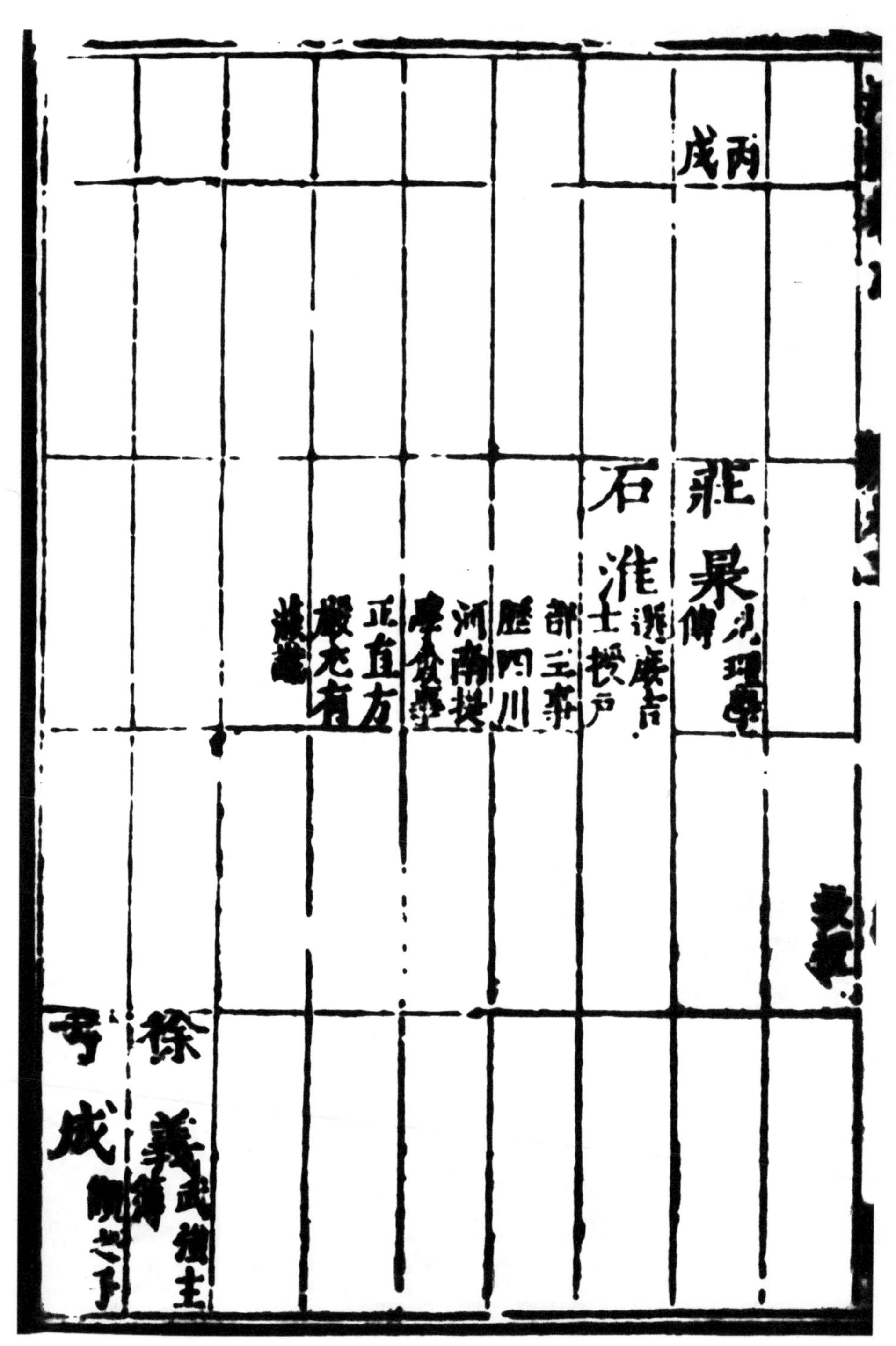

吳泰允進士

張璀瑄之弟河南府判學

吳泰松陽知縣陞南京浙江道御史復巡河南道行風力遇事敢言疏起尚書王恕論內閣丌直斥太監錢能大宗久繼與論壁撫

州知府福建鹽運使左參政廣東右布政使所至皆有政績卒子官し

甲午

王

燕山府學訓潮州府司判

季鵬

朱試

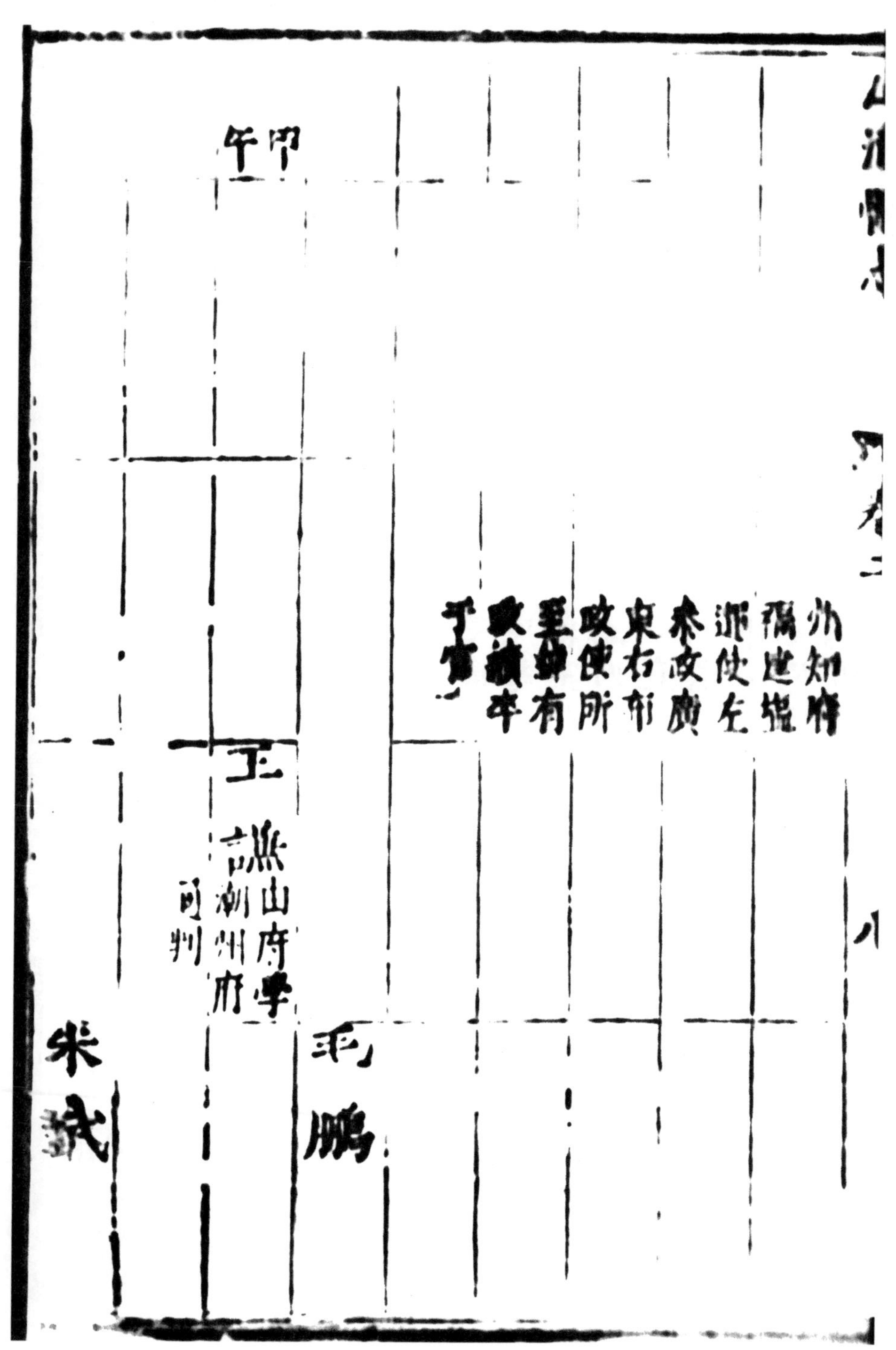

袁亨 [illegible]縣丞[illegible]

丁酉 林鉞

楊聰 唐山訓導

廣傑 候官主簿

癸卯 馮治 壬戌進士

趙琮

丙午 李節 新鄉訓導陞[illegible]金知縣

張應奎

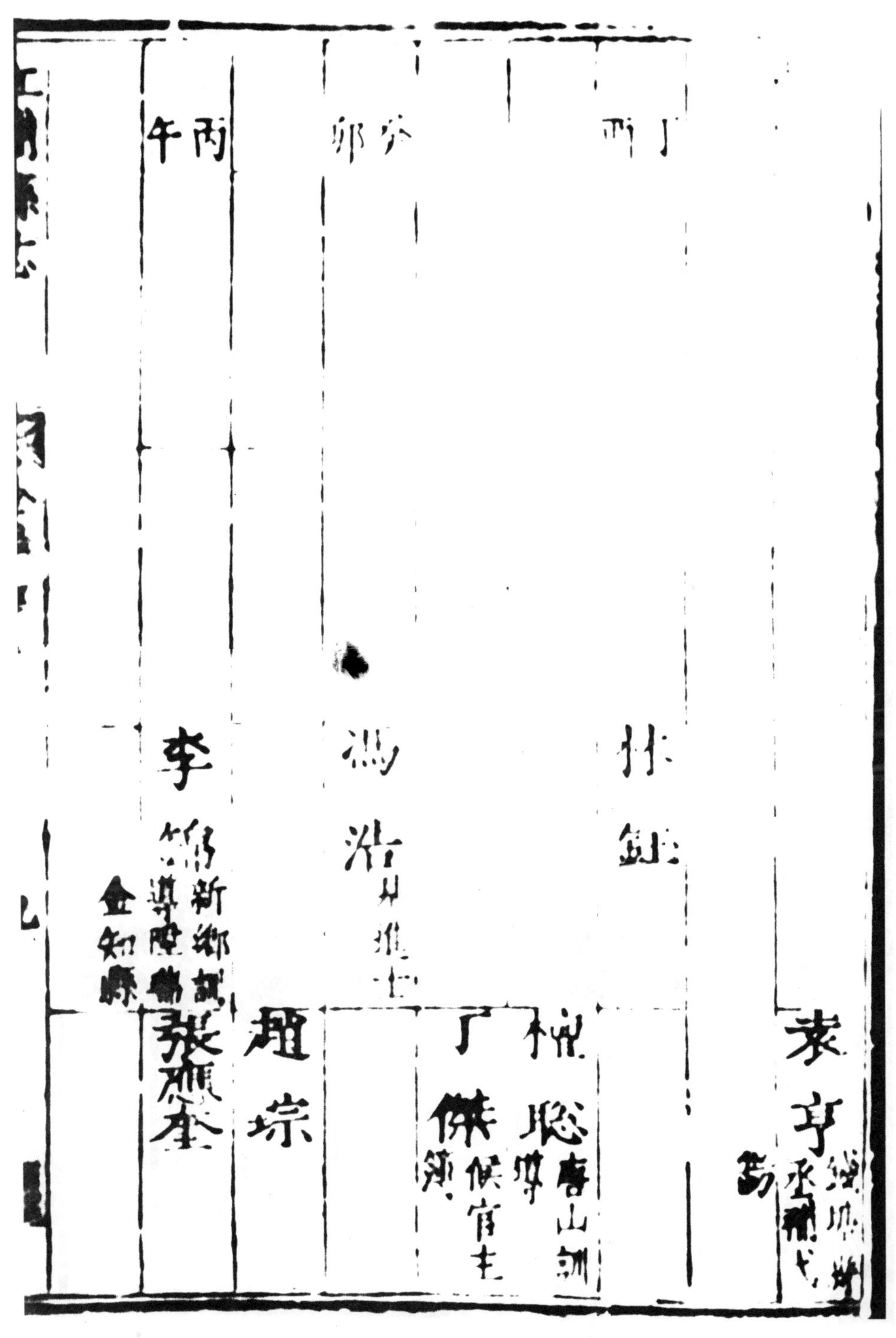

辛
王宜 時己未會魁[illegible] 實甲[illegible] 任[illegible] 興知縣

癸
鐵[illegible] 參之[illegible] 湯溪知縣 [illegible]

張
紡 方瑄七十 州府學 [illegible]安 [illegible]教 論

汴
沈 [illegible]縣丞

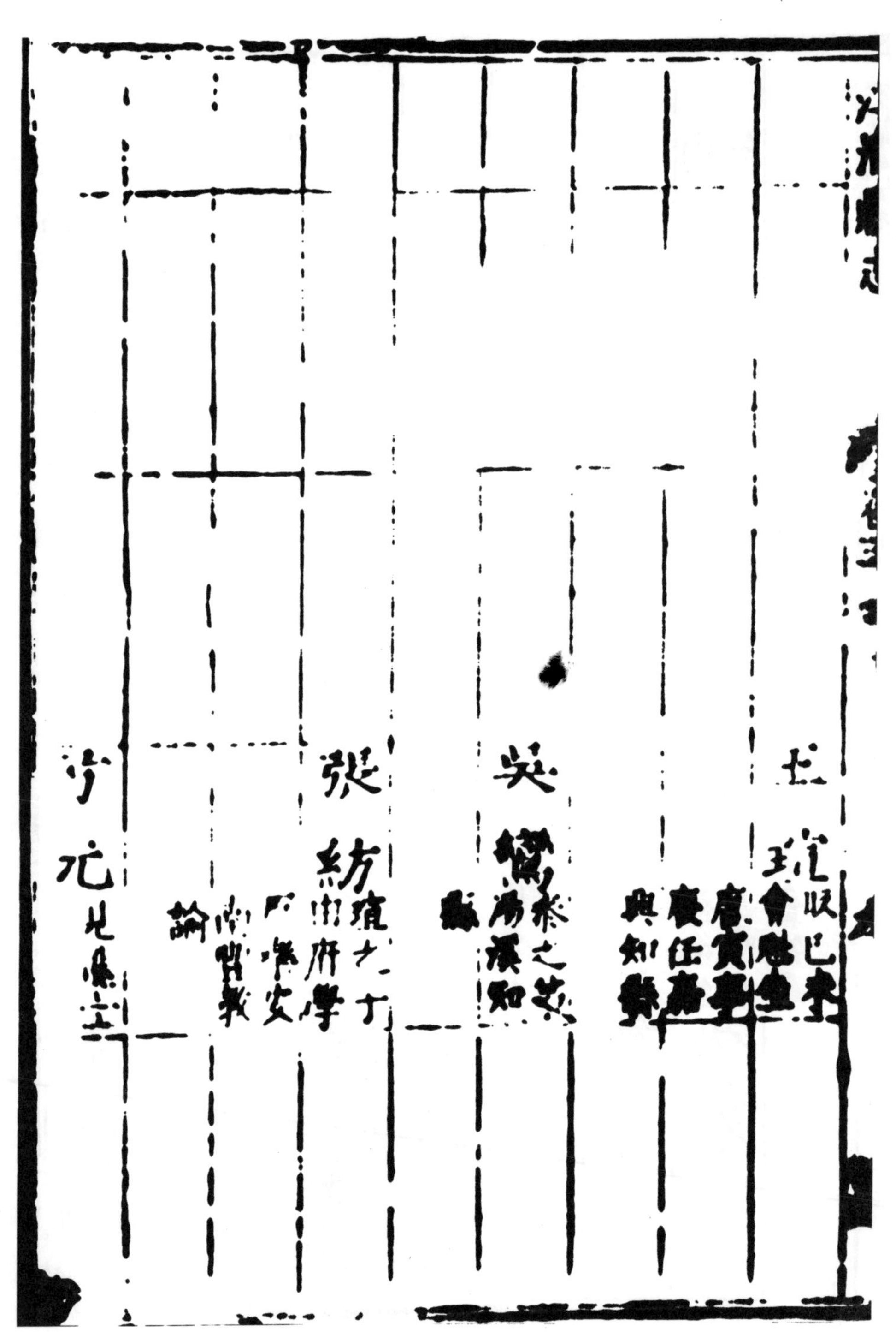

丁未

[illegible]閣大

[illegible]知州

[illegible]名宦

湖廣總志有傳

弘治

裘璀 頊之子 儒學府推官

張純 瑜之姪 長清訓導

常暹 同安縣丞

乙卯

嚴紘 見進士

濮鐸 德興訓導

丙辰

孫元

成之第會試亞魁岳州推官陞山東道御史巡按江西索村傳學推亚一時

王灝

徽州諭學補壽水堂同府教授

卜[illegible]

暨小州衛知事

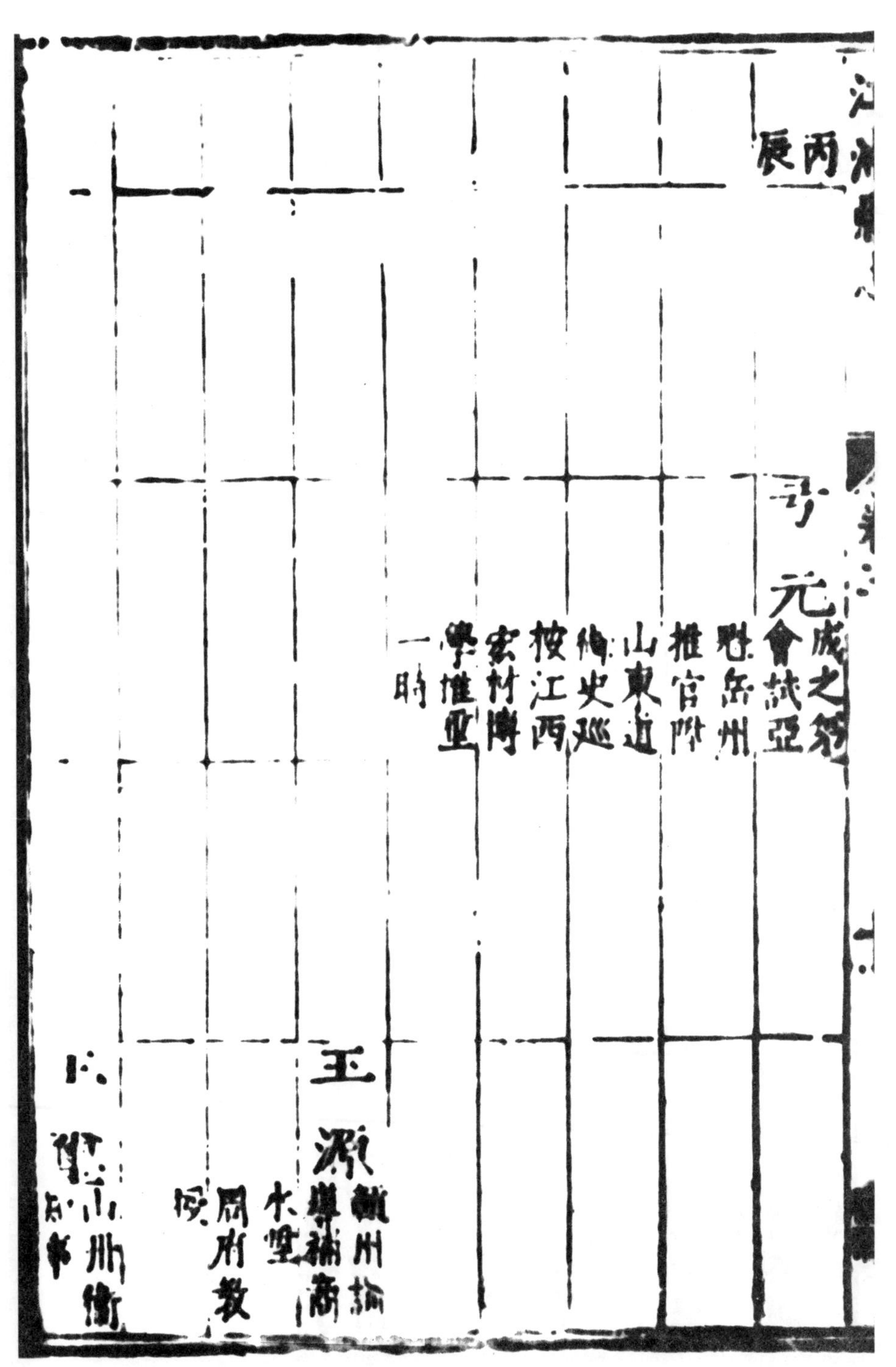

吳珍

蔣楨 平度州同知

王璿 見進士

陳瑞 浙川國子監教諭二典文衡歷陞國子助教保定通判兗州府管河同知以清白著

壬戌

嚴欽 民之子見人物

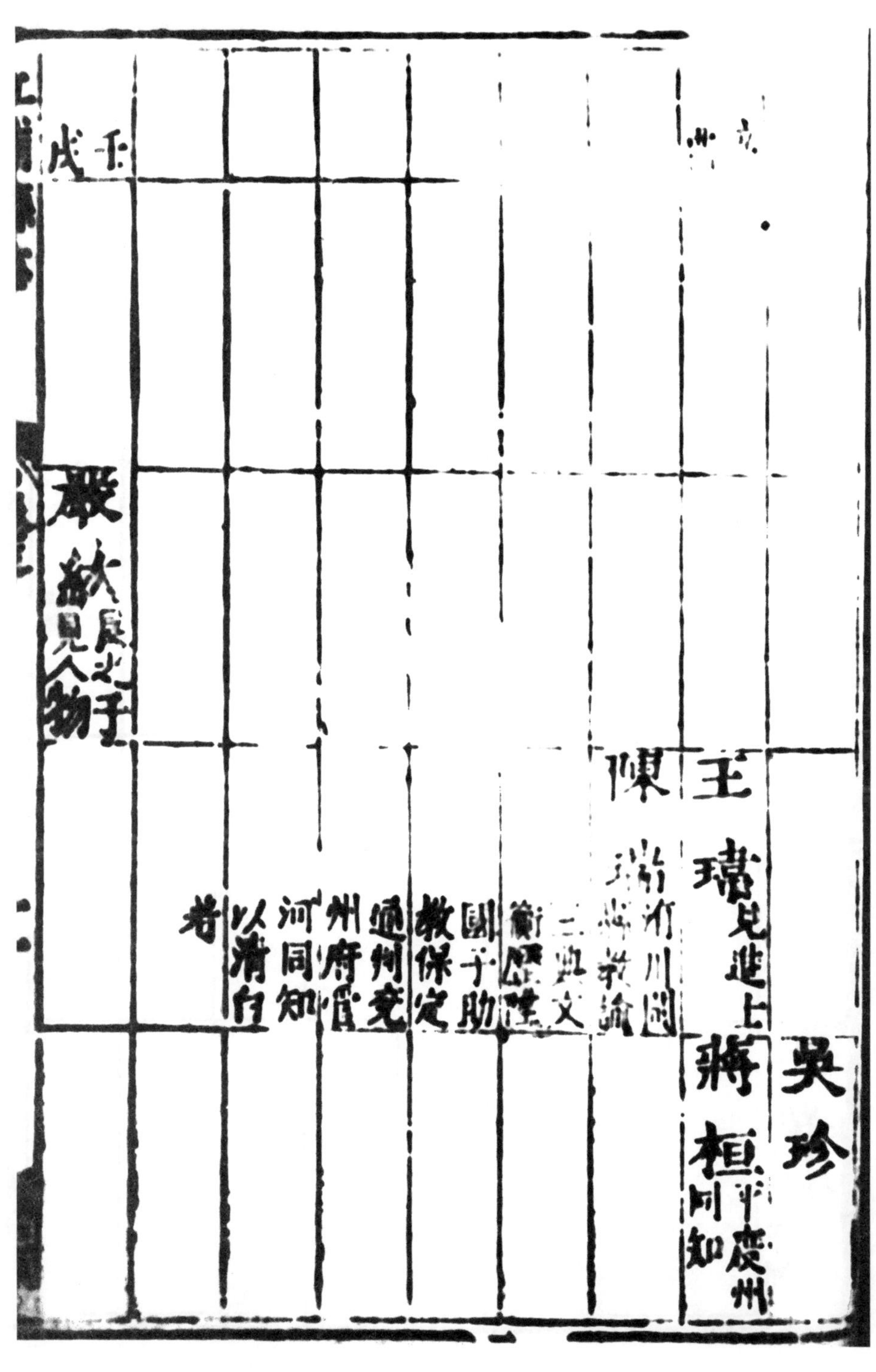

傳

張龍　導　興字衙

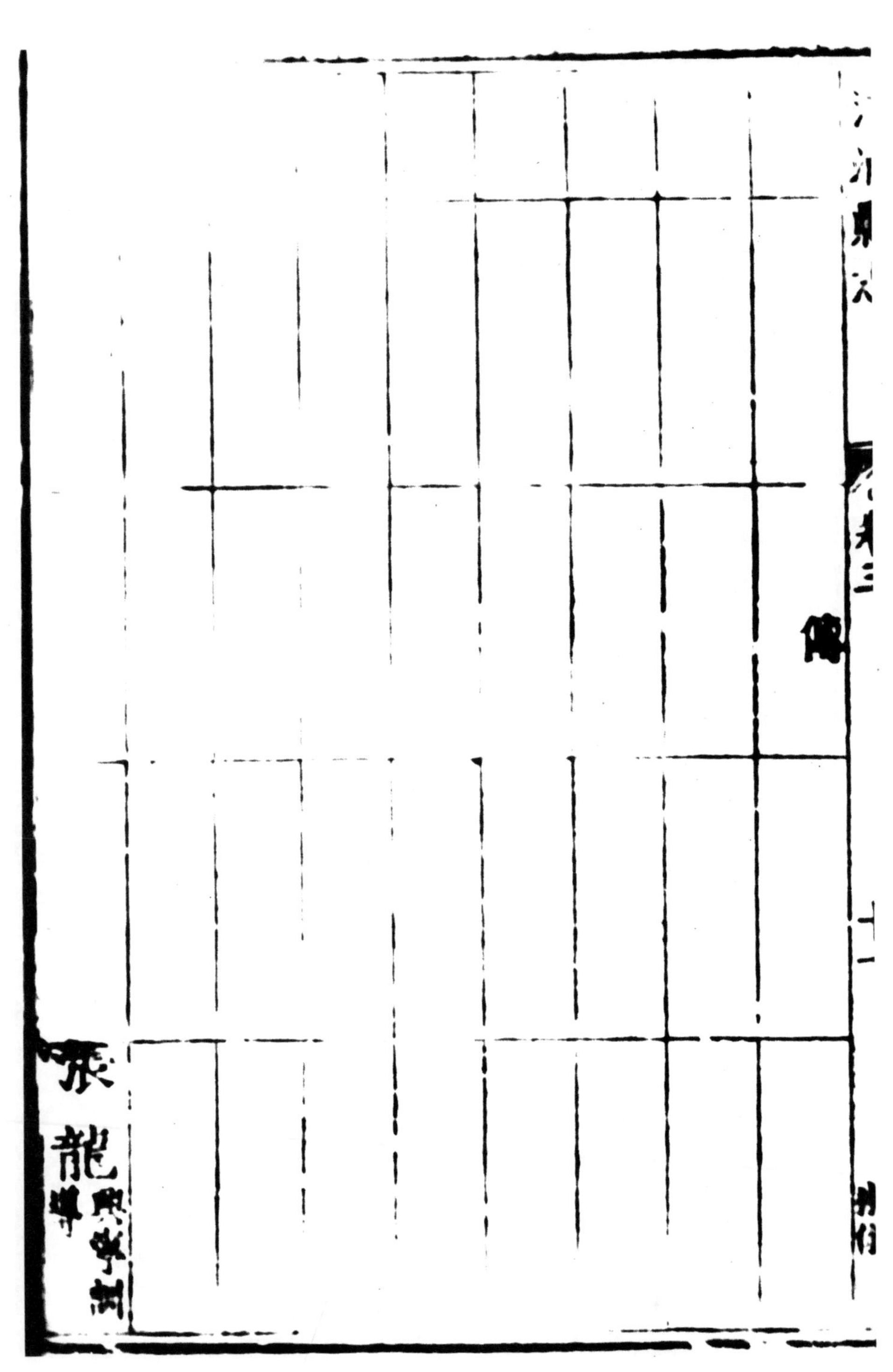

正德

正[illegible]

王常 改大府 見舉

附

王常 州府學 見進士

陳欽 訓導

馬玹 玉山縣 東光三 學訓導 陞鉅鹿 教諭

丁卯

袁煥 光祿署 正歷陞 武岡知 州部判 府同知 實慶志 補其才 徵政替

秋槩 縣學訓

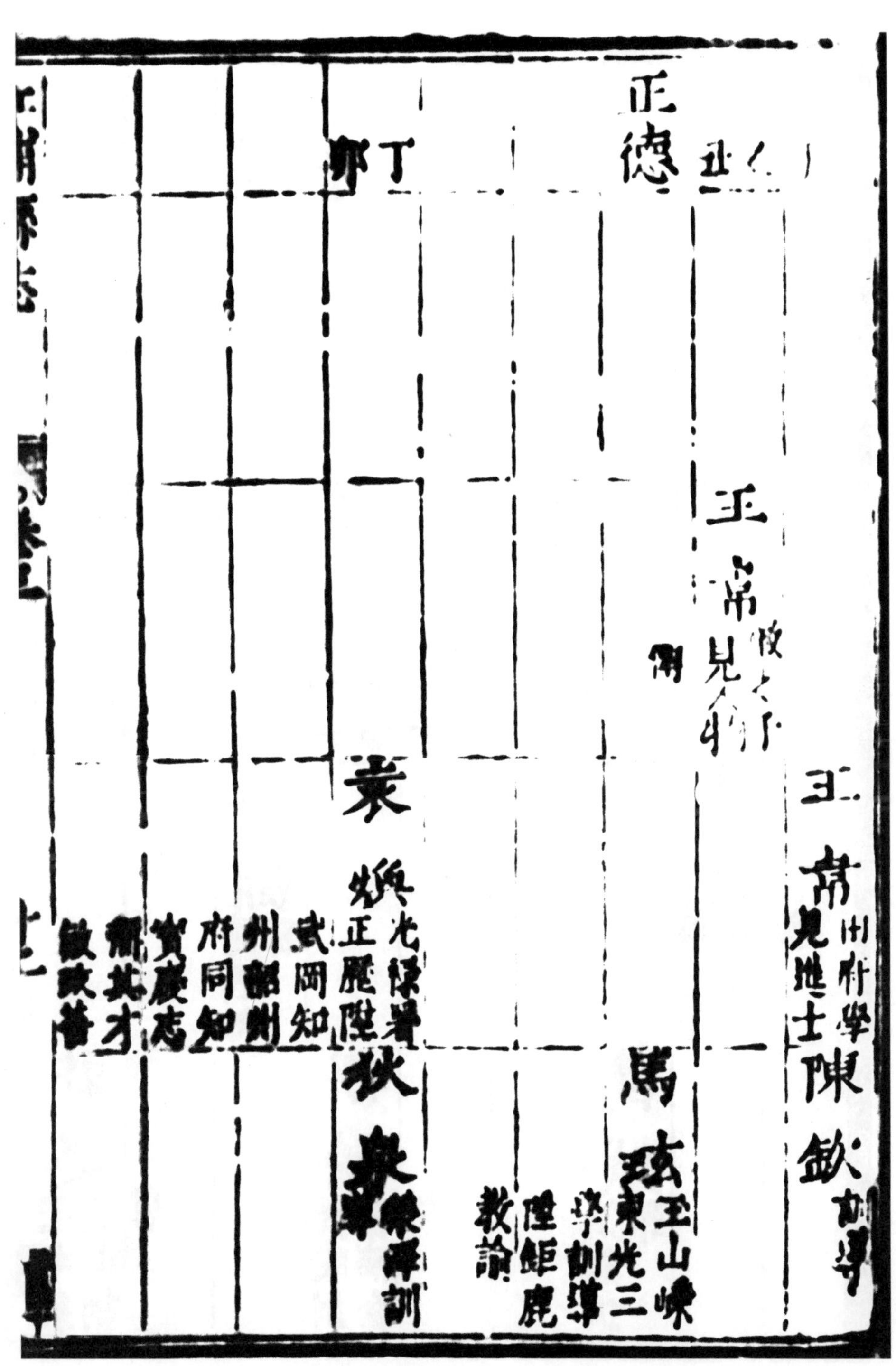

庚午

辛未

癸酉

王琳 琦之弟，蕭山知縣，陞廣西道御史

張淵 建昌知縣

毛經 鵬之子，桂陽知縣

莊姿 秉之弟，通山訓導

梁榆 景陵訓導，補金鄉

萬鉞 桐鄉訓導

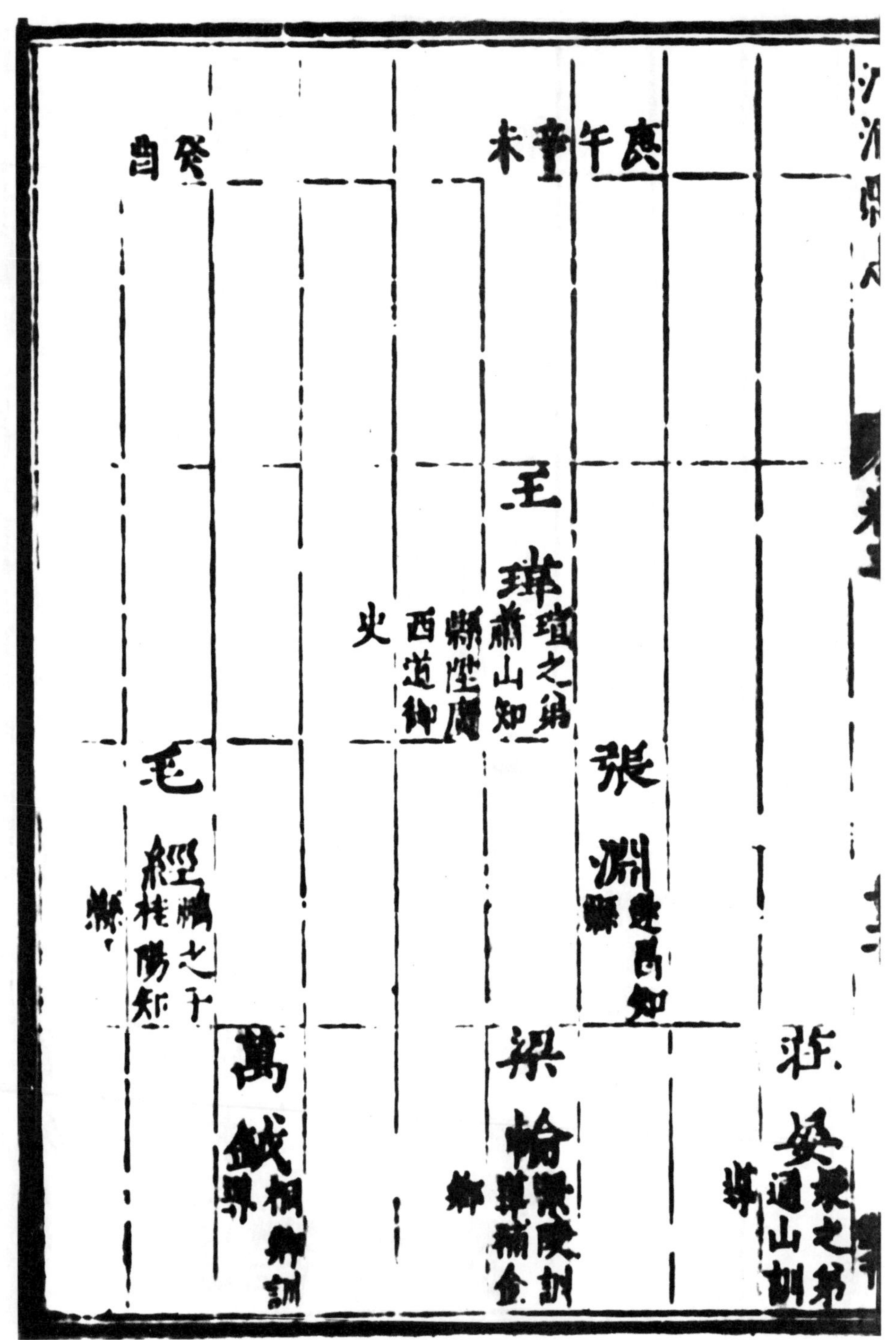

孔麟見進士

劉燁金鄉訓導

吳鎮琇之子

陳瓚滄州訓導

丁丑

孔麟刑部主事改南戶部郎陞同知平樂知府

郝秀見舉人

袁禎德平知縣

李浦[illegible]

蘇[illegible]

浦教諭

趙僴

姚裕

乙酉

邢秀 行唐知縣

張縝 □之子 □習訓 學陞福清教諭

黃勅

吳麒 珍之子 來學訓 學陞□ 周府□

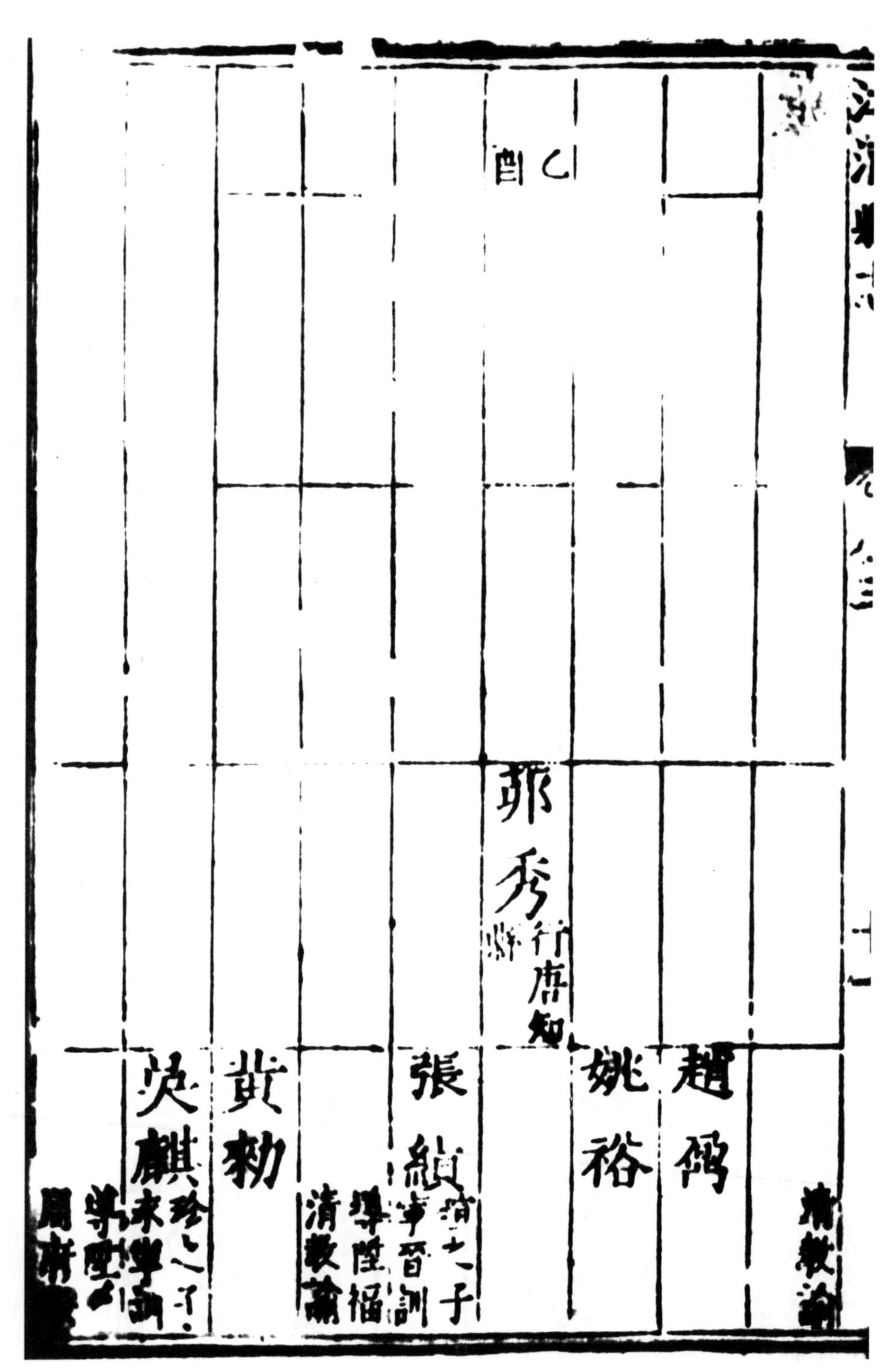

授

張銓 淮縣訓導補江西寧州陞甘州學正寧志爲其直諒多開恒以訓士爲識重義輕利士心悦服祀名宦祠

辛卯

張崇淵之姪

滕節 欽定門吏補弋

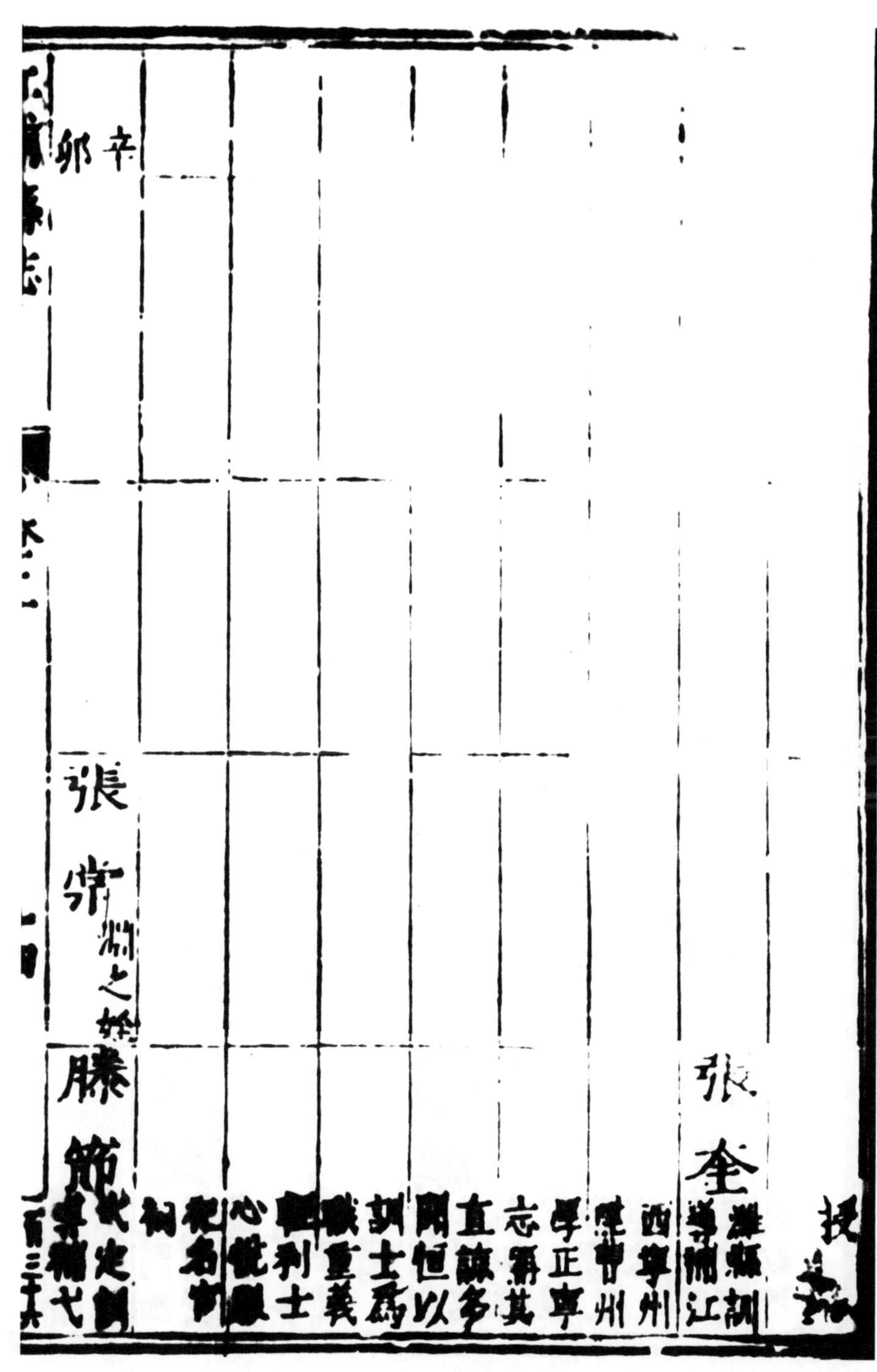

歷官浙江教諭

趙定　龍門知縣，陞安[illegible][illegible][illegible]前朴事繼母以孝聞

楊鵬　沅州判官，陞[illegible]湘鄉縣[illegible]心理學[illegible]已[illegible]米

甲午

張鉞　琪之孫　[illegible]山府學

戴恩　貴州學正，陞廣[illegible]　興化府通判　天啟、[illegible]

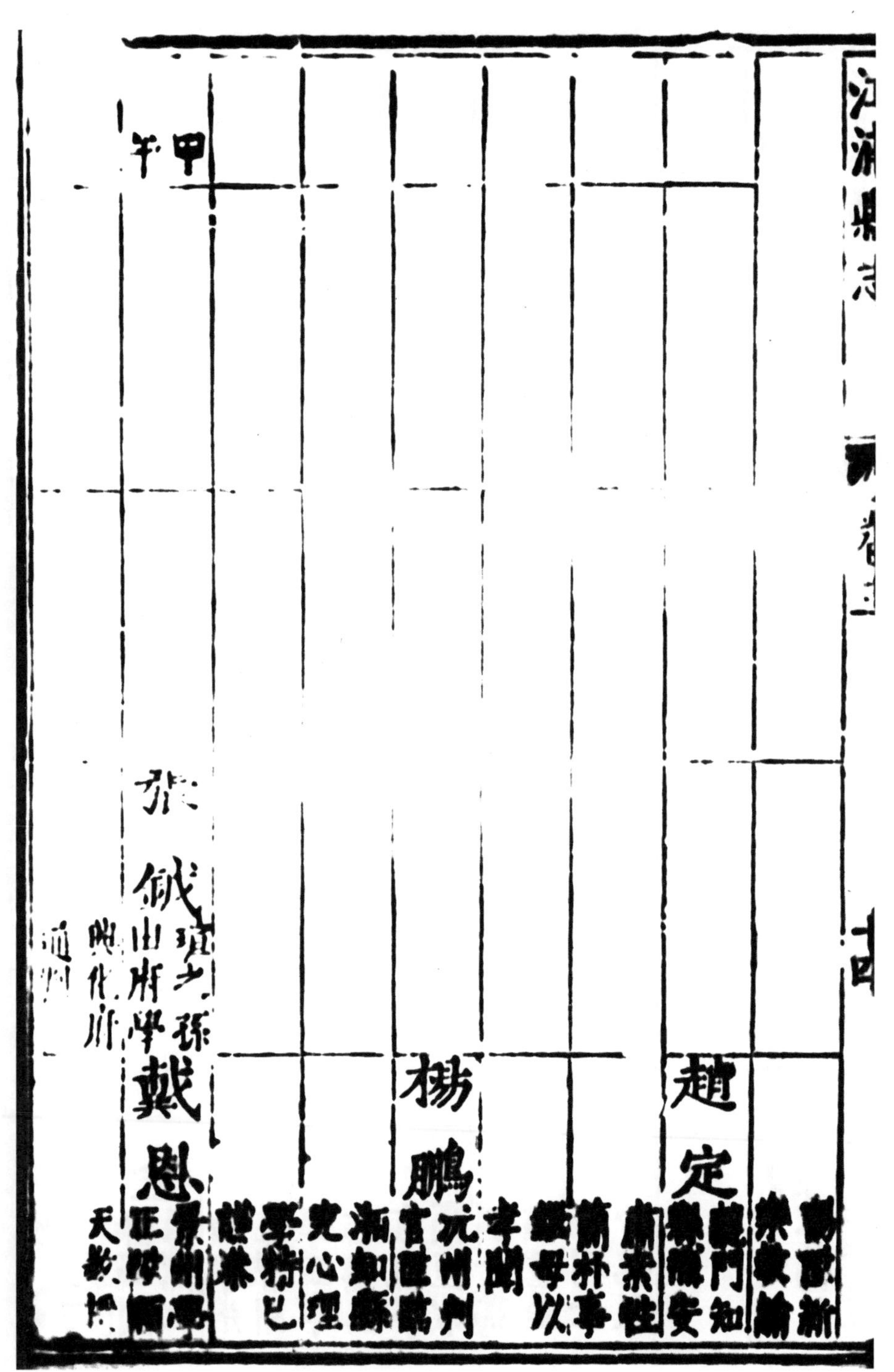

于衢　彌元之子　泰順訓導補南皮陞衛宣教諭府學教行多士楷模

倞烯　嘉魚訓導

謝增

裴海　璋之孫定澗顯導陞府官學正

李欽　德興訓[illegible]

川千

朱賢　見進士

[illegible]手直

王諭　由舉人府教授

嚴師覽　紱之姪

顧良　見舉人

楊鶴　[illegible]縣知州[illegible]陵州[illegible]以清白[illegible]

吳宿　以清白[illegible]潤[illegible]心

常榮　逵之子[illegible]縣訓導[illegible]理學[illegible]有大著作多出

洪[illegible]　知州[illegible]府教諭[illegible]其子

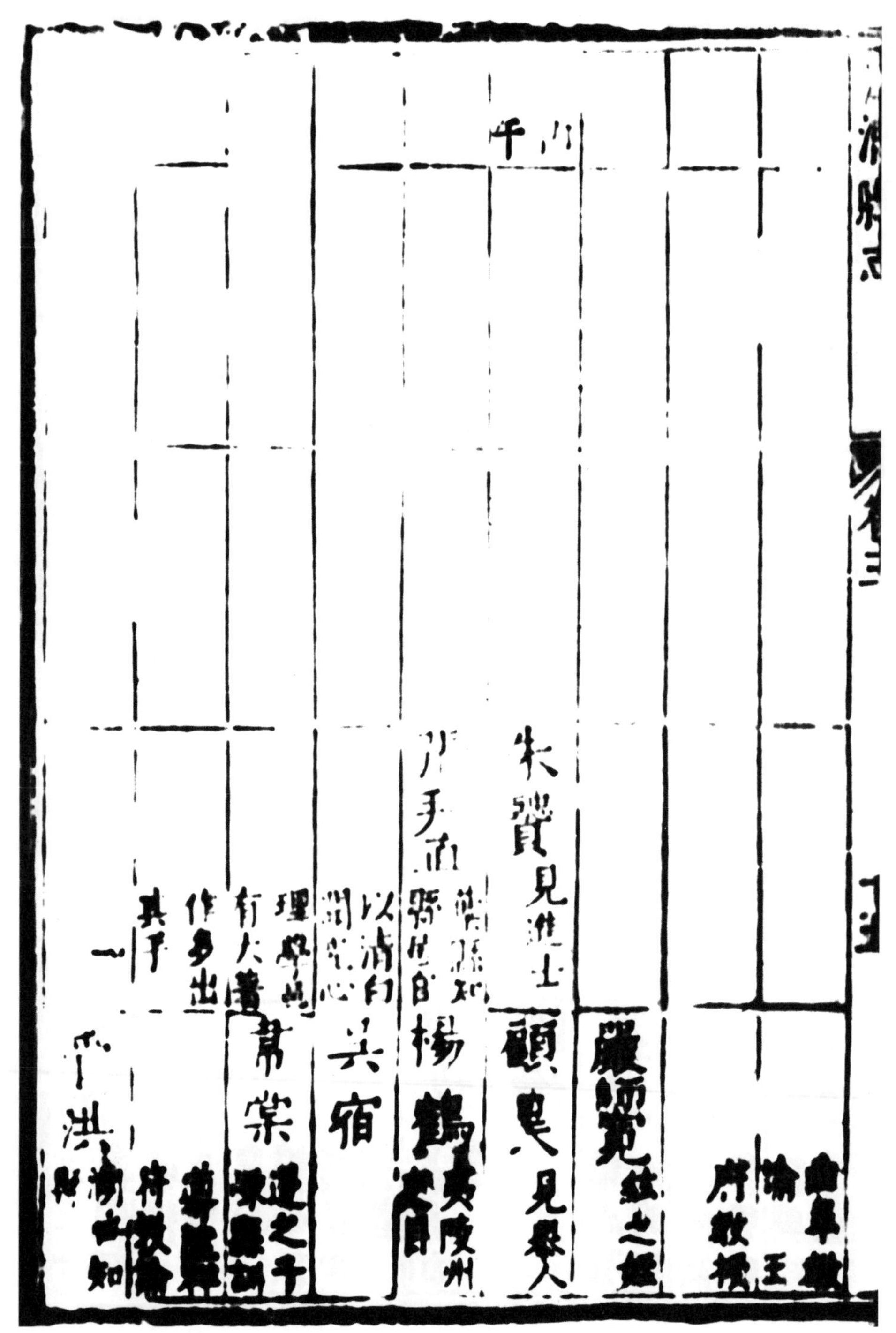

丁　癸丑　戊午　己未

宋野　[illegible]

顧吳　[illegible]

王　[illegible]

朱　[illegible]

王煥　[illegible]訓導陞[illegible]府教授

張洋　[illegible]

胡綸　[illegible]

隆慶

[illegible]南京大理寺左評事

黄四[illegible]
[illegible]澠陽知[illegible]
[illegible]城

丁文昌　江西[illegible]州訓導　[illegible]人
莊鏜　長島訓[illegible]
司調　[illegible]之子[illegible]特[illegible]高[illegible]
狄弼　[illegible]泉之孫[illegible]遂安訓[illegible]
江繼禮　河源知縣[illegible]

四 庚午

萬曆

嚴丕承 [illegible]鮑之 [illegible] 知縣補 商城陞 惠州府 同知

江采

周臣 廬州府訓導陞崇府教授雅操與於鄉評著教鄉之士舉

劉聲振 廬山知縣

祝鉶 可霖縣訓

周楨

蔡佩 [illegible]縣訓

甲午

乙未

丁

[illegible][illegible]

遂 任湖州知州歷寧波縣德二府同知三陞文衛陞南京工部郎

十[illegible]遂 見進士

熊師舉 任瓊州府推官補處州陞泗州

[illegible] 知州

徐可遠 歷縣訓導補知州

朱雲龍 廣東雷州府通判

楊成材 鵬之子合肥訓導陞東一等陞授[illegible]

[illegible]

……雲南僉事

陳應元 見進士

丁明發 應元之侄，見進士

……府學……授應敘……時屢不……保秋舉……繼之子……永嘉訓導

毛從古

楊譽 任澄邁知縣

謝天祐 儀真訓導

張鳳翔 確山知縣

毛從古

韓鈸 [illegible]

壬子

陳應元 [illegible]

曾仁修 [illegible]

林尚炫

吳兆茂 [illegible]

毛洲

陳情 [illegible]州府訓導

曾汝賢 洪之[illegible]

趙體安 定之孫 [illegible]

曾汝弼 洪之[illegible] 廣德州訓導

丙辰

丁明登 任泉州府推官

教授

[illegible]府學[illegible]

[illegible]教諭

于九德 [illegible]人子

蔡芬

朱思九 附[illegible]任

胥應午 自修父

張可仕 邦直之子

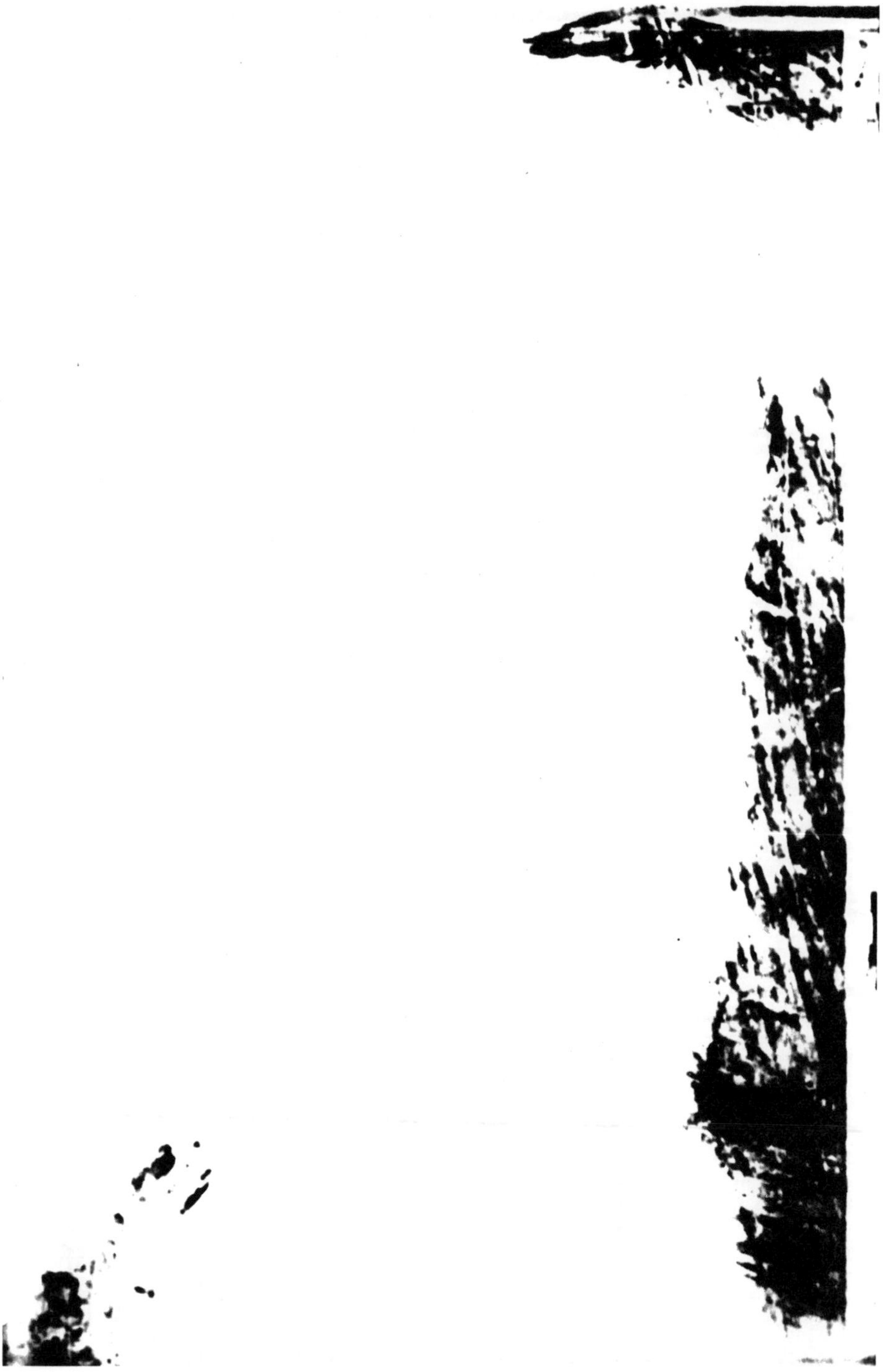

封廕

[illegible]羽林
衛指揮
僉事璽
陞中府
都督僉
事永樂
十以功
封惠安
伯子英
錦衣衛
指揮使
歷福建
都司都
指揮世
福寧衛

張克遜　張俊　韓忠

例貢

瑄以瑄[illegible]東左
布政使
加贈南
京刑部
尚書
瑄父贈
刑部主
事累加
廣東右
布政使
南京刑
部尚書
玄父封
御史主

滕科海寧千
月崑寶山州吏目
滕應表科之弟應慶州判官
白清
周文相江西新城縣丞
王錦陝西徽州吏目
朱徽武城縣丞

雜科

陳忠司獄
張度典史
張聰鹽課長官吏目
夏徵倉副使
葛俊倉大使
王綱驛丞
賈良江西新昌典史
尹德倉大使

指揮使　郭　許阜廬陵主簿　劉和縣丞

張文富懷德鄉人義勇　王寧鐵父贈曾安州　嚴師範紘之子　楊懋倉副使

前衛後所千戶　判官　管訓洪之姪　車譲湖廣按察司司獄

死於陣子政世　劉銓寶應分鎮南衛　李秉忠鄭州同知

抽揮同知歷都　經歷見人物傳　白漢尚之子　劉榮倉大使

指揮同知也民　徐鎰　陳能福建倉大使

貴左衛指揮　嚴丕式紘之孫　趙源巡檢

劉上遵教鄉人湖貴　滕世選科之子　任源倉大使

岳州衛指揮使　吳崇祿　萬貴倉大使

久陣[illegible]
朱思近 賢之子　周銘 [illegible]
[illegible]所
陳嘉訓　朱英 塩場大使
守卯[illegible]
撫[illegible]僉事
慶友泰 寧德鄉人南京 石金 淮父封戶部主事 徐承文 鑑之子 毛鏞 塩場大使
水軍右衛指揮[illegible] 事 金清 深州判官 馬駿 稅課大使
死於陣 郁贒 珍父贈[illegible]府左[illegible] 齊尚倫 朱禧 京倉副使
汪政 廣州前衛[illegible]千[illegible] 長史 管鳳來 鳳之姪 王鑑 京倉副使
戶[illegible] 桂翊 [illegible]父贈行人司 金淳 清之弟 東平州判 許驄 巡檢
[illegible] 左[illegible]副 判官 毛聰 倉大使
[illegible]具
[illegible] 吳通 [illegible] 康時雍 [illegible]安府[illegible]經歷 張[illegible] 倉大使

沈良[illegible]人[illegible]衛百戶 [illegible] 李敷 李[illegible]大使

[illegible] 衛[illegible]人林不 陳良臣 朱鼎縣[illegible]典

[illegible]院 陳貞元 陳憲福山縣[illegible]大

[illegible]柏[illegible]使 馮銘浩父封[illegible]知 高九道 使

孫旺懷德鄉人[illegible] 縣 張潔 葉林[illegible]驛丞

[illegible]弓讚元文[illegible] 吳蓁汝州同知 檀慶典史

何寶任[illegible]衛[illegible] [illegible]見人[illegible] 沈時光[illegible]同知 陳欽[illegible]平州[illegible]

嚴良[illegible] 張鳳[illegible]龍 段勝福建[illegible]

蔡玉懷德鄉人大興縣[illegible] 使

左衛指揮

楊□□ 遵教鄉人弘農衛指揮同知

□□ 懷德鄉人附軍後衛指揮僉事

□□ □□鄉人龍驤衛指揮僉事

袁琦 □□□寺□□ 萃松 □州衛人使

將□ 寺正 將剛 衛人使

孔昇 父賜建昌府 楊治 兵部大通政大

□□ 同知 □□ 仕

張綱 孫子陝西布政司都事陞江西通判 宋表 浙江僉大使

朱鉞 廣東白石驛丞

趙璉 □州府僉大使

張紵 孫子蔭嘉興府 俞祿 興化府僉大使

□□ □□校尉 □州 陳東□ □□

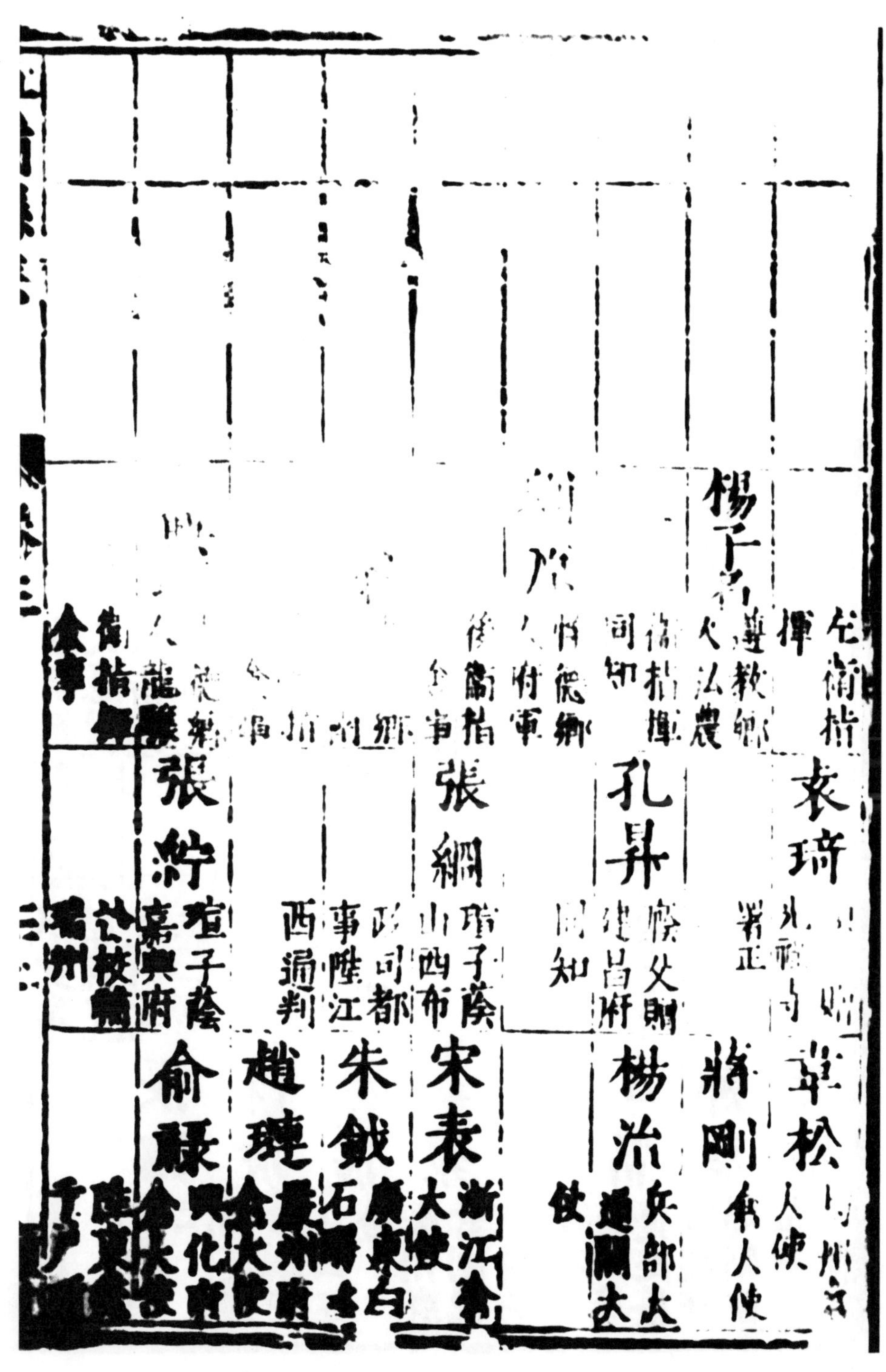

毛得 白馬鄉人歷擢衛指揮

王[illegible] [illegible]鄉[illegible]山 [illegible]僉事

[illegible] [illegible]指揮[illegible]

劉榮 [illegible]故鄉人[illegible]州 保正千戶

[illegible] [illegible]

石岩 孝義鄉人府軍衛[illegible]所千戶

王寰 以女爲原武王妃封兵[illegible]

[illegible]

孔[illegible]

[illegible]

王[illegible] [illegible]工部[illegible]

[illegible] 上封宗人府[illegible]

[illegible]

[illegible]

張錦 平陽典史

陳虎 浙江鹽課副使

[illegible]成 江西巡檢

[illegible]聚 廣州府倉副使

[illegible]嵩 [illegible]縣典史

王富 江西巡檢

鄭葵 福建[illegible]副使

[illegible]成 福建[illegible]副使

貞陞指揮僉事

徐□ 浦教鄉人大興左衛正千戶

何□ 遵教鄉人遵化衛正千戶子祥調鎮朔衛

狄繼宗 浦教鄉人羽林前衛中所正千戶

吳相 □州州 夏縣□

俞剛 紫雲縣丞

倪惠 南雄府□□□

顧昂 杭州府同知

黃燦 南京刑□休行□倉大使

蔣炳 邑之孫舉□右衛倉□使陞□州府經歷大使

李敬 遵教鄉人，滁州衛正千戶

周福二 孝義鄉人，永平衛前所正千戶

陳祥 白馬鄉人，德州衛左所正千戶

李興祖 遵教鄉人，永清右衛正千戶

[illegible]公 懷德鄉人，[illegible]州[illegible]

車瞻 [illegible]州僉[illegible]，[illegible]陝[illegible]，[illegible]州巡檢

潘瑞 定陶典史

張鋒 [illegible]州[illegible]，[illegible]巡檢

蘇讃 山東泰安州[illegible]，[illegible]縣[illegible]州[illegible]所[illegible]

張[illegible] [illegible]安典史

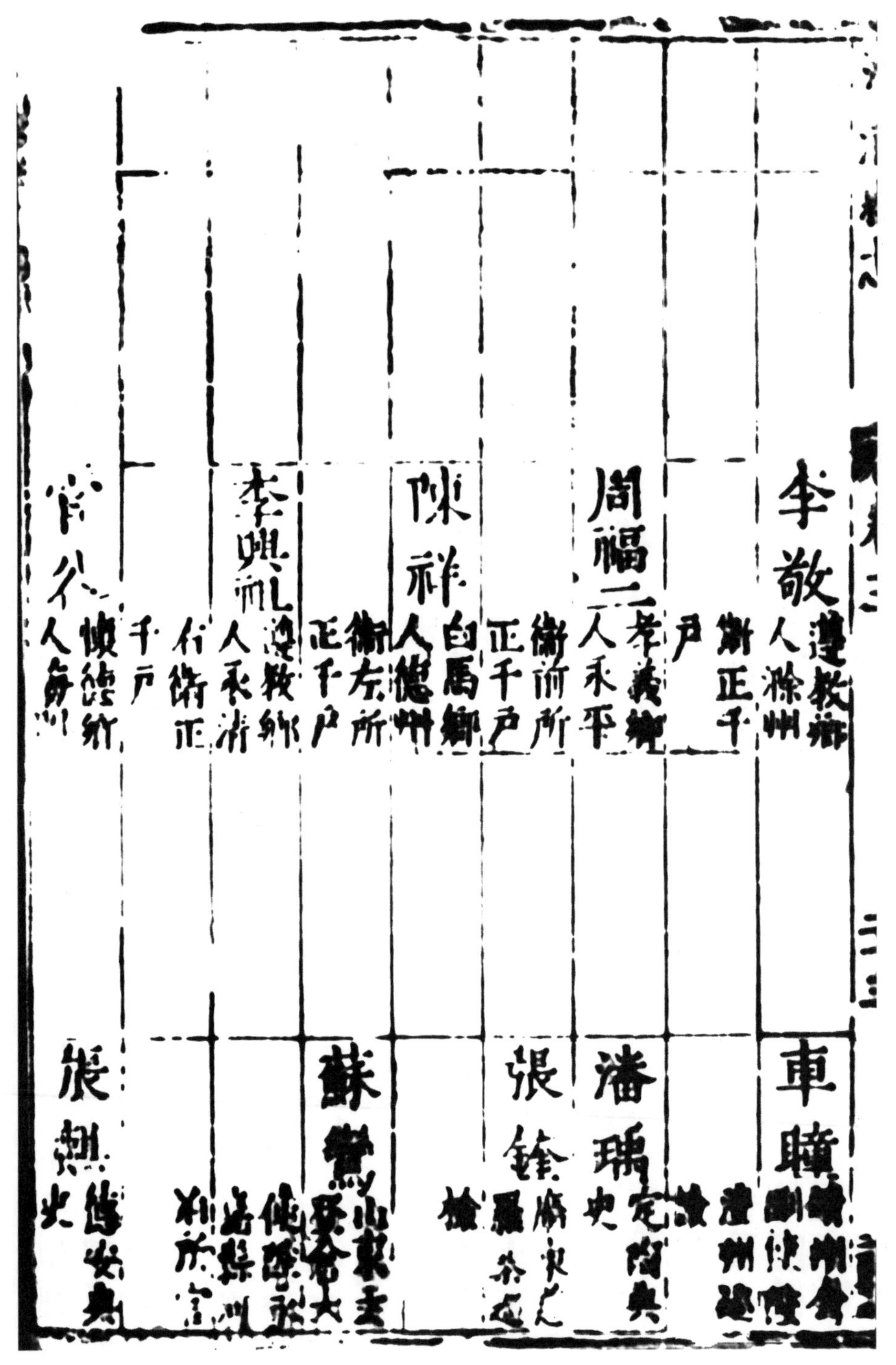

[illegible]真 大同衛前所百戶

馬亮 大寧中衛百戶

薛羊 [illegible]寧衛中所百戶

徐來安 永平衛後所百戶

楊斌 瀋陽中衛百戶調柳州衛右所

蔡尚潤 湖廣驛丞

蔡尚邦 浙江鹽場大使

趙四科 京衛知印南康府積庫大使陞梧州知事東川經歷其父之吉以恩例封大使

龔承宗 [illegible]

龔舜弼 [illegible]

朱　清　山海衛百戶

王　忠　羽林右衛左所百戶

李永保　三萬衛百戶　以上俱任鎮撫

人

狄　旭　鳳陽右所戶

王得興　瀋陽衛百戶

姚秀民

劉仕亨　上饒典史

曹　松

蔣應科

王執中　知南昌府轉[illegible]雲南府知事

王之瑩

陸夢麟

曹有光

江浦縣志卷之四

江浦縣行取知縣李維樾重修

輿地志

疆域　星野　山川　形勝
風俗　鎮市　古蹟　塚墓

浦在坤輿雖揚州一尨地然巀建業振滁陽形勢之係東南者甚巨民生其間風俗染被居聚儼列夫亦山川之風氣所鍾歟即星野雖詰謂浦不在星野下不可也仰觀俯察極一方規制作輿地志

疆域

縣在府治西四十里東抵江寧縣界二十里南抵和

州界七十里西抵滁州州界五十里北抵六合縣界三十里廣一百一十里袤加五里東到江寧四十里南到和州一百一十里西到滁州九十里北到六合九十里至

京師二千四百里

縣治與江淮衛錯居衛轄地方四分之三縣才一焉關設巡檢司官係府屬而八鋪地方動稱衛界此其中多掣肘勢難聯屬民苦之甚備累久矣將何施而俾軍與民兩利乎惟在上者一籌調停之

法而治可一矣

星野

分野曰斗 前漢地理志吳地斗分野 次舍曰星紀 晉天文志自南斗十一度至須女七度爲星紀 占候曰熒惑 漢書吳楚之疆候熒惑 躔屬曰權星經北斗第四星曰權屬揚州 宮曰磨蝎 地理指掌圖揚州宮爲磨蝎 特曰丑 帝王世紀星紀之次於辰在丑謂之赤奮若

揚州有分星矣浦得專有之耶然地有所屬則天

常相應嘗觀東海・孝婦耳冤之即三年不雨冤雪而即所執謂東海無天耶星占曰天高聽卑然其所以爲視聽者民亂君子政不失時則衍不違天勿問之矣毋曰天道遠而忽諸

山川

鳳凰山　在縣治後舊名曠口山　陸家山　在治西一里歲旱禱雨其上　馬鞍山　治西十里端凝秀峙若屏列然山後有觀音洞〇邑人石淮詩雄峙坤維列畫屏勢齊天馬下蒼冥嶽生申甫細祚降世產英

豪豬地靈遠山雨餘飛翠然晴嵐日暖擁書發歸來不買羊元宅戶村策茶眼界青

黄悅嶺在治北十五里　國初鑿通江淮東葛驛路為兩京孔道

福龍山在治北十二里孤峯插漢群嶂留雲長江帶前巨河環後中饒巖洞諸勝為江北大觀萬曆甲寅建玄帝行宮於其上本縣署教諭事舉人晉陵陳廷策記○僕平生誦脫輪悔兩福羊求二仲遺榮求道悠然緬想而塵緣相絆虛設一生然每遇佳山水為仙靈窟宅處則低回戀之不能去云

比歲晚得浦學學宮居山麓間乙卯春僕夜夢謁
象列其門聞孔聲覺自診其夢比奚為者而是時
僕御友為瑯琊釀泉之約走馬赴之越三日迴過
黃悅嶺見土人薙草者畚揷者舁石上者舉纍問
之則曰此山名福龍泉居士築玄帝行宮其上且
為僕多說神像著靈仙蹟示婚之異僕按玄帝道
家所尊天樞北極相傳昉自黃虞代著顯赫神靈
威武掃蕩妖魅所逮宮宇若泰和若齊雲動發力
將金錢不貲歲時享祀侈頌於神宮以肯易[illegible]

露江浦豈補斗度分野所隸而北極玄武實係斗牛七星之神度有專屬故神有專嚮理或然也僕于時即攝衣覔山後路扳蘿上未半小喘及遊數十步陡甚不任趾軛而登至則積石相枕或立或仆或嚌或吞不可縷指稍前廣袤數十丈餘平立環眺尚峰羅列訊之土人其蹲立踞睨突兀露頂者獅山也其汎迴蜿蜒俛耳濡齒者象山也僕聞之心動此山實郭我其餘西華皂蘿諸峯趨揖擁護翁天造然而是時泉君士方且樹臬剔景規之

萬之水之勝之鳩工聚材紫巴雲集久之日下恭不能留遂循故道遂而回視山頭暮靄氤氳白雲封而孤鶴下也居無何新宫成衆居士齎玄帝像于絶頂于是令君余公希輿鼎新及期履拜出羨旧如千為供香火費陪乘發眺一時四方善信焚香頂足旃以萬計而僕自後晦有燕中之役又一作越丁巳之三月三日世傳玄帝降生之辰僕復從令君後再捐神像爾時宫前後百堵皆作鉅矣麗矣罔弗備矣山距城可十五里而遥址漸隆起

下泖相夾一小溝溪為一天門躡磴而上則太玄宮亦爲廣與崇方如上宮制而横倍之樓閣飛動直北卌壑玄崖糾合衆峭夾道為杏花村為桃源洞宮左為惠政祠近依野緑遠連天碧岩淡岩濃亦一勝境也迤邐而上為依栖亭嘉花美竹交蔭其旁稍西為二天門為土神祠怪石龍蹤松柏有狀復折而東北為三天門兩旁為小憩菴四顧江練縈環而秣陵天闕天印鍾山出沒隱現於煙雲杳靄之間又中為靈泉亭泉故在山根窮巖罅役

取水者於四遠一日忽石罅中泠泠出鑿之得其泉焉故名直上得之而陡忽轉平衍為玉虛宮門制洞敞從恭王堦擁稍細而廡而升即玄帝上宮也聖像具莊嚴相侍衛森列覆以琉璃飾以金璧硬城釦砌靡不綺錯外鐵欄下中庭嵌金花于端欄排而求寵絢光激景神棲福地於斯為勝其右為崇積堂其左為天符室室東北隅小逵崇繚廡而環眺諸勝隱隱孤望天符者舊傳太和山玄帝符有林文学者其大父應鵬說詩大梁間性喜樓

予偶遇羽士持符授之云作爾寶蓋數十年於茲
宮成而林生靈之其山若犬錫之焉宮前衛象飛
峯間爲七星岩爲香爐峯稍凹平淺中出白鷺洲
雙水夾而刱所稱二水中分良不虛也僕因是而
憶太白真宮晉代之句涕淚千古計今去白幾何
年桑田翻海不知幾經滄桑要以世界原屬虛空
虛空結成世界而示有為法種福德根則又世法
中所不可少者是舉也太僕陸公首倡之令君余
公翼成之而合力共舉勝事者衆居士也僕因得

夢之異抒綜其始末概其形勝漫題於此以俟夫有位望者採而紀之以備此山之實録云○公諱璇平湖人余公諱樞新建人其募化施捨居士張可繼王繼成聶褒朱文盛及前此封司理熊君龍里耆曾致昇 侯棋俱與有勞焉故得附書○平山在浦子口東門外二里大江奔注一山突出如砥柱然議者謂為本城下砂宜增培以完風氣因創建文昌祠平山閣及壘塔于上登臨流覽稱最勝云給諫祝世禄記○浦子口為金陵江外捍禦犄角而

山故爲重地而守禦於鼓馬備以五衛所以千户督以司農有城城之圓熙如月頃年江濤內嚙城隨且半將兵無所秉而符飭於野謀在預之謂何矗其決瀚無際浮湃萬艘習坎之勢羸矣獨東偏岡勢比米横截半江其巔坦衍可樹可亭號曰平山西倚原隰萬家烟火環貯懷抱是以擅茲全勝而其流勝則又在寶我而所攻者也湯湯天塹擁光若鏡鐵鬱地脈錯落成繡瞰況空濶對岸楚巒江之南若鍾山若方山若獅子若牛首若雞籠若

然礙若幕府若樓霞若都城若宮府若樓觀若浮
圖若上下三山峙如帶展卓如搢笏矯如游龍伏
如踞虎以不如鯨者如戟者如鼇者如印者如簪
奮者如旗旄者如翔鳥者如逸馬者如屏如垣者
如棋如傳舍廬不含吐烟霞暉映水日空翠互發
濃淡分色兼以浩漾淼溢之波雷奔雪湧葭葦蘆
花之渚蒼入碧出帆檣朔鷗狎鼓聆躍魚龍不渡
鳧雁可數柳子所謂曠如之槩不加于此矣適奇
保障卑上之宜儒庾卜宅氏之上示祥生府以之[illegible]

乎成之負嶼崇基踞崖置閣祠以文昌孚茲靈
秀俏以軒廡儲楹游觀既美輪奐之人朴尚候窄堵
之衆且大木浮来朽梁條易磐石自出旁址一新
圖合人謀詎非神佑哉余濟大撕留埴閱武江北
自公之暇釋復登斯求日可以銷憂明月固堪劇
興望西山而植笏自令爽氣橫生憑長江而太息
非同廣武發嘆嗚呼昔瓜剖豆分之秋朔北島南
之蹤懸鏃搭於殊域恬淮泗為文淵彼一時也哉
馬生郊戰鷸濱游蟣甲旁午鯨波沸揚方奔命之

不皇寧片息之自適乎方今中天俯臨四塞息烽
射禮主皮牧放華野兩階之下戚方陳二京之風
聲比屋故得以優游于眺覽聊寄于文章咸弘磊
隘之際於斷為盛至于持盈保成杜圖防漸近天
之未陰雨徹霜而戒堅冰清蹕警之匿姦于閭閻
以休息四鄉非守五教是敷地險何憑寰隍終屬
宜豐日之常亨精需雲而宴樂湛湛江流顧瞻文
昌君而質之崔生權固請銘石因系之銘銘曰泰
階六符是謂文昌其須行光文德乃章浩浩□□

鬱宗作隍奕奕浦口負扆是崇而峩山峩平山襟隱嶽
岡巒目千里聚勝一方衿擘在序戈甲在行武事
文備互用允臧愛經愛紀肯構肯堂月流松巔露
藻梅梁將相司命虔祀孔遐熙贊鴻緒永奠無疆
○世祿詩一尊相向卑山頭俯瞰長江萬里迴城
關南標龍虎氣水雲中泛杜衡洲鷺宴地盡三千
界縹緲天垂十二樓聚鳥夕陽低遠樹從人界我
醉鄉侯○太泌山人李維楨詩歷亂旁空樓上游
東南名勝望中收征帆遠影飛青雀坐釣閒情對

白鷗十里浮山宿負郭半江曾幾已為洲年華逝
水滄桑變有酒卯能解客愁○公安袁宏道詩石
路突寒松柔嵐被遠封白波千里船青散六朝鐘
雲老致還窟窓晴雨洗峰文心吟烟水吞吐變重
重○楊日賓詩高閣平樂佳氣迴知君從此躋高
萊一江皎舞春前樹雙闕龍啣掌上擎雲撲翠微
時度鳥月明清嘯夜登臺自憐幽賞非逃若洞觀
風流莫浪猜○蔣一梅詩平山向對石城頭面面
風光盡入樓獅子峰迷鍾阜樹鳳凰臺敞大江流

濤聲滚雪來三峽海色飛霞起十洲不那躋攀憑檻意白門無復舊王侯

白篠嶺 在黃埧嶺南西通湯泉鎮

西華山 治西十五里矗起平地高插雲漢為江浦奇觀（）訓導滑貞詩華山壁立與天齊石磴崎嶇未易躋一派寒泉通竹逕數聲清籟出松溪千巖競秀人爭覩萬木也栖鳥自啼彷彿天台洞深埼倚中奇勝總堪題

龍洞山 治西二十五里與天井西華為轂相接距任豊白馬孝義三鄉上有泉洞禱汫多處以下有龍王廟其山洞嵌巗奇

龍之狀見秦觀遊湯泉記中萬曆四十四年本縣知縣余枡題龍窟二字於石壁上○宋全椒令游九言禱雨辭并序累變之元庚申夏不雨徧禱莫孚或言烏江有龍洞山山出青蛇神龍之裔因越境自湯泉入山未百步有蛇而藍者遊絕中道從者予曰龍也凡禱雨頫索於山幸遽得之勿失余疑焉夫山川吐雲霈爲潤澤益天地陰陽之氣也龍靈物能乘陰陽變化故言興雨必求之旹可捕龍其何神耶洞水足矣既至酌茜畀龍石罅之山舉

鮮驥首啣不盈握目光瞥爍若昈而侯彩亦燦然
春以潔盟雲陰護行空濛絲洒用彰厥應明日默
潤草木又川日膏溜悰埤四民喜歡餞龍之日遊
大所注溪澗允盈豐務有兆嘗觀天下至毒螫莫
過虺蟲江南有虎青竹者螫人若針芒死者十九
兮就無異青竹而群若此茲爲龍脅歟君子小人
狀貌固同惟交際而情違見蛇亦然哉乃爲辭曰
山嵯峨兮巖幽邃君居兮大江流斂變化兮山嶽
實起霈澤兮九州烏隙隙兮拋空茧坎坎兮阿丘

巖裔孫兮胡止吸厄酒兮嬉遊謂余不來兮蓋處
修潛泉瀦兮石列老木與兮枝虬御雲氣兮顧瞻
靈天嬌兮千秋○孫覺詩側看紫府入杳冥神鑱
鬼鑿露巖扃天懸乳石映華蓋壁隱蒼苔畫翠屏
九道寒江雲外白一池陽井雪中奇還同鹿樂登
臨海可共羊何輦不停○僧參寥和瞳矓杲日破
林洞笑語相將馬帶竹路與猿猱爭險碰身穿過
鵠入青冥嶂巖幽穴竅無底蹢屈蒼虬信有靈能
使謝公詩興動婉如游刃發新硎○秦觀和竿嵩

偶火[illegible]入淸郤[illegible]月[illegible]
壓生陰穴帶龍脬壁開彩炉千錘雲門外天横[illegible]
尺青更欲杖沛留頃刻挪旋衡市巳千齡○[illegible]
陳欲章詩誰爲龍洞主我爲定山來春日[illegible]林美
陰氣開户閑靈光潜嘖室伏氣長龍胎移對林光
去南川作釣臺○邑人莊昺和何年留此洞想見
太初來風月誰張主陰陽此竅開地靈真孔竅元
氣古脉胎悟將應意狂歌月滿臺

天井山　治西三十里上有石傍罅不可測

蛾眉山　在天井山旁

孟澤山治西五十里 翠雲山山勢高聳一名北大山 紅石山 青山俱治西七十里 陰陵山在治西南門十五里即項羽失道處 楮落山治西南六十里一峯亭亭秀出望之可愛上有祈雨壇 四潰山治西南七十里項羽敗走至東城漢兵追之羽依山爲陣石上有馬跡一名四馬山 梁山治西南百四十里石狀巉巖俯瞰大江與南岸博望山對峙又謂之天門山○唐李白詩天門中斷楚江開碧水東流直北廻兩岸青山相對出孤帆一片日邊

材〇過出江山上數峯自烟斷岸吹松色老石分
浪花砕參差遠天際縹緲帆霞外落日舟去鳥間
消沉青靄〇學士解縉詩大禹決通波泛濫巨靈
分斷紫崔嵬九天日月頻來往千古風雲自闔開
神化蛟龍騰白雪朝宗江漢走帆雷時平關者無
勢爭玉帛東南路歸來**東龍山**在治南四十五里
上有祈澤寺**西龍山**與東龍山對**白子山**治南門
十八里**定山**在治東北二十里其峯六曰寒山獅
子石人雙雞芙蓉而妙對峙拱合一名六合山岂

人莊巢留此○陳獻章詩四下望外無消息一月
定山相對閑仰止此山雖萬仞蕭然我步只三間
帳空一世何曾見心似雙泉不記還但得與公同
白首乾坤五嶽也無山○御史婁謙詩定山不是
鄒家林脈遡尼丘可上尋幾點星辰天地我一拳
土石古來今到圖龍馬庖犧易絶筆獻麟孔聖心
蕉鹿半負當畫夢先生打破入山深○御史何壂
堅詩天地清凝在此山幾人曾得游攀雲時欲
罕浮雲去終古緇塵何日開我與定山真什然遠

知元氣只空還百年山竹鳩年尚不妊男兒字尚
問○桂果詩湖西不了曹溪約汀北扁舟未肯謝
多謝先生真好夢果然此會不人間紫金丹好神
傍游太極九空日月還但得吻翁同老此延山須
作武夷山○蓬萊人自到蓬萊此老真堪此地來
眼底風光沾筆有空中樓閣按天開敢擬千古留
公醉却有雙泉是我酷何處江門朗老子題詩到
此亦忘河○滿事人間偶奐醒數椽我屋傍秋菰
酣眠老石三千丈知在青天第幾層望外虛名何

我敎張前門戶是君撐十年面壁收心坐搬好

生去一矜〇乾坤契合有晋山公馬來時便一擧

老眼不隨塵俗亂此心元共白雲閒石逢古色看

何厭水愛源頭坐不還只我州留貪草座洞雲溪

月也三間〇杖履頻過活水灣我山真果是何山

煙霞豈斷千巖路天地誰偷萬古開明月高悟無

俗照桃花流水有儒衣時人識否公休問此樂

心自孔顏〇萬里風光散遠林晚峯巔馬正千啟

于中日月丸天地眼底風雲變古今幾[illegible][illegible]八山

永遮五德亢父聖賢心可慨何曾術多病鷗鳥泊
關感慨深○泳建亭七於山水水亭果時溪雲把
手只幽荷酒階介茶能復傾可了何千餘插詩豈
勝三十五年倚月明草閣看傳欄風在江樓進打
更邦憶白頭上處士幾時同此鷗盟（）莽莽蒼
峯孑隱臨活水村百年真眼孔一箇小乾坤幾榻
諸公下居家萬古存與君風月處剛對白沙樽國
林亭寺正勝韻詩大潤亭孤老樹蒼朱生鐵圖耕
謝方曲肱自得寬花宗歸詠聊同曾點征帝伯皇

十則一身乾坤風月更消忙拙夫亦有超然趣安
得神遊共兩忘○最詩雨裊青山真可愛此懷可
許訴衆求誰教老竹剛三箇獨與農人共一軒塞
淺閒勞吾子愛迂疎敢領衆人言吾公滿堂湫隘
學似日來看獨樂園觀物亭性理詩色色形形俱
是物觀其物似先賢共問若不能無我此外除
非則有天分變陵而遷皆川隊今來古往豈言傳何
非先得閒中趣聽漁樵問答篇○婁謙詩古今
此老只蒼蒼亦結江亭覽勝方清標何便臨氏樂

浣花誰學杜陵叟　有象根荄數太極無形妙
舊折一自無名公會後先生物我盡相忘溪景亭
司馬原詩溪上梅花片一痕乾坤到此見天根誰
道北枝開獨後一枝自有一乾坤春風亭景詩春
風誰遣月溪潯我屋居然又我亭豈有一人如子
到可無半撥此云深眼中緣憐誰徐孺天下人家
幾醉林每夜小跌明月坐傳衣或此是傳心東風
亭景詩小亦話水洄之阿上我溪山景亦多何用
偶看春暖日我家須鮮子竹窩卑微幸卜高眠久

褊窮其如大舜何強說春風真箇許歟夫正有一
團和鳶飛魚躍亭泉詩領界無絃太古風孤亭小
半意何窮自知魚躍鳶飛妙理在其間水淡中女
默不言天本靜青山無我月能公細看太極當年
訴老子原今忘偶同○謝亭今廢駱駝嶺近定山
南通浦子口關西北通東葛象山在治北五里獅
子山治北三里七祀山治北十里石洞山治北十
三里山頂有龍池冬夏不竭南有香巖可容數人
口鵝泉詩月偶橫擔拄杖斜一頭山月一溪霞澗

時多覺人間者未醉天樵洞主家禪白西來多折

樹詩非參透在梅花夜來堪笑盧陵米又向山翁

酒作誇

半雲亭在洞前崖畧石淮建○畧詩何物

乾坤不渾淪此雲一半是誰分我米亭子中間坐

萬里山河萬里雲○銅槃笑與日同捫此處人間

未許論石洞老師真具眼一塵還是一乾坤○淮

詩斷巖亭搆倚雲霏半欲留連半欲飛飛向天家

作霖雨留還我屋護苔磯定山詩好磨崖刻老衲

形忘坐翠微極目匼江淨如練令人重憶謝元暉

○僧永昇詩宇宙中間理渾淪自形自色自相分大觀須信馬非馬聚散誰知我一雲○纖塵大塊手同捫千古莊門一語論我也年來公案透洞山隨意老乾坤

石婆峯 近石洞山有石豎如人狀故名又山形似駝一名石駝峯

長新嶺 在治西十二里

志中諸山和州六合多載之蓋舊爲所治也惟南畿志於浦稱定山於六合則稱六合山少岐一山

而二之一統志又謂六合北七十里有六合山其相去抑何遠哉噫山有荘先生而名始著天下莫不聞信夫山不在高靈於人傑惜名如定山者不多得也

大江在縣治東三里自梁山而來曰揚子江抵浦子口曰宣化江其中流爲鰻鱺洲與江寧界○唐權德輿詩返照滿寒流輕舟任搖蕩支頤見千里烟景非一狀遠岫有無中片帆風水上天青去鳥滅浦迥寒沙漲樹晚叠秋嵐江空翻宿浪胷中千萬

處對比一清曠回首碧雲深佳人不可望○盧綸詩山映南徐暮千帆入古潤魚鷗出浦火月照渡江人清鏡悲雙鬢滄波寄一身空憐芳草色長接故園春○莊昶詩秋來乘艇子出浦更悠然鳥白江初潤天空月正圓

橫江　治南七十里即大江之上流○李白詩海潮南去過潯陽牛渚由來險馬當橫江欲渡風波惡一水牵愁萬里長○橫江西望阻西秦漢水東連楊子津白浪如山那可渡狂風愁殺峭帆人○大學士丘濬詩風定帆初落篷

寒潮隨月上秋水共天清陳竹昇

横江閘鶴聲有懷愁不寐坐數驛樓更對江河在

江淮關外的河口十五里入大江萬曆二十一年

知縣倪壯猷具申大中丞朱公涂按屯兩臺及大

京兆張公沈公並咨大司馬周公檄江淮衛共議

銀三千八百兩有奇開濬倪公後以奏計入 京

本府復爲捐司理督濬竣工○修撰上元焦竑記

晉史遷作河渠書蓋與禮樂平準並稱人禮樂制

作平準財用而治經國要務以河渠而得與程功

則胡以相提論也夏后氏錫玄圭底平成六府三事賴以允治禮樂之教闢川而興夫非績用之最著者邪下此則西門豹鄭國之流引漳鑿涇史不絕書以是知水利之溥有天下者利天下有國者利一國有邑者利一邑惟所擇便專意行之耳夏后世勿論魏任豹秦任國上不牽制下不拘攣故得從容展布而竟其功今之任事者則難矣下之人區畫以上而上或報罷上之人誠切以令而下或稽延前之人志在首事而未必終事後之人慮

非經始而莫肯落成財力乏殫悠咨日棄蓋如斯乎任事之不易也乃眷上下相成前後共濟惠不費勞不怨行之一時而可為百世利余何幸於父母之邦見之江浦隸京兆居江之北諸縉紳士庶往來涉江者率取道焉縣治故有河道達江濟江淮濟川兩衛置數十樓船以待無論行者便之四方商賈百貨湊集於民用亦甚利也歲久河漸湮樓船移置北岸渡者更道浦子口水陸迂迴幾數十里風濤叵測行者病之津吏候人奔走為疲商

船不通民用告匱大中丞宋公行部至慨然太息
謂縣當孔道資車使節日出境上河之不通令其
迂迴道里且使石尤為患時出以為患至於商賈
貨阻騰物價以暨閭閻便人之謂何剏河之故道
可尋縣其議沸邑侯倪君故嘗晰其事念此不置
因曲具河道通塞狀條畫利　以上峯甚大中丞
愈銳然行之適會京兆張公沈公直指王公各議
鏹所自出得一千八百餘金又兩衛卒取道尤便
大司馬周公令江淮出鏹千以助役役既舉侯殷

賊輒出河上剏立畚鍤間部署程督不遺餘力
月餘功就什五適太宰謀群吏侯奏計上都門則
以其事屬之司理趙君君始爲撫符至旋以河工
劇遂辭縣務而專理河會天雨雪役得譏謀遁去
君百計約其渙散相地勢便宜立程限禊祓河卜
剏自季冬不月餘而功告成事計河延袤十有六
里廣十丈有咫深四之一甲午冬十月舉工乙未
春三月工竣可理君庚念河故深廣貧以水止涉
沉澌至浮塞職上流不通之勢烈山峙江中泥水

衝壯岸迅急如矢滁王家套借急水以刷沉沙它
日可以無塞京兆張公當君浦大中丞趙公議出
積帑千餘緡授君畢事君卽署經晉如昔河再告
成計延袤六十里倍昔之三廣深所在不齊因地
勢也卽今河引江流行者率取直消不病迂迴乘
樓船如華風濤勿犯四方賈人載百貨以至柔旅
通商阜民足用其利不可勝原而三善則較著已
是役也首舉則邑侯為政司理君成之而主其議
者朱公再舉則司理君為政邑侯成之而主其議

者八公翁周公趙公王公沈公悉相與慫恿夾持非一手一足之烈也斯上下卅成前後共濟者非邪至於軍民相誠以幸禁不勞而自勸非佚道之使宜不及此幸是道也於天下國家何有余上世家江浦丘壠具在幸河之利賴茲邑也因為記所由始與所由成以告來世俾觀河水而思當事者功則諸公之惠誠不朽乎哉大司馬周公名世選直隸故城人大中丞朱公名鴻謨山東益都人趙公名可懷四川巴縣人京兆張公名孫繩廣西桂

林人沈公名桐浙江歸安人衛公名承芳四川達州人直指王公名明山西解州人司理趙公名卩崇福建晉江人侯名壯猷浙江平湖人江淮衛指揮陸名萬鎰浙江嘉興人主簿祝大濱湯溪人與史羅奎廣東南海人與有勞績並書

王家套河在治南三十五里上通三山下通八字溝為往來要渡正德以來湮塞嘉靖中知縣高祉劉繙張峯先後申允會同上元知縣程爌等相勢濬之不果萬曆甲午本府推官趙曰崇以督河工莅[illegible][illegible]議開

迴臣工費煩鉅少加疏濬而已 三汊河 治北三十
里滁河與黄山水合流於此經六合瓜埠口入江
嘉靖中屯田御史楊逢春疏 請開濬未果萬曆
初來安民王來議從張家堡鑿山通河出浦子口
分洩夏潦不至渰沒諸圩且便山後屯糧
遠輸浦口倉者免遡江濤之險屯院允其議興工
未竣以費鉅寢
前志謂浦當南北之衝大江其巨浸也先是王家
套諸河之開通商利涉頗稱富饒今且淤塞久矣

夫一邑之利其小者也漕艘入淮率畏江險若滁玉家套上通芝蔴河下達八字溝百里之內停泊有所風濤不驚其關國計孰大焉至於三汊河直出浦子口圩田無渰沒之虞屯糧有轉輸之便又似不容緩視者今對江新河業有成績役當不再計洪矣況二河故道可尋當事者一留意焉則國利民漸其永賴哉

浦子口河　治東二十里源出定山卓錫珍珠二泉由浦子口城西來流入江

新開河治東二十里自三汊河由六合出瓜埠口入江

沙河治東三十里宋六合志天禧間范仲淹領東南漕涉大江風濤之險乃開此河上引入江水下通瓜埠口入於江

新河在治東南三里洪武間新開通江停泊江淮衛馬船

石積河在治西二十五里上受本地山水下通白馬河穴子河在治南四十里自大江東通芝蔴石

磧橋二河水合流　芝蘇河　治南六十里由大江流入遵教崇德白馬鄉合白馬河　白馬河　在白馬鄉芝蘇河至此合流通石磧橋出西江口入江　後河　在治北三十里發源黃山歷尹墩橋至瓜埠口入江侍御曹欲改從分水嶺由赭樂山前入江以勞費寢　一人泉　在定山右泉僅足一人飲故名　虎跑泉　白龍泉　俱在定山獅子峯下○莊昶歌此泉門外不可斷日日來過如相依小扶藜杖看清處老人雨後鍬剛歸遊人一見詫敬嗟白鷺偶來飲

盤踞[illegible]與世惡此泉不肯落人間稱卓錫泉

在定山寺山門之右世傳達磨折蘆渡江至定山憩西域水以錫杖卓石遂得泉因名宋劉昌詩詠六峯有四水卓錫其一云〇司馬亞詩騎馬來尋卓錫泉一泓澄澈碧如天達磨岩識雲頭意面壁工夫是業緣〇邑人馮楷詩天竺東來意未知世傳卓錫此山巔九年面壁緣空幻一葦橫江也自奇梵宇至今留法象清泉自古說波斯乘閑有約來登眺莫遣鐘聲一皺眉

珍珠泉在治東北二十

里定山之右池廣十數畝泉水噴出纍纍若珠守禦彭紹賢創建畫舫齋龍王閣媚澤亭於其中後建淨業堂於池左以僧守之○參政彭夢祖記淨業堂者珎珠泉也後為閣大士象焉故堂以淨業名而名堂者太宰平湖陸公也曷以堂浦山舊有珎珠泉山道逶迤石竇如鬻泉伏地迸焉上濺如花蕋數十莖流沫波而廣可數畝歲庚寅辛卯余宗弟紹賢奉　命守茲土侍府部臣臺省各曹諸君子游焉顧而樂斯又念外洲田可數百頃上長

[illegible]秋官宗浟銀於是築龍王宮畫舫齋及後樂亭翼然如鰲鰲足負之横跨水心左右山為亭為軒為堂數以十計羅列如繡顧惟創始之艱圖以利永永則左建藥珠宮命緇流守焉鼓焉鐘焉香燈焉供而淨業堂作焉堂前為門三楹東西庖湢寮室繚以週垣不數月工竣各捐助為之開闢於民已招余來游焉[illegible]王宮揖大士觴於淨業堂中遂沿山歷諸亭[illegible]珠源泛舟往來客至泉如喜蔬上沸渟泓光映飲之如素水中石碧色群草

江浦縣志　卷四

雜之金鱗潛泳□光四射游者爽然不能去晉連
朝夕禦戎君门請記之彭夢祖丁余烏知淨業堂
旨哉聞之南贍部州有一苾芻以三昧力於一毫
端現大士像寶冠纓紛坐於蓮花之上大蓮出泥
滓之中而亭亭淨立蓮不以泥滓不淨而西方之
教則歸於六根清淨云此其別吾儒之旨不知其
何似然夫子云非禮勿視非禮勿聽勿言勿動審
然六根尚有不淨者耶所云淨業者非耶西方
之教離垢以求淨而吾儒之旨去垢以爲淨大其

世以為淨者物物者也雖欲以求淨者絶物者也儒與釋烏知其為同又烏知其為異而總之云淨則即闢為媾而又安能吸嗽者割分於其間也耶嗟乎茲地自開闢以來不知幾千百載而泉水汩汩荒草野蔓惟見蕘兒牧豎跳嘯於凄風殘照間今以樂戍君故構築之奇樹植之工四方走而觀者如新覯於瀛洲三島之境亦大幸矣夫覽物有時興廢有數達人大觀無足深較故斯堂之興以今日吾不能必數百載而廢亦不能必既廢而不

復興而延厯適興遇有適然於净業之旨卒無加損矣遊斯泉登斯堂繹斯義如洗濯以去垢然斯深於净業者也深於厚斯深於泉者也○邑人丁璲記浦爲南都外藩山川靈秀萃金陵之王氣鍾爲其地有珠泉在鳳凰山之西北與定山禪寺比鄰龍頭相望逶迤蜿蜒不數百武而□也寺故宏敞後爲□□建□□□□□畢本　朝名賢故蹟具在銀杏參天古幹叢竹交錯穆然山高而水清頫稱佳麗歲時遊人往來不絶○泉在黄山深

□儀倡老偕至之廬容澹然若無意斯世者與之者心如其說蓋行道者也又馳七十里次真相院明日渡南來逆相勞者如平生歡逆與俱行馳二十五里平湯泉館惠濟院院則漳南之所游也沐巾櫛浴於湯泉之壖西惠濟二百步聞泉不暇一處有泉五一曰太子湯舊傳梁昭明所遊今廢於野一在居民朱氏家其三則錯於惠濟而惠濟三泉旁皆甃石爲入方斛實其兩匡一以受出一以湯滿泉輸其中晨夜不絶其色深碧澈白而氣

疲人罷倦委頓之躬浴之輒愈[illegible][illegible]自適而至者
無虛時劉夢得和州記云地有沸井即此泉也噫
泉之爲湯者衆矣彼汝水驪山嘗爲乘輿後宮之
所臨幸方其盛時綺疏璇題魚龍飛動眩人目睛
勢阻事變鹿豕得而辱焉其餘昧不聞於世者又
皆散於叢薄埋於土塗掩滯懷潔歷千百年莫或
稍試於用二者皆有恨焉獨是泉出無亢滿之累
其仁足以及物豈所謂無出而陽無入而藏柴立
乎其中央者歟余三人於悅斯泉之近於道也

其有功於塵垢疾病也乃不一至月日必至焉者以為常然三日烏江令闞求仁來求仁余鄉友也遂與俱行東南馳八里至龍洞山下棄馬而徒步山形上起數籐山徑左旋登捫蘿進者五里然後至其山巔是日風晴望建業江山蟠龍踞虎之狀皆依約而得之自山巔轉而西南盤紆經後又二里而至龍洞其山巃嵸崟岑不可窮剪門則大穴也嶄丁十數丈窅然深黑日光所不及捫壁然後可行腹中空豁可備粟數萬斛屏以青壁而泉噴

其趾蓋以乳石而鼠家其竇倚而覷之或突然傲
岸而出若有恃者或侵尋而却若有畏者雲掛而
鳥企鼻口呀而斷齶露其所牙横逞乎愕之變疑
生於鬼神雖智者造謀而巧者老之未必能爾而
豈乎閟於龕巖負絶人迹罕至之地世莫得而覩
焉夫豈負天下之奇勝者固不欲售其技必待夫
至誠篤好之士然後與之接耶或曰洞有小蛇青
色而赤章旱歲禱而多應云景夕還忽辨忽所有
庵二一在太子泉南百步峽中隱者陳生名之一

本指巷花院西六十步大丘之原介勢與院前有
小澗涓涓而流潺潺以齊絲闕以雙松每泠風自遠
而至泛篠簿激松梢度流水其音嘈然如奏笙積
與鷗而望自定山轉而西服光與薄星辰亘二百
里迅馳而矗立如危而恬兆分秀而取奇各挾其
伎以效屢舄之下孫公愛其地勝欲寄以老焉因
誌名曰寄老庵相率作詩以約之明年庵成癸二
奇石於雙松之丁形勢益振於是環山數百里嘗
以遊觀名者遷延辭避推寄老爲西庵之成久矣

其地迫遽無清永非依倚白湖之上莫能居之故後有湖者是菴始基也爲賢士大夫所囑及成遂以眺覽浮游之勝甲於一方物之與固自有時也挹湯泉之渟既將介之以從參寥所馳七十里入烏江遊湫什溯頃刻問飲繫馬松下憑大江以望十山憩於虎蹲亭復還惠濟與日乃歸蓋自高郵那烏江二百□□十五里所經佛寺四神祠也山水之勝者二得詩二十首賦一篇至於山林異物之變溪瀨潺湲之音放懷荒落長汲懍森之狀悠然

歲早月讌而適然與心遇者蓋不可勝計嗚呼放游之所得可謂富矣明年漳南白湯泉來會於高郵追叙去年登臨之美且嘆日月之速盛游之難再也因撰次之以備湯泉故事時與同好者覽之以自釋焉熙寧十年九月記○又賦大江之濱東城之野有泉出焉直回峯負深谷分埒引源迤邐相屬晨夜有聲涵雲注玉薄爲虎鬚狀爲魚目鱗介莫潛遇者斯浴此何水也哉野老告余曰淑淑有消莫膚歲年不火而燠其名湯泉嗚呼豈非炎

惑莊於上耶燭龍隱於中耶旁通咸池日御之所
經耶幽精沉魄泠債其質耶丹砂黃硫金石之氣
酷烈之所潑耶德有常仁惠公而決爽凝瀚兮不
水旱焦山兮不竭其或燥濕外干精氣散趨膚革
詹瘠憊傷[illegible]血欣澌汨之豐游悅幽憂之永慨以
沐則髮澤以頳則膚悅其羨流冗浸猶棄於溝壑
者猶能灌溉稍之畦巳牛馬之喝此又何其然耶
吾聞天下之水厥類實繁至於弱水黑陂投羽必
沉火井平暢烱灼金祥標醴泉蒸飲而瘳異札

灇穴神潰以旋焦淡乏丹雙之餘沸渾谿漿取之溉其餘酒墨所發膠盬足滋緩懷千金飲秆一國衰下乳以中碩横金絲而經度詭品繆名紛莫爲數成受命於元精亦各私其所遇若夫臣盧汝水之旁尉氏靈山之下烟霏掩禪王孫烏集之所娛金穴椒房專寵靡曼之所占則湯泉之中又有獨晦者焉野老醜然而笑曰吾乎狎給之士曳杖而去行歌於塗曰厭沸湧沱喬此泉兮彼彼山阿吾惟濯沐兮不知其他○蘇軾跋余之所聞湯泉七

其五則今三子之所遊與太虛之所賦所謂匡廬
汝水尉氏驪山惠濟其二則余之所見鳳翔之駱
谷與渝州之陳氏山居也皆棄於窮山之中山僻
野人之所洛麋鹿猿猱之所飲惟[illegible]山嵒往來之
斜華堂玉甃獨爲勝絕然坐明皇之累爲楊李祿
山所汙使口舌之士援筆唾罵以爲亡國之餘辱
[illegible]甚焉今惠濟之泉獨爲三子者詠嘆如此豈非
所寄僻遠不爲當塗者所濶而爲高人逸才與世
異趣者之所樂乎或曰明皇之累楊李祿山之汙

有意知穴之然則幽邃仙隱之數亦非泉所就也泉固無所縈辱將以人意推之可以爲抱甕適用而不擇所處者之哉元豐元年十月十五日〇孫覺詩川谷闊深幽尺時正莽蒼聊同不速客來浴自然湯茂宰黼休政道人棲淨房恍如烝赤埋熱惱頓清凉〇秦觀詩夾路山重複參天樹老蒼一區成小市數戶引溫湯洪沐同幽客偷閑就梵房未輸朝市子斗酒駢西涼〇溫井霜寒碧蒸沿聚塵不動王喬清老翁仙夫竊隱共太子東歸廢沼

平擬石聯爲南陀觀次泉運洪巘溪聲浣爾湖頂
蹈脩事一洗勞生稍惱輕○陳獻章詩點出一丸
丹熟化後生鐵偉哉定山翁起瘤朱紱絳戶湖香
泉湧仰觀龍洞窄不肯俯腦成乾坤王正月○修
撰羅倫詩駐馬門前[illegible]仙蹤所池頻覺依稀湖西
於此地投雙履何在中林度一宵地湯溫泉真可
濯天教明月不須邀歸來仍賦沂濱詠獨有先生
興趣饒○莊泉詩我是白沙門弟子一瓢飲仰聞
林絹熙大地自懸絕感慈錫顧功紅爐一點寧何

之石河歸以井香泉月 湯泉溝一名溫泉 墨泉

供詳水利志 義井 治西南廿六里宋張某爲觀察司

官其家析處後族人貧乏復同居聚飲於一井鑿

其上曰義井亭開旌表今井尚在 深井 治西南六

十五里井深十數丈天旱不涸 官井 在淳化鎮

吾浦沙河開於文正郎六合儀真志西河其距長

蘆不遠後河淤於梁縣即滁州六合志滁河雖晉

書涂中唐書滁水特名有不同耳至海涵萬象錄

孤樹裒談灼艾集載浦子口入六合有河出高郵

今河在浦者入江諸書所指豈崇寧所開自宣化至淮口者耶抑渾稹欲開盱眙出宣化而不果者耶湯泉原屬和州但和別有香泉舊志香泉者誤援少游諸作然南史宋七如尉氏觀溫泉則是地實屬六合矣考其世辨其名觀水者始無遺論

形勝

近挹江水遠帶淮流左阻六峯右據西華實東南之巨觀爲兩都之要會

風俗

江浦地當衝要頻役重民惟勤儉不事末技自定山諸公相繼而起士風日盛民日畏法而懼縣健訟者寡俗之可重者以此 本府志 俗尚淳質好儉約 和志 習尚勤儉 滁志 民安土而樂業士好學而有文 六合志 婦女無交游士風質厚尚氣 江寧志 百餘年來舊俗不改文章功業後先相望 舊志 高守正尚氣節而賤卑靡 江漢溯流集

浦志稱浦風俗善矣然勤儉之習漸入靡惰農不力耕女不務織習於安佚而燕游服飾僭擬京華

冠婚之禮雖士大夫家鮮行之行喪葬禮率如古而不免雜以民間修齋設醮之習又何以爲民倡宜民之冀喪向道雖男女混淆弗顧也欲一道德以同風俗當絶酗四禮行之而鋤其異端之惑民者庶幾其本正矣若其勤儉之道在上之人一振刷之耳風行草偃是有望於君子之德焉

鎮店附村市

烏江鎮在縣治西南七十里　香泉鎮在治西三十里

高望鎮治西五十里　東葛城鎮在治北三十五里

門　葛城鎮治北四十五里　高麗店在治西北二十五里　小店治西北二十里　浮化街在治南一里西有浮化橋故名　高地街治南二里以地勢獨高故名　豬羊市在浮化橋西　魚市在官井邊　菜市在各巷口　米市在城隍廟巷口　網巾市在江淮驛前　柴市　新河市俱在橋街　荻塘市在治西北三十里　石磧橋市在治西南二十里　惠政橋市在烏江王村治西南六十里　趙村治西南四十五里　凌村在治西四十三里　楊村治西四十五里　鄒村在治西

鄉二十一甲高望鎮西孫村在治西六十里鄭村治西七十里石村治西七十二里饋村治西五十里

自烏江而下曰鎮曰店曰市曰村或昔遺或今置衡僮僮可數也然地有廣狹生有盛衰權其有同異之辨是在撫民者加之意耳

古蹟

廢秦郡治在定山東南晉武帝分扶風爲秦國及中原亂其民南流僑居堂邑故安帝置郡以處之洲

□尉氏縣屬焉北齊置秦州於此 臨滁郡治 在西

葛城 東魏拓跋氏置懷德縣治 在懷德鄉劉宋始

置烏江縣 在烏江鎮本秦烏江亭晉始置縣南

朝改爲縣 項□□下烏江城□□敗走至此有

二十八騎追潰圍斬漢一將一都尉餘人十數百

云 秦州城 在秦州故治北齊武平四年置 白城 在

定山□□□宋已廢有大圩岸 東萬城 西萬城 在

縣西北二鎮相距十里 曹城 在縣西南三十里對

父老相傳云曹操曾築城於此故名 黃龍城 在西

南六十里未詳始創和陽州志云在烏江縣山如伏龍宮四稱斷其脉

宣化鎮 在定山東北晉五王於此渡江宋設巡檢寨於并驛舖軍庄紹興中築城不果今浦子口城即其地

白任場 在浦西今址起科

老君基 在馬鞍山西與龍洞諸峯相連惟此山高於諸峯上有周砌磚石遺蹟和陽志西華山昔有某即此

筆架峯 下有關公上馬試刀石後有活石如旋璣然大可合抱推之則動

宴坐石 達磨面壁處在定山

太子泉 近定山寺梁昭明太子

此一曰太子湯泉觀詩有太子東歸廢沼之句

飲馬池 在治西北五里西華山凡相傳項羽曾飲馬於此淵溢不常

湯泉寨 在湯泉元末立寨於此

雙石闕 在梁山宋孝武帝時有雙白雀見羣臣咸呼萬歲遂立闕

定山堡 在定山宋知建康府葉適築堡於山并石跋瓜步聯絡堡成流民漸復

項王亭 在烏江李德裕韓相俱有賦

寄老庵 在惠濟寺西六十步大丘之原宋集賢學士孫覺築以寄老○秦觀賦設問孫先生之遊湯泉山也寄於

佛祠之旁二松之下誅鋤草茅平寛上蓋覆以居
庵曰寄老焉予時實從與見其事願協捐而贊之
僕曰噫唯寄老之區在於湯泉實惟歷陽東城之
域山林鬱其修阻水土𣈆而滋息風和氣平物無
癘疫其出遊也南則桑繁衝可二百餘里背惡走
崇之鄙郝頂上之亭龍㟟叫其㟂江漫漫而亂
征東則惠濟眞相二刹制製殿寢中開門池修爲
閣從遊于於焉徜徉沈燎茗飲樂未央西則湖
泆之前三井沃泪幽步门浪明娛如一旁偷有竹

丄几仁室解衣入遊白虎爲失北則尾濕之淵嘷之澤水族之所聚會魚鱉之所充斥焚薪灌藝手爨之窮破及鄰舍其入居也則閉關卻掃反聽收視內外俱退與妙合混予者孫淵之滙栩然然禍木之廢其遊也其居也無所適而非道者也翼足以濺濺哉鍊然先生力爲侍從之臣克謙靜之官論思獻納日不遑給轄欲復從一二三子於街老之上未可得也一旦功成事畢引老乞身天子憫之不煩以收公卿大夫設祖道供張於國門之

外酒闌升車潮寄老所歸歸則佚也亦將負杖侵

而從之矣 西庵在惠濟寺南百步宋隱者陳生所

居 虛樂亭在烏江宋縣令關求仁建○秦觀詩澗

房幽構徑彎環噪鵲鳴鳩晝日閑隱几冥濛趣物

表尚閑芳歸見林間秋蕉雲叫池中月岸幘天横

竹外山秋興已闌成麗句伏與時比慰愁顏心長

宮外苔階林仁儔與閑亭作勝遊修竹四圍抉群

尾小池方折檻清流春深鳴鳩催詩句夜靜蟲吟

入酒舟只恐政成留不得縣人坐此憶韋游

[illegible]勝所[illegible]
凡情常變处以論世而資識匪徒興吊古之懷已
[illegible]志有湯泉館南畿志因之但援少游爲據
[illegible]識其訛而然耶

題詠

項羽墓在烏江○許表詩千載興亡莫浪愁漢家功
業亦荒丘空餘原上虞姬草舞盡東風未肯休○
蔣泉詩一從天命舍歌謌龍戰中原苦未休天地
我能悲楚漢古今誰敢羿商周英雄可寬人千古

赤子何辜血九州惟有長江知我意對人無語只
東流○御史須開詩史編君不行仁義我鄉如君
作向真閒上太公如說死淵中天子作何人可憐
許少輪奂裝點認剛強繼晷[illegible]作事典凉風土[illegible]
一望炎氣未沉淪恨難[illegible]作[illegible]亂山莊景巷在
定山○大學士張璧詩岐傍流雲削翳泉答茫需
樹羿微巔倡華刖旂川[illegible]敝介似結平生水石緣月
川浮沉鷺淵[illegible][illegible][illegible]分[illegible]悦[illegible]賢定山[illegible][illegible]真姝
絕壑借懸崖[illegible][illegible]石川○[illegible]御上事吳[illegible]詩入[illegible][illegible]

欽躬儼衣冠上定崇朝書看痛哭今施傚傚

突山蘇荷衍綠終古乾坤留勝槩東南文獻仰高

蹤欲乘清涼歸須晚風靜秋空月滿川

按南畿志暨郡乘上元湖果寺茲從府志張可寵

附　賜葬祭以墓在江寧府家山故不載

古之人孰無死然各有遭焉獨志三墓志人心之不

容泯者也大丈夫心事磊落如青天白日即枯骨

有餘烈哉不然斷其子孫且羞認之矣甚至畏代

而疑塚悲夫

論曰浦之輿地在天下爲甚小然一古諸侯之男國也履𨛦域當思四境之治觀星野當思四序之調山林川澤之利何以興之形風流俗之弊何以革之市井對處之民何以安之此父母斯民責也苟徒具文是尚雖駕聲黃龔爾何以異爾爲誠有愛民之實心姑即其目之所觸而亟行之今朝出而民暮已受其賜矣抑先民有言興一事不若省一事故悶悶之政良吏所珍願治者其慎之

江浦縣志卷之五

江浦縣行取知縣李維樾重修

建置志

城池　公署　倉庫　坊牌
鋪舍　郵政　橋渡　附寺觀

春秋興作必書重民力也浦之一堵一楹孰非民力哉顧其制非安上即惠下凡以爲民前創後眷事因時起功從人立浦其允藏於終矣作建置志

城池

縣治舊在浦子口城洪武四年　命指揮丁德築浦子口城周十六里有奇其門五曰暘谷滄波瀧江

望京鄉元年劉縣治于城內弘治以來城多湮
木所圯萬曆丁巳南京府部京書婁　光重建
二十四年遷治曠口山無城萬曆元年知縣周一
經始築治土垣周六百九十餘丈下甃以石　邑人
張邦直記畧江浦介在江淮之間爲古揚州之域
我
聖祖定鼎金陵旣廿有四年肇置邑爲畿輔
誠意伯劉公實營卜之所以樹藩屏固封守爲萬
世計至深遠也邑當南北孔道輪蹄輻輳坐是自
以凋敝郎邑治城墉亦隳壞不修則浦之形勝鬱

存而物態蕭然大異　祖宗時矣惟我大父毋周
吾周公適來下車知邑治闕狀慨然以興廢補敝
爲己任約身絜已破觚斵琱雅不爲操切俯民之
窮不啻在己察有所不便即爲除去征緩所薄徭
公而昀但取及額則止不苛也諸乾羨寅緣之弊
一掃而更之民有訟者先諭以親睦婣恤之義既
稔以聽斷惟明克允雖案草悉自己出掾史供文
書而已征督勾攝惟差役本里鄉井無隸卒之擾
諸善政莫能殫述要以惻愛爲本貌符於心言符

於行爲政風度有茂叔廖公之烈焉其興學則有
文翁之化時登進諸生爲寮原本九拖道腴而訓
德容者充然各有所得也既視事之明年適今
聖天子蒞阼爲萬曆元年侯公政通人和慨有立
頻者起士民不嘗按堵公始以治所垣墻既畢月
隨地而弗稱列邑舊未有[illegible]郭若獄愼管鍵之事
其可以[illegible]卜日從工內垣自後山左右
而屬于堂[illegible]自後山左右而屬于樵門厚若干
尺高若干尺延袤若干丈下甃以石上横木搭覆

以陛瓦重以材狹計工給餼凡爲費數百緡錢皆取諸罰鍰絲忽不以煩民經始於二月三日於五月日訖工登登憑憑屹然具瞻堂雖不改爲若踊而高門雖不改闢若擴而廣而山川形勝罔無改於舊亦若獻奇毓秀於公庭之下矣俾吾浦與垣而俱立者非公之德乎時邑博一山謝君汲泉何君蘭陵謝君率諸生謀紀諸石以志不朽因過予授簡予聞之傳曰若作室家既勤垣墉惟其塗墍茨矧厥初生民肇造室家以有我浦人惟公

封揚　聖祖之光命追配於前人匪直奎壁炎赤惟垣墉之勤克念厥紹公其惟時浦邑建無窮之基亦有無窮之聞允茲成功何可以不紀是用備而次之以志日月之所始公豫章之貴溪人登戊辰進士第名一經字子明用吾其別號云　三年增築重垣東西及各街巷有柵欄南有江淮關　見兵防志　北有北關樓嘉靖二十四年知縣侯國治置

莒子恃陋不備浹辰而楚克其三都君子曰備之不可已也浦[illegible]而且無城其何以守

當邑於浦子口時因城於彼既而遷焉猶曰勢有可援今則城且非比於江矣則我城可弗急哉然議築者往往中止非曰不便於民即曰不便於國夫無事而勞民傷財誠不便矣即有事而控守無策一方失事爲京社憂其不便當何如君子作事貴權輕重苟爲千百年計奚恤目前巫臣曰勇夫重閉況國乎當國者其慮之毋蹈巢丘公轍

八年建城先是萬曆六年都御史汪宗伊 奏築縣城得 請下撫按會議知縣沈孟化因條陳事

宜會擢刑部主事去乃是　給事中南京吏部尚
書臨海何寬記　皇帝嗣丕基詔海內天既全付
予有家惟時垣墉爲鹹其各以時繕完於兇物於
無以盛寧元元於有未於是巡南撫臣先後建白
啵汀浦狀甚較議下吏民籍籍稱不便歸之則以
邑褊土瘠鮮不果城萬曆戊寅御史大夫江公鐸
外此桑土遠歉彼蔚安可以放始斜嘉靖中島夷
擾吳越逸魁自十騎出采石剽西鄉浦人以無
城走徙非敢寧久宰倣焉　一複有不還籍

紛楫行閘勦一指揮收奚啻什百今省節餘以萬
僉爲報不□　喝諸他監司又不足乃稍賦之民
凡浦與　留都相倚角城成則引蘆鳳控真揚上
下千里於江爲險　國陵眞桃策之上也具疏列
之　上下其議大司馬暨督撫部使者齊當江公
策越乙卯　命下適先令尹沈君在事經紀規畫
條列便宜具白京兆尹大之撫臺下兵垂勘報如
沈君畫役止卿會沈君以遷比部行不果餘皆擬
當浦者雖其人文之乃以侍御余君從臺之看既

串事曰古之人勞民以信凡出勿亟來何其棘吾民制寂剡蠹摩彫瘵所頓休之則嶷熟江淮衛數以𩨨事不相迮吾曰比閭伍兩皆吾人也奚以可哇爲宜布　天子德意與其帥約毋相犯犯者有繩之明年兵民和會曰可矣遂率所部走群望而矢之命耄徧矢於有師已則穆卜與事枕表定位使司里庀正徒司工庀器用命匠氏陶氏冶氏各庀其司畧棊比𦩸浦絜高卑計丈尺分命史若鄉若亭各保其徼川故沉甃石而甓之時從徐釆

新勞苦會夏杪不雨君慨然曰嗟吾前辠矣一晴矣乃齊命祝史除於北郊以禱雨民乃讙烝升益甃閱月而城成延袤七百八十丈崇若干丈有奇甓甃之上為女墻睥睨列焉城闕四門東曰朝宗西曰齊和南曰鍾奇北曰拱極便門一曰裁民門構層觀不壯麗為聲臺十有二為濬濠之關三其城前瞰大河建於江後還峻嶺東西雙墉深若千丈廣四之丈穿池爲斗門者三水遠出城中由是千百年聯芧雄城聳起樓櫓翬飛屹然江淮列

屏障矣庀工於今年春三月告成於秋九月計糜
白金三萬五千一百七十兩有奇先是部院議縣
與江浦衛錯置城成則兵民兩利故訂公費衛率
城縣什之四江浦城迤北及衛南二面縣築東西
南之二面亦平多衛什之四云是浦之薦紳朱侍御
輩平庠彥以狀來徵記予覽之嘆曰壯哉城其
留都萬世之利哉粤稽古肇建業有都惟恃長江
爲固然自九江建平達淮揚京口下浸隋天塹雖
卒渡惟浦口界歷陽崇邑則江狹而濤不揚帆檣

□建庠陳孔　人和州度形勝營城經野而縣之
直峙林陵盖扼巩南北鎖制江淮腰膂　厥謨誠
深遠矣無何乃遷縣治於城西鳳山之陽此何以
故豈　聖明知陵谷易變特卜以金湯之績歟
距今餘二百年所乃卒成於余君蓋有非常之人
然後有非常之事故曰非常之原黎民懼焉及臻
厥成天下晏如也君子之謂矣抑聞之春秋凡城必
書君子謂示人君重大恤民有味乎其言之也湘
疲而任大役如匹夫強負千鈞神氣徙存弊則甚

矣非厚加調劑其奚以覲余君先治崇安有惠政
茲必有以生浦人故及之併以告後之治浦者是
役也首開訏謨樹藩屏則江公宗伊繼申讜議博
封守則巡撫都御史宋公儀望胡公執禮兵部尚
書楊公兆凌 公雲翼遵 廟算以固根本操江都
御史王公篆浙公懷保天塹以戒不襦奉 密旨
決群策者巡按御史鮑君希顏耿君鳴世董君光
裕陳君蕎而兵憲馬君叔吉劉君志業翟君拱宸
也均紆遠猷 弘保釐者應天府尹陳君于陛陰君

武卿　急伊而府丞陸君柳溪石君向修曹君

大埜判府莊希岳也例皆得書升　百執事工蘖則

階載之鴻君名孟化福之求定人甲戌進士余君

名乾貞晉新進安人戊辰進士二君措据綱紀責

樹前尾故特紀之詳云〇有京圃予監祭酒丹陽

姜寶記浦邑介在江淮間在禹貢為揚州之域郡

隔京畿遠莫可辨春秋為吳楚地秦曰亞邪亦不

常厥後自吳始侈黄初魏晉六朝皆以偏安鈔掠

建宋南渡江淮益多事矣當時備者謂浦為淮甸

江爲門户守江不如守淮守淮又不如守河蓋不
欲與敵共險亦昔論形勢者識此　聖祖龍飛淮
甸定鼎金陵仍撥滁四里割滁陽六合地爲江浦
縣治浦子口時洪武九年也二十四年自浦遷鳳
山之陽後以江寧二千户守之惟茲天造之初他
務未遑而於此一小邑僅卜遷置至再至三明乎
脣不可死哉亦深哉天下形勢所在必有所必爭
既有所必守爲萬世計至深遠也第新造不及城
浦口舊城又歲久半汨於江　留都寢廟在焉

與浦相犄角也不爲浦計寧不爲都城計耶　令
上御極薦紹海內繕理要害御史大夫汪公朔江
浦宜城議列其狀核帑餘萬緡以請得　俞旨
下議諸有司時督撫臣某監臣某督操臣某臣某
京兆府丞某先後代至命報曰宜令尹沈君游浦
六檢方議丕作得推比部行不果爲當道檄京兆
判推君視土表位綜理其事以時方寒沍又不果
適余君以名御史移治於茲浦人意公自中臺來
必威嚴御下人懼不自勝及下車破觚斲雕務不

爲岸岸嘗謂治道去其太甚苛以便民爲之在人
猶在我也何鈐束紛更之爲乃推誠布公加志撫
字與斯民約則賦之以節愛之誠與江淮衛約則
訂之以一體之誼未幾而上下信又未幾而軍民
和遂爲役焉從采蜡事問工焉取則四方是徵問
財焉取則公帑是出衆工率令各就乃役石者於
山甓者於陶椎鑿而至惟多而完壘石甃甓膠以
白蜃稍殺而上既平其巔外際列[illegible]環其兩旁復
於其中以備瞭望云爲門五南曰鍾奇北曰拱

東曰朝宗西曰靡和東南曰戢艮門上爲樓飛甍
連甍月撩歛年迷望咸備四門之間爲臺外出者
合二十爲屋三楹爲宇者括凡既備矣樓櫓壯飾
雄峙嶄羅河山映帶氏物效觀屹然爲江表一雄
壞蓋自剖判以來未之有也經始於三月丁酉訖
九月壬午壘事竣爲丈八百有奇高二丈厚減二
尺許爲工役數千數百爲費金三萬五千縣任十
之七衛任十之三諸父老咸相告曰公固我城也
又從而城之其最衛我浦人亦弘且遠哉昔人有

害不出一力而享大利不可滅與大工而民不勞
用大費而賦不蔭世享其利而不思出一言以紀
厥功不可滅甚乃相率請記勒石俾久勿諼余按
春秋於城築雖時必書重民力也至莒以恃陋潰
三箭鄭以不虞棄制邑則又惓惓焉特筆於簡其
思患豫防之意可識矣丘也猶方城而獵從楚實
邑築而淮夷平豈惟城之足恃亦以南仲之為特
伯禽之誓師耳今諸公於是役也式同其要束哉
比辭尚利於　國無逸乃身尚乎於人焉此自己

簣襄克用底績君子謂是舉爲得人如召伯營謝而行者歌勞成之功山甫城齊而詩人誦德政之良則一時建立乃其餘事而孚信惠和所以固國而保民者蓋有出於封疆山谿之外者矣公爲兩浙之遂安人名乾貞字秉鈞戊辰進士四山其别號云

十一年開城濠 尚書姜寶記

公署

縣署洪武九年建於浦子口城内二十四年知縣仇

存仁遷曠口山之陽景泰中知縣羅信修弘治中知縣章文韶建後樂亭　自記云江浦爲治址去大江數百步治之後有山巋然高聳上有喬松數千章皆偃蹇奇古予公暇憩焉凡是邑之景一覽在目因命工作亭其上高不逾丈而廣倍之亭成邑之賢士大夫咸來賀是日也天朗氣清萬景呈露其上則松篁恃來百鳥交鳴其下則閭閻萬家鱗屯蟻聚前爲大江則蘆洲葭頃而風帆沙鳥之出沒左右則阡陌分列而耕夫牧叟之參錯又遠而

立之則挹留眺望鍾山控淮揚引瀏襄奇然尚非
耳目應接不暇於是會者咸嘆作亭之悅衆酒相
慶有不知其爲樂者而予猶若有不懌然中有起
而揖者曰靈臺獻樂懸蝉飾勢在古有之况是亭
擅一世之勝故吾二三子欲暫與爲一月之歡而
吾子之不懌者何與予曰予非不知人生猶蜉蝣
旦莫而好是憂勞也顧自承乏以來觀是邑之建
百有餘年矣版籍之民視昔什減其伍歲登之賦
視昔什增廿六三民月減而賦日增夫豈無其故哉

故予觀長江之浩蕩則悲桑田之餘惔覽閭閻之維艱則憫杼柚之既空覩三農之服勞則心疚於公子之往來也聆蘆洲之日漲則莫能解慍於南風之阜財也一覽之間百感生焉此固吾心之戚戚者故建斯亭也使所憂者恒在目睫之間暇日則與諸君子觀之或有同予之憂者過予覲而愈予儆以裨予之不逮庶有孔千瘡或能補其一二此又憂之外所以深望於諸君子者也若夫今日之會俛仰上下安得與江山煙鳥忘情而脫然無

别也哉猗然古之爲學者亦多矣蘭亭梓澤傳誦
千古然皆詩酒風流遺棄世事君子有所不取吾
今日雖曰憂思之過然所以久吾亭之樂者實在
於斯況四美二難不約而集一謀一酌亦未嘗不
樂也又何必放浪形骸然後謂之樂哉衆咸曰予
言及此吾民之患也昔人有謂先天下之憂而後
天下之樂者非予之意歟予曰是非予所敢及也
實予之心也願相與守之於是衆賓益歡咸謂是
不可以無紀宜以後樂名斯亭而復俾予爲之記

崇禎十七年知縣高祉建譙樓南京兵部尚書增
城湛若水記應天府舊無江浦縣有江浦縣自
國朝始也分六合滁和之地而爲之也江浦縣舊
無譙樓有譙樓自今高侯始也縣治舊在浦口城
後徙置曠山之陽其地踈曠庭宇不屬議者謂宜
前統以樓則不壯與郊舍等耳然無有能舉之者
宜春高侯祉宰郵驛有弊更滋甚邑童僕自隨益
斵忠愛興學校勸農桑振善類急賑上越明年政
通治洽乃白於當道乃諏於耆儁而譙樓肇繼增

仍舊[illegible]崇甍爲譙竹出雄㟝然據其中爲大門其上爲陵　間高二丈有奇其北爲二門亦三間樓之前左爲申明亭右爲旌善亭森嶒而官排戢厂物而民肅勞可以儆昏晨可以達民隱可以肅民聽可以瀰眺望可以宣德化可以齊心志其梟予聞　善哉斯可以觀政矣或曰何居廿梟予曰噫古有索更鼓而得政治之善如彝鼎者不其然哉不其然哉夫旅懷也有鍾有鼓以紫以脉擾牧而有常節比而不亂儆戒而無虞是故昏晨有矣

其喜心感者惕以達其怒心感者憑以属其哀心感者噍以殺其樂心感者嘽以諧動其本樂其象比於類是故民隱達矣君子因類而稽諸政制政以同其聲聲中以盡其神逆耳聽之將惕於孝悌弟聽之將惕於愉淫比不秉者聽之將惕惕焉而會極以歸極故曰可以觀民聽矣攢眉噴山嶽長江控引巨淮四門以闢四目以明四聰以達以望氛埃以察妖祥以準八方以辨上下君子登之忠愛之念油然而生故曰可以[illegible][illegible][illegible]矣上德之祿

於民也宜之若導江淮而被諸海則惟恐泥民滯懼其壅於閭也疏之若山陵培塿一體而罔弗通高不失聽下不失順故曰德化宜而沛然四達矣小人曰斯樓吾侯所爲警備我者也所爲觀望以勸相我者也敢不畏乎君子曰斯樓吾侯所以鼓舞乎我民者也吾所恃憩以承天休觀民風者也敢不敬乎敬畏生於心思其事達於政以及其所創始慎以守之嗣而葺之故心志壹而規制永永無斁矣然則茲樓之建非可以觀政爾乎然則是

樓也後之人視之如召伯之甘棠而高侯爲不忘
矣侯嘗護其赤子得罪罷官脫屣以去邑士民計
留之弗得遂謀於壽官滕泰庠生莊寀耆民張武
請記於石以永去後之思云　二十四年知縣張峯
建後堂又改建譙樓　給事中南昌萬虞愷記國家
制郡縣向明分治有前堂以聽事必有後堂以退
息暇則集寮寀議政治恒於斯其命名不一要非
有關於守官愛民之義無取也江浦爲今畿縣舊
在浦口　聖祖既定鼎二十四年復遷今治上流

要害控制當先而城郭未備其門堂廨宇規制大率與諸縣同乃今公堂之後僅有穿堂几圮而後堂則寢與關不可考矣嘉靖乙巳秋泰和張君子奇來令導揚撫字興廢舉墜慨茲堂不立且重爲藏府圖籍憂爰始謀之僚佐郎乇與邑之士大夫諸老曰宜又問之大京兆歐陽公亦曰宜於是慎財度用節量出納期底可續百工乃集陶石材木凡以取足無所費也條題簷楹所以從式無溢飾也章程既定堅久是圖高二丈五尺廣倧高盈三

之一有奇深僅二十有二尺爲楹六楹前以茅堂
左以草廬右以綵閣貨財圖籍咸有收藏退息之
我蓋翼然新矣肇工於是歲冬季越三月而落成
時丙午春仲先是江浦歲再饑民不能聊生士不
科舉業張君協謀條備匐賑濟僅免流轉是役也
人謂非其時不知正以通其變也窮民資公食以
爲食是役子來而速成其爲荒政之助且不小矣
堂成之歲邑侯有秋民以樂生庠士大比賓興者
僅二人天人協祥會逢其適殆猶大寒之後陽春

卞公邑之上與民忻忻然相率進言於張君曰饑
饉薦臻訛與豊年贊俊業登敬思前光累烈同春
惟侯之贊請以後來名侯之堂亦以寓愛民之望
於無窮也張君許焉因列其事索予爲記以詔將
來予曰有是哉可以名矣民之於縣官猶子之於
父母也其有以生全之也天地生物以春君子生
民以仁其道一也春統四序有所以長養收藏之
者惟物各得其所皆春也仁統四端有所以品節
裁成之者惟民各得其所皆仁也此父母之道也

官是邑坐是堂者能毋思便者之義以仕於心而
作於其政則江浦庶幾其有瘳苟爲不然刑名喜
怒之任下之爲身家漁獵之謀賊仁甚矣惡在其
爲民父母也居是堂也不亦有愧哉是爲記二十
八年王溥楊熊修土地祠 知縣張峯記凡公廨設
祠土地遍之天下者也而祀典弗之載其諸古人
原山川雷之意禮以義起者與江浦爲應天新置之
邑新置故制弗載餘祀土地屋僅數椽而地甚卑
濕每雨則不便謁拜神必不安官民病焉乃三也

執于楊能捐俸而一新之相地仍儀門之左江浦
大觀樓之右負東面西舒石為臺臺上為祠祠前
架木為亭以為官吏瞻謁之所規制整肅神靈妥
安無歉也予視象祭不能修葺乃楊子修之予之
責矣兆揚于之功益不可泯也楊子主江浦篆事
已四年政平民安行將觀擢師捋相之予嘉楊子
之之功故為之紀其事而祈之神云楊子名鼎字亭
畔三池乃其別號湖廣澧州石門縣人
其制中為正堂扁曰親民後為穿堂為後堂扁曰

復春堂左右為架閣□□庫後為知縣廨□廨
四□四年知縣余□改建門向□□鳳儀□內
為培桑寓為後樂亭正堂東為儀仗庫又東為主
簿廨西為縣丞廨又西為典史廨堂兩翼為六房後
為吏舍甬道中為承流宣化坊前為儀門門外東
為寅賓館館前為預備常平倉館後為土地祠西
為獄又前為大門東為申明亭西為旌善亭在
十九里者洪武中建今多廢　治前坊曰江浦
第一邑嘉靖四十五年建次□□□□□修　東為□

樓嘉靖丁未改建扁曰大觀今廢　重垣外為防禦鋪九門成化中萬曆四年設　設官知縣一員縣丞一[illegible]成化間都御史奉奏革　主簿二員弘治間革一員　典史一員司吏七名典吏十一名

南察院在縣治右原係預備倉萬曆十年知縣[illegible]相改建　中為大堂扁曰江漢發源　後為穿堂為後堂翼以寢室室左為亭扁曰[illegible]悅　右為庖湢庫堂左右為書吏房為皂隸房前為儀門為大門門左右為宮廳前為屏墻外為[illegible]橋為[illegible]

北察院在縣治左原係京兆館隆慶二年知縣王之綱申府修理改今名中為正堂扁云太微執法後為穿堂扁云大雅最後為寢室

東察院在縣治東三里

西察院在縣治西南二里其規制與北察院同後增攬勝軒萬曆四十三年兩水盡圮知縣余樞檄典史王徽重修經畫鳩工克相其成

巡屯察院在浦子口東門城內嘉靖癸卯屯田御史楊逢春建司業姜汝臬記萬曆己酉巡鹽御史

彭端吾增拓其址題雙桂軒於亭堂知縣即建經
事崖歲船艘遡大江而上者泊晋都城下概晋都
當事者掣驗始行往往鱗集數月舟不得發商甚
苦之一日建議以掣驗事統轄於掣臺不惟諸商稱
便此外歸一數年於茲矣會浦口與留都對峙當
鹽艘畢集時蹤跡[illegible]盐在目中舟子掣驗蓋甚
必駐節於斯有公署數楹舊為屯臺巡行暫憩所
棟宇秋蹈殊不堪觀己酉秋鹽臺彭公持繡斧而
臨慨然有更新意念江浦衛邑公帑空虛民力疲

愆不欲以累浦庚戌夏六月復屆掣期卽傾貲飭材鳩工重葺椽房增拓其半其中供具悉備不越月而落成軒豁爽朗無復向之湫隘狀落成日正建蒞政之初登堂縱目不覺心神怡曠卽此規制之煥然公之為國為民盛意已可想見未幾公至亦嘉與之是舉也寧直壯浦之觀哉第建以書生初膺民社未解鹽務公不以建不肖授以掣事大江之上千檣萬艘商以億計無不舉手加額頌公之仁愛者建進諸商而詢之皆曰衆商昔於刺覈去者

甚艱額課因以損耗公德意以招來諸商稍稍復
故業己酉擧節足額庚戌課額幾倍非公之仁愛
胡以有此不旬日擧墜事商之歡呼更甚一時共
事諸勝槩不奉法惟謹恨達不文無能修詞闡揚
盛美聊以紀修葺之歲月擧驗之顛末云爾彭公
諱端吾河南歸德府夏邑縣籍江西廬陵人登萬
曆丁丑進士督工主簿許三德爲浙之錢塘人〇
甲寅屯田御史陳王輝復立巡屯行署紀事碑今
將以春仲渡江勘武或謂故事不渡江無已則以

畾有司余大不然夫故事則　朝家所載令甲是已赫赫　聖書屢命使臣乘三時之隙討軍實而旌誥之來何以委有司遂出太平門繇燕子磯渡江直抵棠邑閱青壘營次覲晉安營先是武弁統領一卒竊辛無點辰星年來愆餉削官諸士操堅擐勁以作無後者前進入王浦一市皆驚喜擐旗臣補乃始遣使君行部臨師平蕭集北鎮將材撫方新規制闕嚴限者司此故巡屯馭鄰援也隆臺臧一假節於茲以謹叙之文哉前備與成始已

為譙署云余嘗行碑陰嘗圖暨列然已半坍垜以
為惝罔太息者久之背
高皇帝倣立國之遺規建衛所自彭城以南滁陽以
北列壘八十有八然外脈與京衛異外脈隸有監
司與臣特總成事京衛無論洪纖皆則決於使臣
稍委其權則武弁怠惰節制何止浦縣淮引舒
為江北要地故特設之也行者歲時渡江捕甲徐
兵考以參覈器以省豐歉以稽什伍以時訓練故
武弁衆衛承流無敢據匪則所係之建閘也致匪

輕來自 國初二百餘年所幸昇平日久使臣不復駐節于兹臺有罷而門高罷江以北數十萬屯戍咸俯首受制於武弁徵輸則耕浮職領勾攝則株連無辜訛此剝膚嚴刑酷罰求此悼人跼天蹐地無繇奔控於使臣之庭也署巋然尚存遺跡足備它日攷鏡而倏忽更為鹺署謂祖宗舊制何余每慨屯政之虛應獨戎行不修夫赫赫 皇靈非責之簡武臣耶而以設武銓何非責之兩出納耶而以議計署何非責之督屯戍力作耶而以績

夫長百夫長何談者率藉口憲體不當瑣瑣於是夫使臣而下即為武弁非若外服督察相維使臣不自為政將武弁為政乎則數十萬屯戍何賴焉一壞百廢闒茸日甚朧悔日蕪戍伍日逃日消庾廥日虧日竭大都為藉口憲體蕩盡 祖宗良法美意夫以二百餘年遞臨之行累漸至湮坳不能舉其故處又奚論屯田哉即此而天下事槩可知已

戶部分司在浦子口城內正德甲戌建嘉靖甲子

重建邑人朱賢記

太祖高皇帝定鼎金陵築浦子口城列衛置屯衛東以據中要害大司徒歲以其屬一人分督儲事公署於是乎始嘉靖壬戌冬分司災隆慶歲甲子春二月　日地官大夫毛公來蒞事顧瞻不寧慨然以興廢爲己任移文總督府得其蘆竹羨銀一百四十兩鳩工庀材前爲大廳前爲穿堂後爲寢室凡若干楹將訖工夏六月十有八日今大夫何公至協心劑置稍衆覺東爲理問寄左爲同志堂右爲俊學軒翼以兩

以重門繚以周垣而又剏祀土地以禋焚感貫
健取諸嚴會之餘不煩帑庫不勤軍民規制宏敞
煥然視昔改觀矣既成而落之命記於予予惟分
司居府之陽定山障其北珠泉流其西鍾阜巍巍
岷江浩蕩近在目睫形勝甲於畿甸壁走鳳廬舟
浮揚淮商車輻輳賈舶鱗次亦東南之奧區也翊
留城環列五衛森布兵屯錯沓粟米委積屹然重
鎮非通敏之才精練之識凝定之守其曷堪斯哉
然則公署燬而復新費而不擾佚而忘勞從容指

顧迄成於浦[illegible]公之賢爲弗可及矣[illegible]公而來
者其氣坐斯廳則思善其職入斯室則思精其道
登斯堂則思恪其志眺斯軒則思懋其學以無負
國家分委之重則室堂多匯江山爲之增色矣何
公望壯爲山東雄縣令以賢績進付殘浦德備望
稱重一時賢爾之太康
吸江亭　在分司後山椒
〇毘陵姚[illegible]浙明性癖枸繂雅與泉石宜作吏聊
爲隱別署兇[illegible]高樹稍修葺登峙江之涯高明
决避鞅塵寂塵累遺屨山供徙倚爽氣樸天颸焉

鳥各有適花木益四香拂窓向寒碧曲檻倚[illegible]
喜值素心人日夕同遊嬉奇文及與疑辨析不疲
鼓能詠倡余和瓊琚數見貽金蘭定交要古道相
劘砥遇合豈必早所樂在新知兩別曾幾何自[illegible]
心神馳江山只如此星物倏改移景光良足惜能
無忘晚節贈言各努力明德以為期○舟登茅登
詩虎闕凴霄迥澄江入望開鮫門橫岸出鵲[illegible]逶
潮迴吳楚分天塹登臨此眷析滄江烟樹晚何曾
接蓬萊○王氣江濤湧[illegible]冒帝業開金堤三島峙

玉瀲九折迴月滿南洲舸與浮觴酒杯亭高餞晨
景不必問蓬萊○逸亭陳熙詩官閣倚江浦晃綸
成隱居有書堅莎坐無塵囂晨撫村煖前山繫舟
喧隔浦漁樵東規築地春雨欲教鋤○宴參軍人境
外朝暮定山紐磵石寒多雨滄波夜有風一編松
火細孤枕竹齋空偏稱逃名客安禪向此中○巖
煙積消覆別署即爲家養火晨燒藥分泉晚灌莊
引蟲行樹暖新禁堅巢鴉春老江村外悠悠感鬢
華○履章仍散吏搢笏是閒身漢闕遠於日江[illegible]

空使春鋤隙餘墾草老上有黄塵白首違[illegible]

由說主㞐○毘陵陸巽章詩苧衫猶怯麥秋涼梅

雨朝來已浸塘落日亂蛙添鼓吹促見斷笋遶蝸

墻家主叟杖鮮丹杏句父持絲繳紈秋又覺眼前

風物缺一年蹤跡滯江鄉

東葛城驛在縣治北三十五里隆慶元年革萬曆

二十三年癸巳八丁遂復火抵邑事之有爲其

興也衆之以名議之以賞勢烈觀而害則不

廢晉舉而利昭則不發利害倚衡而害本不害利

也必且乍廢而旋復則類少以名而已無不可者
己浦邑雖既薛在江之滸矣　昨都相錯而立並
定截輔門戶無斧士君子之趾來取道所由而已
者何故前事諸君不惜舉籍以崇大如公寶江淮
趨而南東葛趨而北交遍絡繹而定則不勞非徒
實從之為亦聊以息吾民也自隆慶中而東葛就
裁毋亦曰百三十里之間而再勤國儲亦唯是息
肩于滁陽豈不大利於浦噫就裁之名而爲浦之
疾二驛分任猶以不堪在擠并于江浦而江浦[illegible]

□□矣十大夫取道而北敝邑雖鄙父邑哉敢不
共給輿人臺人隸人牧人騶者吹者短役者稱□
杠者儽儽而往至中道而歷黃岩濟茅嶺首金□
躄足馬倦人喘而過客亦咒殆已所以辦者豈非
東尚藤而江淮疲于奔命哉單之事爲之業安所
此邑父母來吾浙倦屢蹙于役□而□然不累立
華方側公下車即以賦盡歲爲己任於爲之籌
籌而泣曰蹴不備一身以安亭喘君子其害爲
而道織綿仍然　李氏僑士□弟了及文老爲之

詰曰試不悉敵時以甚詳其弟如淮之世則何
後之辛甚恍公實知民情之利征使驛伏茈而思
卸諸縉紳而夕諸府寔考故官陵津贛而如鄙舉
之額無胸也求勞原無朵下分攤於江淮滁陽兩
驛歸之于驛而已足矣餘丈之額無闕也東萬原
銀名于并帑于江淮歸之于驛而已足矣又且驛
擦取于貧民之中承之符取於大府藏而無不足
倣此公意益決于是見太府程公告之如前議公
小滴後命益意在而臺決之則以告于撫臺朱公

可[illegible]又以告于直指陳公而[illegible]可[illegible]允[illegible]

门第[illegible]以來[illegible]民[illegible]不得[illegible]公[illegible]之[illegible]

十[illegible]而[illegible]民[illegible]

[illegible]馬門[illegible]

[illegible]

[illegible]

[illegible]

[illegible]

[illegible]

[illegible]東萬之[illegible]狀其名[illegible]亦

[illegible]而比[illegible]此通人如[illegible]也[illegible]

[illegible]大[illegible]予也今[illegible]也來

[illegible]公[illegible]予名[illegible]之罰為[illegible]

[illegible]予貝有弟[illegible]而[illegible]余

[illegible]之事何[illegible]之有一[illegible]此不[illegible]貝心[illegible]

故有[illegible]令甲[illegible]取之[illegible]有不

[illegible]乎建市其人變[illegible]而來日不[illegible]而或[illegible]

背誤[illegible]文詐[illegible]之[illegible]天下事非　人[illegible]

也協心以濟猶慶不克而人各有心非淛民之
而人之私抑複所謂蕞爾邑其痛有療乎故余于
驛之役也不以須而以規亦蘄于可參而已是爲

北設官丞一員吏一名

浦子口巡檢司在縣治東北三十里久革

西江巡檢司在縣治西南十五里嘉靖八年省祭
陳貴金重毛富建言革

江淮驛在縣治東南二里許設官丞一員吏一名

浦子口稅課局在浦子口城靖江門外以治關

附本縣帶管　設官大使一員吏二名

陰陽學舊在縣治東久廢萬曆六年新建於治西

南　設訓術一員

醫學亦在縣治東久廢萬曆六年新建於陰陽學

右　設訓科一員

僧會司　舊在不佛寺後即所居爲署　設僧會一員

道會司　舊在玉虛觀後即所居為署　設道會一員

西門館在浦子口城西門外舊爲鋪隆慶四年知

縣王之綱改建附鋪於旁

鄉約館在石磧橋隆慶三年知縣王之綱建

官必有廨以為視事臨民之所制不可以不嚴也浦之公署惟監司宦客之所按歷僅足觀焉他則求其除風雨去鳥鼠幸矣將改作耶難乎其為下必仍舊貫難乎其為上然則如之何而可飭其舊漸圖其新俾上安而下不爾厲斯為治之善經矣

倉庫

起運倉歲貯兑運精糧 存留倉歲貯官員俸給二倉同垣在本縣朝宗門外 預備倉在縣治儀門左

貯上司及本縣贖穀**常平倉**在預備倉左萬曆四十四年按院駱駸曾檄縣創建社倉六所本縣儀門左一東葛城湯泉鎮石磧橋新殿廟浦子口各一貯勸輸穀俱知縣余楨建

救荒之策儲穀要矣顧預備常平取之贖鍰社倉資於勸納浦最蕞爾邑官無贏餘民鮮殷富積無幾而社易廢奚怪乎今常平遣自直指社倉廣於令若其為浦庚癸慮誠遠矣惟是司之得人散之有法官時核其盈虛民自便其出納行世之利無踰

山

阜財庫在縣後堂左　架閣庫在縣後堂右俱知縣

張峰建

凡之有庫主藏也然版籍盈閣易于出入縲鏁在

手不無侵牟非嚴扃鑰慎稽覈欲奸竇之絶也得

平年令清理有方宿弊盡剗使能畫一守之雖有

狐鼠毋能為已

生祠

懷德祠在戚墩灣為巡撫朱公鴻謨建

郎京兆祠在洪陸門外街本府通判文煥建太史焦竑記古之治莫盛於宋西京趙固范曄之儔循吏率於教化漫漫焉律所稱並以仁信篤誠使人不欺斯可以感物流行化洞門術儒者以經術飾吏事居以處平不至於嚴而民從至司馬遷則曰法令齊民刑罰禁姦然修身者官未曾亂奉職循理可以為治何必威嚴哉其所詮敘以孫叔敖子産公儀休為冠鄭時聖門學道愛人一脈稍可覘記故遷傳而闢之不第以材指相高而已嗟

乎卑丈武臧之治世幸謂淵於事情宋真西山氏作政經獨本以為準蓋大儒治行與俗吏不同世在簿書期會間哉余執此以求世不數數見須乃得之京兆即公焉公自少以聖賢為必可師脈漢以下人吏然有所不屑其居官也茹蘖不足衣無兼副每出簞豆自隨不貲於民而壹以教化為亟會江浦缺令直指才公檄之攝其事甫三閱月得代還而政聲洋溢已不啻朞月三年城國邑士民咸公德化欲久借以弗克也爰謀伐石紀政志無

窮之思而諸生裘本立劉省身胡汝直龔先春等相率徵文于余濟濟入延尉博士弟子以正學相商求而課其秏文勸爲品藻用示鼓舞者有須公念水患病捐俸爲倡勸借富人給貧困而菜色甦以起者有須公軫恤夫役料理淸監嚴覈收納使官無乾蘇人無擠並不羨餘利派之習蕩爲若掃若有須公緝盜賊剔戕社華黷款令主文莫售其術而地方安堵者有須公修明鄉約保甲法比屋向方而示條示禮一切六博侵敗風俗於頹息者

有須公除道墍用致歟崎嶇爲坦塗淤瀆爽爲沃上而人頼以濟者兼自爲紳大夫以至田叟市男之口津津不置詞大率公懸魚恢錢之介如魯公儀休教子弟治田疇如鄭子産而施教導民政緩禁止吏無姦邪盜賊不起如楚孫叔敖余以爲此則然矣不如公元本之學厝於用者真而儀頊之化感於人者速其舞容禮樂比於琴堂絃歌之理殆庶兌不相弼焉以徹〻予得聖人爲之依歸其成此爲無難公崛起一千載之後乃追孔門之英

而與之並余故特謂公不可及也公攝浦時攝瀨余聞瀨之人頌公德有如浦公攝兩邑而旁邑之人亦須公德政有如浦若瀨矣公非有踔絶可喜可愕之事為少年輕鋭者所企羡而豈知公之近於道者政在此耶詩人詠歌先生之德不過親賢樂利而已而能使其君子小人歷世而不忘公之貞心峨行濯溉人心者難更僕數而以成不可忘之思則一也余為此記非徒荅士民之請令方來者慕公而有所法則公之澤益以壽之永永無極

二公名文映淵之孝豐人前任興安以卓異陞於
朝其功名蓋鼎起而未艾云

趙倪二公祠 在威鎮樓外為本府推官趙月崇本縣知縣倪壯猷建太史朱之蕃記嘗聞諸耆舊言浦自肇造迄于今二百餘歲當時民物豐殖稱壯縣焉逮正德嘉靖間人殲於兵荒財蝕於豪右坐是日敝以蹙而民始不堪命矣此一浦邑耳迺其後凋瘵敝壞視 祖宗時大異曷故哉備官之與溺職安業之與波生其分誠亦遠矣時惟 聖天

子勵精治理加意元元思得良有司與之共理為
官擇人即麗邑之剝且瘠益須有才望而循良者
為之曰非此不足以起其敝而穌吾民用是華方
兕侯筮仕浦邑或告之曰浦邑小而瘦且衝令茲
土者豈豈不易於理矧古道不可施於今易其方
而隨時所尚相與浮沉其間殆庶幾焉侯曰不然
夫緒濕之政非所以理澆漓之俗因時之術乃可
以致中和之化斯誠有之矣夫蹈先哲之貴幹率
人心之同然追隆古之盛治亦何施而不宜也況

立名治關狀慨然以興廢補敝爲已任約身涉
只破觚斲雕不爲操切凋民之窮不啻在己察
有所不便即爲除去諸如善政縷縷更僕未易數
也試舉其一一之最大且要者浦比年水旱逋負
積數千至庫當事之憂爲具奏得蠲貸停徵擬下
竟廢閣督逋益峻茲非所謂黃放白催者乎侯至
即爲言大府得停徵三年小民如穫更甦邑苦夫
役不給方議增額侯曰不可是重困吾民也乃竃
諸羨餘得數百金悉捐以助額役民始息肩而差

亦不乏東葛驛與江浦滁陽相望固為地衝而設一經裁革後兩地既相聯往來迎送為艱即江浦亦不能支且勢必從設竟建議申請復之一如舊制役不甚勞而賓至如歸公私具利焉浦南北西江相直有河通江以便往來茲河以久淤閼行者水陸枉道幾四五十里且虞風濤之險民既病於涉即諸達官貴人愈弗便矣是以輿情莫不以開河為利顧其為役大且勞議欲行而中輟者數矣侯獨毅然毫無規避懇懇為言諸省臺條陳利害剴切

截上土請擯足部金罰鍰樹繼日下迄今奏功亦成永利矣侯天性子諒秉心塞淵始來一一傾蓋聞如素相習者既久益不替歟初亦謂篤實光輝日新其德者故能樹立有成如此侯蒞浦甫四年政通人和百務修舉諸司奏最當擢以不次而浦之父老咸欲借寇時侯以 覲餘歸省途依內艱父老相與語曰公不復來矣如之何志思亟謀紀其政蹟於石因謁予文以記于方從太史氏之後詎守令有治行卓犖者例應得書如此之異政殊章

章如是行高岸其事與古循良爭烈矣寧歌記乎

凡白吾史氏事也良若父老肅書以俟之候洲汀

平湖人登戊午鄉科名兆猷字允元華方其別號

云

田公祠 在治北五里為知縣田兆猷建

遺愛碑亭 在鄧奇門外為知縣梁机彬建主事羅

卿記江浦為南都要地枕麓襟江土瘠人貧賓需諸路孔道役繁徭劇令其間者脫歲豐猶縅縮而莫何誰何蓋勢也非才也矧邇來大診降毒旱蝗

淤臻對無蕪莽赤子嗷嗷痛籲而適者無虐歲民甚病之蓬垢饑瘠之衆覺於箠掠牽撻之慘當事者常勵勤轇轕皆無以佐百姓之急而懸轉輸供億之煩欲安養元元亦難矣况孚其心乎况治平稱最且煩移而顯庸乎何也治舉士者常易而治盡士者常難也江浦豈誠樂士哉梁公以丙戌進士筮仕茲土日擧時艱輕徭薄賦節嗇務省勸學興農旌善剔蠹藥疫癘尚寛平洫愁以德化宄心爲知訟者至窮弱矣必得情而衰之案無留獄而

人自不寬催科素稱貽累矣而權票親為平準糴有常額矣乃議以贖穀三千為民代輸義勸邑中厚積者各出所有以為恥出帑餘二百金糴麥以周民急至有朝夕不舉火者矣捐俸設粥以哺之一時賴以全活者甚衆值歲濬役起民不聊生乃議呈當路曰民已不堪命矣若重以誅求是擠陷而填之溝壑耳有民責者寧忍之乎以是感動諸司署從改折議民皆舉手加額極口頌德焉詳載碑不勒矣衛應鼎所復歎督諭百姓盡五吮哦

偏岸涉外堤江潮不已節年苦之仍出數千百石
公又修築蜒蜿可數十里堅厚計久遠焉不煩復
請府帑發千金以益之堤成年來無坍塌之患而
灌溉可弘遠矣諸所歐歷靡歷盡善行之三年如
一日故民無告勞財不稱詘徙無暴咲歲雖慈和
而閭閻無愁嘆之聲者皆公之賜也其先惠與之
育赤子然即古循良何以過顛頌徹遠通當途屬
㓛者交章上
天子薦褒亮之移之毘陵非薄江浦也蓋欲揮舒於

盤錯試龍駒以蟠附占利器以爍金烏武進求父
母也古南顧之心哉繼至公頻惠不忍去衆邑紳
紳丈老遮道留之不可得爭留靴以識不忘公慰
之曰予蒞爾民政無他善但能為弗擾耳何推戴
之過耶言出衆皆泣下嗚咽不能對公何感民之
深哉夫天下有視民社猶傳舍者有秦越而不相
屬者此功甫就而旋弛心方向而忽背公以冰蘖
之操施父母之政而以忠純繼故宜口碑載道而
於物寄思之意無窮矣詩曰樂只君子邦家之基

又曰梁子萬年介酬謳歌則公之儒緒不與天壤

終始鄉背浮濁邮之人行怦感韶與起者又不止

一江浦夫公之賜尊有涯哉祀典云以勞定國

則祀禦災捍患則祀公且將尸祝而俎豆之矣公

諱祖齡號茉泉川西之温江人於余為同鄉且同

年知公最深會余轄餉治江得公之德政又耳而目

之乎以周識當代正有公去武县之次年新江父

老巧文以勒諸石余甚義之則備考實録以授貫

宗義者圖以見公之能子民亦以見浦民之能父

毋公也月斯冲其興思哉

懷德祠　祀南江淮關外爲工部侍郎汪公應蛟建

見德祠　祀治南江淮湖外爲江州備蔡城祀總徐承宗爲祈把總陳鑛吏爲人所不承實

古稱群公先正凡有德于民則皆尸而祝之志不忘也是以召伯甘棠羊叔峴山千載有餘艷焉浦之建祠凡幾不必俱蒞茲土亦不必俱係桁循要以惠澤在士民功績在一方口碑在道路後之人自有歌思詠歎而不能已者此祠所從來也夫桃

孝不言下自成蹊誰能強之長民者幸考焉

坊牌

畿南首善坊縣公署　繼往開來坊　攀龍附鳳坊二

坊詳學校志　理學名臣坊嘉靖己酉知縣張峯爲

南京吏部郎中莊泉改建　承流坊在治東　宣化坊

在治西二坊皆正統間知縣羅信建　科第坊在儒

學東成化間提學御史婁謙建　育英坊在儒學西

成化間教諭[illegible]建　掄魁坊宣德間爲經魁龍崇

建　進士坊正統間爲進士成暄建　方伯坊天順間

為布政使□□尚書坊成化間爲南京刑部尚
書張瑄建儒榮坊景泰間爲舉人俞玠建登雲坊
天順間爲舉人□□建進士坊成化間爲進士石
淮建後易扁爲翰林文宗進士坊成化間爲進士
吳泰建繡衣坊嘉靖己□知縣徐峯爲御史方克
重建乙丑年毀雙桂坊弘治間□□□□監王瑞
建□繡坊正德間本縣爲御史王瑞建□自承流
以下諸坊俱廢宣化坊萬曆甲寅爲□宮敷師心
袁蔡氏建作榮坊萬曆己酉爲邑民陳捐建

正氣坊 萬曆丙辰為生員趙思訓□□□立

旌節坊 萬曆丁巳為邑民高守良妻張氏建

歷覽他郡邑坊牌後先相峙爲不朽物固上之人時勸之亦其子孫之能世守也今坊之名有矣在者幾何何彫敝如此也古之有德於民者猶高其門至其子孫取車馬如取諸寄乃今有一坊而不能守異哉君子可以用警矣

鋪舍

總鋪 在縣治南東至浦子口西門鋪二十里西至高

里舖二十里南至无縣江東舖三十里北至石

山舖一十里浦子口西門舖東至六合縣驛東舖

一十里高望舖西至横路舖二十里横路舖西至

和州界烏江舖一十里[illegible]北至黃岩舖一十

里黃岩舖北至西葛城舖二十里西葛城舖北至

滁州黃東舖一十里○外在廟統冲號閘東葛城

四舖俱嘉靖二十五年知縣張譽申革

古者卄里一亭秦烏江亭宋宣化長山二舖俱在

浦境　昭代置舖十有一舉數備識志具列府志

因之蓋未知四舖之一華也然兼程傳命應役頗艱
君子當食其力

恤政

養濟院在縣治東半里萬曆六年增修門樓一座後
房五間東廂四間 漏澤園東西凡三處一在高橋
埂計九畝 分六釐七毫一在三板橋計五畝三
分三釐九毫俱崇禎五年知縣沈孟化置一在浦
子鵲峯門外計九畝五分萬曆三十六年石佛寺
僧如單募沈均耀等置

哀窮檐骼王政所先養濟有院矣卽老有所終而漏澤園未廣死而藏者猶未稱便今增置之俾延而廣枯骨可無憾矣爲民父母其時念之毋使他日爲有勢者所墾而養老有常惠可哉

橋渡

宣化橋二 一在縣治西數百步舊名早安萬曆六年重建 一在浦子口城滄波門外界六合以宣化鎮名

淳化橋 在治西一里洪武初建正統間更修俗呼豬市橋

騰蛟橋

起鳳橋 俱見學校志

育英橋

在青雲關外嘉靖壬戌甃石重建　馬家橋在治東
半里　長安橋在治東南半里一名呼土橋　廣聚橋在
舊河西岸俗呼青石橋　廣濟橋在治南前街俗呼
牛肉橋　廣善橋在治東北一里白馬書院前萬曆
六年甃石新建[illegible]十六年重建　樂善橋跨南門右
城濠邑人張岭建　石橋在治西五里　鳴鳳橋在治
西南二十里白馬鄉　石磧橋在治西三十五里嘉
靖丙午修隆慶二年甃石重建　白馬橋在治南五
十里　珍珠橋在治東二十里　靖江橋在浦子口城

浦江門外 通江橋 在浦子口城萬春門外 拱河橋
在浦子口城滄波門外 鳳凰橋 在治西二十里香
泉街北 惠濟橋 在惠濟寺前 柳林橋 在治西南二
十伍里任豐鄉 上官橋 在高望鄉 下官橋 在東平
山口 祁村橋 在治西南二十三里 官橋 在治西六
十里 黄山橋 在治西南五十里邑人滕彦泰建 惠
政橋 在治西六十里界和州 金水橋 在治北三十
八里 壯士橋 在治北五十里 茅塘橋 在治北二十
里洪武二年 敕工部建被水壞十四年知縣劉

吳里民橫橋在治北三十五里洪武十二年建
浦子口驛路拖板橋在治南八十里蔣家橋在四
讃山趙家橋在治北城圩新江口渡在治東南三里
濱江與南京中河相對八字溝渡在治東八里者
江西江口渡在治西南十五里濱江新河口渡在
治西南一百里和州界濱江浦子口渡二一在浦
子口城南一一在城東即宣化渡帶游溝渡在治西
南五十里三汊河渡在三汊河知縣張奉買船二
隻

嘗遊宣化唐書宋志有之秦漢間嘗渡烏江今則
不復渡矣
明興浦為孔道水陸之待濟寔繁顧梁津要處往往
為夏秋暴漲衝嚙則夫及時成梁嚴過索禁以利
民涉行王政者可忽哉
論曰浦為新造之邑其建置視他邑得備焉烏城
池以慎邦守公署以供賓交倉儲以預賑貸傳宣
則有鋪舍利涉則有橋梁坊表以樹表生祠以志
愛浦於是稱完邑矣蒞茲土者毋傳舍視之因時

似算以為經久計如昔人所謂治國如治家可也

附修路碑 邑人丁洪記

大司空撫李丁公前歷尚寶太常攝國子晉撫江大中丞建今官留京者十餘年矣日奐所以奠安豐鎬佐百姓諸便事櫛城內外河渠畧辟津梁剪路開不經理而新飭之東北向曲達丹陽以自江浦達滁上皆以其漸及焉先是城下江浦詔地當郵傳之衝輶蹄過者風雨晝夜無停晷道路不治泞為行者憂其議所以修之浦令滕章余君甫入境即祗承德意躬率三老

募丁夫從事夯排其峭崿者夷之壅淤者隄之甃
石以備險兩迤橋以疏水道役工甚衆不以防百
姓賈鐵煩多不以病有司其捐貲工值皆捐自公
而令奉行惟謹以竣得綽厥成云蓋吾浦距滁百
里而達所經山川貫悅嶺徑夾沂險越嶺則後河
巨貫也兩溫波派粘天洛日雖舊有竿塘橋隱
見出沒者一筏之泛溟渤耳公河瞬土棄爲屈脱
文侯自公之爲堤爲梁也行者便往來居者便耕作
頌聲四達丁巳冬公以司空滿三年考入

□出江浦之人與欣欣然圖所以不朽公者乎足余令爲不佞記之不佞以爲史事公久竊歷覩公之行事而知有大造於東南半壁也公之敭歷列卿也察吏嚴聽獄平御兵嚴撫民惠歲再罹水旱多方輯寧之穀價不踊盜警不萌其顛連無告者饑予食寒予衣死無以殮予棺老鰥婦孤至皆恃之如慈母尊之如明神睠亦希有矣冗細嘗康事不爲即前所稱河堤署廨津梁道路凡公所身後及他有請於公者爽不畢舉公之偉績誠不

可以更僕數也獨一江浦乎哉且都城隙地悉令軍民種樹力贊大議脩復浦子口城常承平無事而汲汲為桑土之謀又皆深慮遠見不徒監一時之功者公真大臣哉不佞因此而併志之

寺觀

[illegible]術寺在治西二里洪武二十一年　勅僧錄司[illegible]善世大佑道錄司官陳如法建今爲祝釐之所萬曆間僧官明亮明時重修寺僧繼綬募造五百阿羅漢於寺所廊真空募印藏經全部於寺供奉

白馬寺在治東北一里許永樂三年僧圓恩建正統間僧淨敎重建隆慶六年僧性演重修萬曆三十八年太僕少卿六可建重修成化中陳白沙獻章吳懷玉識送定山泉石石洞准集此聯句人生

須此會何更問陰晴動盪乾坤氣調和鼎鼐黃公
來山閣雨尺共主人情未了鵝湖與江城又殺更
○寒風吹角短細雨打更長天意留行李燈花真
對床衣冠真率會樽俎太和湯何限春消息梅花
不斷香○獸舟詩行馬江邊寺公舟雲裡來平生
朱仲晦又送呂東萊山暝雲藏月江春雪放梅花
曾無一語玉帶却收回○衆和萬里何卿老青天
白幘來神勝在人世隨處是蓬萊雲影千江月天
心數點梅下生大子意不許鑄頻回○王陽明

人邑中仲懷亦嘗讀學於此石佛寺治東北十五里宋建炎間建洪武間僧祖印重建時而浙僧[illegible]季潭者以學行應　高皇帝詔至京師後退居此寺愛其山水之勝入書長江一覽揭於方丈臨終作偈云形非類我非形水中鹽味色裏膠青作而見之冷面如氷久而親之和氣春生非乍非久道出常情一言剖矣萬古清風遂趺坐而化歲久傾圮萬曆間御耆周棟捐貲修理建東嶽殿并廠樓於寺左仍修寺前官路自衛子口西門亘將朝宗

門比二上里與甕以石木寺侍僧如華肾工随
募置香火田三十三畝坐落夢岸圩萬政郎文與記
西林寺治東北十、里**定山寺**治東北二十里宋文
峯志琛寺爲僧法定造寺以山名爲名○司馬亶
詩平湖千頃水浣濯與誰同出幽誦魔裡真寘一
步中支離深晚歲成悅性[illegible]希恭志吾默
合觀空○同人未爲失子不善爲同官光浮潤外
生泗大繫中瓜篙擲急水翦羽試衡風佛者空諸
有君滿有亦空**七佛寺**在治北十里明嘉靖九年僧
普宗建癸亥賜額萬曆辛卯重修真[illegible]門寺治北

三十里梁普通間達磨開建正統四年僧智源修建

憩游寺

在治內三十里舊爲湯泉院紹興戴撰碑宋元豐間僧忠鏡改建○邑人張琯詩勝境湯泉甲一方白雲深處有僧房梅花落盡初飄雪草色纔蘇未着霜雲母屏開羽箔潤博山爐暖水沉香春來勝有新題詠盡付奚奴古錦囊○苔痕草色可庭方點遍斜遷忽度步千尺長松澗雨露百圍喬木飽風霜 梁朝寶坊思宋重前代遺文物墨香愛此尚從來此遊題詩何必鄭爲囊○陳獻

章詩香泉寺裡燈燈宿東務城中抱陂來綠鬱高
歌下七章栞瓢相屬西三杯未然且比山靈厭紙
恐列劍驗駡有伐此泣山向所以仁之夫子特獨
回○坐承阳小東白帆香泉此然呈高人天送來
渺月滿然斯一傚好山無處不二杯興來芽筆迷
世意芸到梅花不剛半一路春風二十里浩歌人
在洛沂間
羅漢寺治西五十里宋太平興國間有
僧自西域來愛其地勝結庵而棲焉定初崇建殿
閣尤壯時以永樂年不傳僧滙葵紐將康成化門

正德八年修　青山寺　治西六十里　界中寺　在治西

南一十里宋祥符二年建洪武間僧永完重脩○

翛然成静青山隱隱樹重重石室烟霞第幾峯

大野斜陽紅日近祇園歸去白雲封菩提樹静開

秋梵僧藉菊花深度晚鐘詩句詞林最知己遠公蓮

社結吟詩○前果詩界山寺果曾相見日王學簾

又一首　遊繍去題詩逐謝我對堂月落五更鐘　明因

寺　治西南三十五里元至正間僧實禰寶曆二

十八年浦德忠重建　浮山寺　治西南五十里舊有

隱石細孔旋入不得而不脫奇因名石洞庵治北十
五里庵紀筍石洞洪武間高僧勒源常棲此成化
中有賓宋界七公入寓太虛過壽史派契禪妙與
近士翁卬常躬柏介指馬符陳白沙與静過縣與
詮定山講學所喻月昇已從一公遊充然有得其
所詣極淵源自沙甚之許以與無累且云公在吾
儒公亦豪　然皇帝不見講經解　本勝說圓融
成晉禪師亞號宗八十有四自贊其像而逝〇
咏歎亭詩小搨長化將野栽實寞句　娟可想來黙

代馬嘶嘶嘹到一紅梅花笑笑開琴聲宫商分稱
調觚中玄君自思隴開人本是無心出應共閒雲
作作呵◯坐我繇床弄我琴春風一曲古操音從
今只到無絃處古乾坤鵠古心◯朗怍羅浮磬
武夷山中明月光照處扁舟歸向滄浪去只釣清
風不釣魚◯蘆泉詩兩海携來◯古琴天涯回首
幾知音賢人[illegible]瀟月下鍾期一寸心◯倘
從江月長[illegible]看到圓融真妙
履眼前何[illegible]滸西一十里永樂
[illegible]

勅僧定先[illegible]工[illegible]峰鐵建合林
尖翁壽足登[illegible]以十景泰間
皇英龍建一[illegible]峰庵在治南奘
赤旁以武勝寺開成中明重修更名圓通庵
亘栢庵在治南一石橋西廊僧圓總可選募建
接衆禪經義於此濟慈庵在治北十里鋪旁萬
曆間僧如福募建於此北極庵在治北黄悦嶺之
萬曆四十年邑人魯以昆募建施茶千佛庵在浦
子口城內創自洪武九年成化間僧真安重[illegible]名

勅賜崇恩給諫祀世祿更今名浦民沈以朋貲

置田二百餘畝為焚修助。御史施後所記倚山君

士既以世間法行出世間法飭天下緇流者五

十年。其子伯仁、仲子又發長者心，作亦有事曰：家

大人積一生之餘，餘十方之衆，即非大願力收攝

家大人之願，非吾兄弟願乎？而願我來世盡未來

世求永餘之，而亦不必自沈氏出也。請田為賦，隨

賦為供，引手予是，各出金購田于大合，得畝三十

而緇衲值中金一百四十兩，而庸于寺，安得畝一

百七十而贏計作小金一百二十兩而縮總計歲入租可二百石而贏而豐儉不佛庵基千佛庵故焉爾也即以為月中饗云施予開而稱貸作禮讃笑功德曰以五濁惡世閙浮提衆不勝慳吝乃有世世好施如是然居昔有施一鉢飯飽無量衆生者豈真盡餅無有是處無有是處政如饑人嚥下太倉雖未得食已有飽意況為于僧者六時飯命一鉢不私其為利益寧有窮已者哉未幾而家有力者旁睨之訐侵之而僧貧無如何也幾以廢畢

旨之外乎之乎自新自明也謂佛口佛無人我相
象故貪嗔其中且也無窮之欲溢區者何足以填
之以引誘于其省州縣諸鉅公定為界域為壽夢
之念始我竭才於此偏抛於彼偏舍何嘗惡相距
之墜也然不刻施洪乾杜牟者則又以信佛之緣
廣年來矣衍生兒郎因問記于予以勒不朽予惟
此役功徹幾不可名又竊聞之融祖得法後于那
賜日頑爭一石入斗恐眾以成一大剎猶以為有
漏小果况此庵者飲錫所過無費賦入有盡以有

豈供卑費不又渴乎第如番上發穗而子若孫且
田且不替浅其額也是僧有去住而田無失生也
田有定數而諸戒丈下光躲僧之心固然宜歟
也况無泥名并無拖名即此一念直爲僧脫不能
盡田糧丈亦不能完不成無賴詐欺食取飽乎吏
公哉　國家原作佛事中使通名山川俾得以若
山禍百明也而不許中嶽沸穗于緇衣非種之鄉
則尤侯人詢哉則尤侯大願哉君上經字國用法
者此諮伯子隙揮增擺了自悲俱凋于牛仲子均

耀概察蕭子五自新自明白章俱本學生自勝自
省俱為博上弟子員善士東錦等倡得備書云

玄帝行宮 在栖龍山本山自萬曆甲寅以前玄帝
發願靈異通邑士民議建香火工鉅用奢艱於應
始衆推鄉耆有才德者張可繼王繼成聶寰朱文
盛同任其事信心募勸殫力經營王盧人玄後先
禹津洪捐貲首倡則有太學生丁明征周尚臣其
造像製龕上宮則有邑民聶宜下宮則有知事王
鶴中若人樂施效力贊成勝事者不一其人咸載

記碑陰○萬曆己卯玄帝顯靈默啟
宗衮欽除敕書一道齋意二冊印發道大藏經一
藏計五千四百八十卷隨經銀三百兩併 御仗
龍袍玉帶 遣官賫捧到山頒以 敕賜南京看
禮部工部侍郎羅朝國祠祭司員外郎劉錫玄禮
科給事中晏文輝劉令朝天宮道士四名在山常
住禮誦供安附錄藏經護敕○敕諭南直隸應天
府江浦縣福龍山玄帝行宮住持及道衆人等朕
發誠心印造大藏經頒施在京及天下名山宮觀

供奉經前護勅已諭其由爾住持及道衆人等務要虔潔供安朝夕禮誦保安瀜躬康泰宮壼肅清戩巳往愆尤祈無疆福壽民安物阜天下太平四海八方同歸於化善教聯成恭巳無為之治爲今特命上膳監太監李福奏請着本山道人肅清恭請彼處供安各宜依體知悉欽哉故諭

本山額題

即武當山 魏國公徐弘基題 ○化關中樞太史焦竑題紫霄駐節 禮部侍郎朱之蕃題 ○碧海暇霜

給諫湯賓尹題○斗南司命禮科給事中吳文燦

題○天樞顯化南京太僕寺丞陸在廷題○翼護

神京南京工部主事郎文煥題○靈擁神京○飛

來太和本縣知縣余樞題○龍山福地邑人丁遂

題○開天顯佑邑人葉粲義題○玄祉毘天邑人

熊師望題○萬年呵護邑人陳應元題

本山賦志記○邑庠生張可亟賦新江之北有福

都山焉雖不十有二里大山何以福龍名也意者

蓋取諸福地之說歟其異於神龍來自山下出者

上為廣而巍峩崒秀亦鬱相上

然青遠望相望環列諸峯長江包絡鍾阜龍虎玉闕丹竈鼎不知做自何代迄今尚有遺踪蘚於台樹參背合抱琪花瑤草烟鎖雲籠幽壁懸崖天琢削蒼翠岩綠若假手於丹青巔巖林麓別露雲窩佳氣絪縕氤氳撫對川序萬物適懷樂事賞心時命巾車近鳴泉太盤桓泉石以遨以吟此福龍山之勝槩也竊謂五嶽而外號為名山者衆矣彼崑崙之發跡人跡罕至蓬萊之漱浮舟不可航或取

足於勺水而無以語乎江海之觀或寂寞於一隅
而莫援毀從天可之邦豈若此福龍之拱衛 神
京於億千萬載直與終南爲豐鎬之上鎮者並峙
而有耿光呼嘯山亦借絕奇地靈 傑應有期福誕
適與福星會當留果何誰下蕭令君與起在茲惟
時以天顯化邑衆生乎感證果種善根請建行宮
與群雲太和象教同符今君俞其請曰是役也惟
興作之是亟資激勸之人攸資義起合禮推門不宂
隨徵工卜日式闢以基帝座高倚雲霄而平原當

□天門洞開以表而險阻以夾用是既通仰止高山遊
行大道欽承尊禮者幾稱便於通衢經營伊始而
規模弘遠迤巍然傑出南都詩不云乎奕奕廟君
子作之此之謂也重也企造位之峻極諒從入之
惟賡聊嵩高之什肆為孔碩之篇非不知黄鍾太
呂鈞天與奏而聾桴卜跛欣與之相宜不亦惡乎
雖然舍此則吾未見其為倚聲也是以輒不自量
繼賡於斯下之末未必無小補焉○邑太學生胡汝
真拜殿記玄帝香火之盛其則次嶽新安歟何歟

豐爽赫奕與上帝埒而天下奔走之如騖竊祀其
敢望焉太嶽峙楚上游白嶽在新安浙小界陵則
崇峰復嶺曲折崎嶇水則洪濤揚子迴襄漢亂錢塘
泛浙九山川之險舟車之費即力能至者猶昔之
而力不能至者蓋不無缺望云江浦幾甸首邑有
封孔道俗敬者萃而敬神士女歲往來而駢闐不
輟也會望氣者謂縣北福龍山異雲團結佳氣鬱
葱斯當為真人宮所而村氓亦時見被髮衣夬佽
劍巖阿之上侍從亡蘇倏忽世所崇祀者相詭以

爲吳王過告境內居士遊者行宮於其巔務亭與
楚瀚年六備門廡堦垣枚楚翼翼且登而四嚮前
列一山如香爐左右拱衛如展旗如張翼文前則
州半拱目而水夾之俗名穴字河即古所稱白鷺
洲也三山半落青天外亦几案間物耳後則環滁
諸山高矗霄漢東而鍾阜句曲西而孟摩鷄籠其
秀色者可攀擷大江滔蕩帆檣上下又若躍進人
之儋目而與江山爭麗洵仙靈之奧區哉其以祈
福至者青徐淮泗吳會楚徼之衆日千旂計正殿

三楹至不容旋趾故復增拜壇於前中鑄爐爇重
千斤工始於乙卯三月至五月告竣奐豈壯麗金
碧絢爛茲山之勝得是而完且美矣夫太嶽古不
列祀經入我　羽即據孔嶽之上而白嶽儼之豈
非以神故哉神復顯於茲山□開闢以來其為雲
烟封而荊棘蒙者幾世代何幽逸一旦廟貌巍峩
至與彼二嶽鼎足而三可不謂茲山之幸歟以彼
之歲且繼者人猶然息壁研以赴泝茲當水陸之
會郵傳之衝無論薦紳大夫道此者咸以虔王程

而便謁帝即下至負販之夫樵牧之子亦可以釋擔於途而朝真於闕川不謂窮簷下里而謁於力者之幸歟夫固神寔依之人皆承之以臻此鉅觀也猗與休哉是役也主之者清多寡慾與道合真則豫章王蕉余吳倡義捐貲則封推官熊公龍溪州守熊君師望中書新安吳君養京與璜暨余父漫經營規畫財法雙旋者則於閣冶出一舉熊仲義泰士進諸協助者咸勸之左方者皆識協造自王繼成而下當別有記此直述拜殿所由建以識

歲月云○邑太學生林登儁印志進廟來年先王
父有事大梁嵩嶽服偕同人江譚虎門間遇老黃冠
捧一銅符篆籀苔蝕字文莫辨於稠衆中獨揖王
父而授之曰余九真羽流小甘龜鈕珍者後
五十年當作寶江鄉邪其毋忽言竟飄然而去蓋
不可物色之矣王父寶其事揭歸供奉香閣中時
時餉家人稱說迄今且三閱世出兇志之至家季
文舉於鄉之明年癸丑會好道者張子可継王子
継戎朱子文勝再予裏攬北山之勝謂當陪京屏

障非玄武不得當也因創祠云議請余大父母大父母至德協玄雅欵崇祀嶽靈以為境内重遊經始而門建爲諸善信如徐魏公陸太僕華開風樂施不朞月而宮闕巍峩丹碧輝煌四方來瞻禮者踵相接亡虚日矣迺於棟宇例落家仲父夜夢玄帝之使者呼曰予志積中所藏符節相視一喙而覺時仲父帳轉思維莫測其故爲開才懷壬父曾自中州携一符歸急披衣燒燭從塵爵中撿出拭之光光若新紙上而天賜之象了然可識顯珠仍

昔班制狀乃知為玄君洞也於是編告諸父老耆
宿卜吉費奉于宮仰父函命大地山河名勝不足
玄君奚取於江表一培塿而陵降之也此邦人士
出鄉膺忍於含章者指不勝屈又奚取於先君子
棖符為徵也孺子其志之不肖為之史墻口鄉稱
先生有言寓內名山所云洞天福地大都浮艷失
實惟作奠於域中者稱靈列諸山並形家者言為
根本里地之右輔乎重巖疊嶂襟江帶淮引九龍
而拱鍾陵過三公九卿之陳區遠矣宜明禮惝然

其來鵠也且我國家尊太嶽爲帝時帝玄君後天下士女慕趨者歲十億數百千萬考其蹟異徵奇徒爾寥寥即治方以外如羅太史王符卿最根問真於紫雲淨樂間更苑春秋皆以不能有所遇爲歎而王父何幸值異人授符爲五十年身後未兆之事乎豈王父於未生犬時曾輿七十二峯來結未緣耶雖然此其徵也要之神非人不顯非其人亦不顯必積至五十年待余父母而後興者可以觀玄靈㬉㬉意矣弟夫四道子之選勝諸長者之

助緣余仲父之見焉不過一時輕談以襄盛事耳
謹志○邑庠生袁木立稿　冊記自有宇宙即有山
川我　明二時未之前嶺神皐福地闕在一隅
非其時不顯耶福龍將汕之北何迥煙雲封而傑
莽騎也一旦玄君陟降靈宇鼎新名蹤標諸宰官
祈報集諸士庶夫豈偶然之故哉在　今甲封內
山川邑大夫主之惟我玉廉余侯蒞浦五穩禔福
四境是以神馨明德小為效靈有待而興洵千載
之一時也庶恩所為附小靈昏神祇者謂行將告

咸仍焚修聞其無人所有之寺得責不喰靈之僧手於是擇黃冠之有行者王定安給以帖文使之爲常住出新復兩圩之裘田二十畝供香火又計檀施之亂購田十五畝邑民張承德朱邦等衛人王志能等捐己田二十畝命者所可繼王繼成書信聶袁朱文勝等共買民田二十畝上倡之下應之總計之張宗圩併田三十畝興福圩得田三十四畝新加一十六畝歲可得租若干石齋供之餘且可積爲修葺費念此舉所係非無良哉爰有

力者勞覡訓飭參之不可無稍則又撥道會司趙
太嶽歲命之使徐棠下逮此旧岁此山共相為
終始哉若元州以時若哉事咸成斯民之徼福於
神者無量是齋之造福於民者無量也謂之福田
非虛語矣

玉虛觀在浦子口城內舊為城隍廟洪武二十四
年移縣治於曠口山道會高學儉奏更今名歲久
傾圮萬曆甲寅邑人沈均耀倡義重修分司主事
黃鳴喬記浦口舊為宣化鎮我 高皇帝定鼎之

四年欽天神京有背縮繫于斯因城之而設邑于其內並置廟以祀城隍焉迨二十四年依令仇存仁議遷其邑于獺口山之陽另立城隍廟於邑傍而原日之廟後依道會高學僉所奏改爲觀而名曰玉虛至今中殿奉老君後殿奉玄帝而前後殿然爲茲地可以者則仍昔日之城隍也此觀挑高峰臨巨浸山門軒敞恰於上河之奔流相迎若鋒阜獅子燕磯作前諸勝咸次第前列自城以南盡託于江一望皆渺無垠余承乏斯地每娛遐瞻濶

畢必於觀之川濟與一縱目爲則山光浪紋俯棣
闘衍其令人徘徊不忍去因思凡觀之建不過馬
登攬一方民耳而此之錢歷實標千塑則寧第彈
凡之所關鍵綰珉之所憑依將　留都神氣
陵寢玄昧其實中且可護馬凡觀之祀未吾汝諸查
幻與瀾湧等耳而此之尸祝實同方社則非偏宗
清淨無爲之旨僅供羽士道流之栖將兩暘讖禱
春秋所報靡不于焉匠休祉出至若佳勝全收擯
吴獨迴名人韻侶往往寄跡賞心判雲吞吐於昧

小遊咏縱橫於洞壁則又江之南北所共競爲奇觀者然則茲浦也何可無此觀耶亦何令其歲月𣽂閼傾頹日甚而不爲之議修議葺耶余分司公署與此觀相望見其榱簷桷久漂搖于風雨發于莫支而令曹如水朱縣爲之力暨仲春太學沐君自明適來謁余因對譚及此不覺翻然遂謀之尊人觀察公均 稚集衆鳩金大爲新之甫越秋而觀後殿宇之嚴巽左右御階之整飭大小像設之尊崇一旦儼爲改觀中間良材堅甓之費與夫梓匠

工給之需〇下千餘金皆闔浦大力長者所[illegible][illegible]加成者然然始營謀捐助不貲則觀察公之功居多焉君子曰斯舉也非與尋常之塵金[illegible]施角[illegible]福華者比也蓋乃倚此觀之靈庇不獨一王浦則修舉此觀之功德亦不獨在王浦也余月擎盛事又為浦父老之請不可以辭謾總始末而為之記

〇尚書康太和詩萬里朝天路東來第一關舟車通大合形勝控三山猛士屯雲地孤城逐[illegible]間無波今已靜且共慰愁顏

〇尚書林廷機詩江城仙

此客初來羽上紛相迸跳花開未開樹
此歌管所傾村野發金陵道思君佇鳳臺

東嶽廟舊在縣治方洪武八年知縣龍俊成化中知縣玉忠各重建正德十年知縣魏鎮易為儒學基遂遷東偏即今處萬曆四十年修

文昌祠在浦子口平山萬曆庚子本縣生員崔攡倡首創建事具平山記中

張公祠在治西南二里隆慶四年知縣王之綱重建自為紀事

玄帝廟在治南青石橋萬曆二年建

天妃廟在浦子口城滄波門外

泰山廟近天

妃廟半里許　龍王廟在治西二十五里　劉公廟治西五十里元至正間烏江令高功建　玉皇廟在治西南六十里

浦之寺觀曷為志之二氏之宮多據谿山之勝然賢韻士寄賞幽棲者其輪奐之蹟往往在焉至於修其教不異其俗而神道之設亦君子所不廢也志之而附之寧有慕[illegible]二氏哉

江浦縣志卷之六

江浦縣行取知縣李維樾重修

賦役志

鄉圖 戶口 田賦 差役 · 課程
學校 鹽法 錢法 物產

有虞甸服周官畿內之征視宇內特詳我
太祖奠鼎金陵畿甸莫近於浦則壤成賦量力役民
莫非帝王良法顧齊衡彫瘵則覈其名實不在良
有司乎爰是上稽版圖下辨土物凡利病所在悉
諮諏以為恤民[redacted]者告作賦役志

鄉圖

縣原額六鄉孝義白馬任豐遵教懷德豐城編戶一十五里孝義里二白馬里三任豐里四遵教里三懷德里二豐城里一後增崇德鄉一十八里壽多潰於江因併爲四里共一十九里

昔浦析鄰壤而置如衛浦和滁江寧者故治之鄉猶在焉存影瘠而合膏腴斷斷乎無是理矣邑鮮關右有餘哉剝二百年來力瘁於圳荒齒耗於轉徙司民所掌蓋名存而實亡欲爲生靈永永謀非併圖有不可耳然舊編三十有三而一統志云

十四里半後減爲一十有九而南畿志云二十
里無乃傳聞之異歟

戶口

洪武二十四年戶五千三百五十有四口二萬八千
三百有四男一萬四千三百三十女一萬二千九
百七十四

永樂十年戶三千八百四十口二萬二千九百八十
有七男一萬一千七百九十三女一萬一千一百
九十三

弘治二年戶二千三百四十有三口一萬八千一百六十　男一萬一千九百有二女六千二百五十八

嘉靖元年戶二千五百五十有六口二萬五百六十有八　男一萬二千三百一十女八千二百五十八

嘉靖三十一年戶二千五百六十有七口二萬二千五百七十有三　男一萬三千四百有七女九千一百六十六

嘉靖四十一年戶二千五百七十口二萬四千一百九十有八　男一萬四千三百四十女九千八百五十八

隆慶六年戶二千五百六十民一千八百一十一軍七百一十匠一十二寄庄一百一十口二萬五千一百三十六男一萬伍千一百三十女一萬有二

萬曆四十一年戶二千六百五十口一萬四千九百八十八男七千九百三十七婦女七千一五十一

觀民數之登耗可以知民生之休戚今之戶半國初時而口猶故焉豈偏增其口歟抑戶數之損也民因貧民不能自立其業日併於人有一戶而併數戶者此戶之所由寡也編丁者不察其戶之大

小而一取之則貧無立錐恐得與田連阡陌者同辦哉不至無其口而耗之不止也夫取之額無輕變矣姑辦其等則而取盈焉使上不失國賦而下可寬貧民斯亦條編之意乎恤民隱者念之

田賦

弘治二年官民田地山塘雜產共二千七百二十六頃九十一畝九分七釐六毫八絲 官田八十九頃九十八畝八分八釐一毫 民二千三百三十六頃九十三畝九釐五毫八絲 夏稅麥除欽免四

[illegible]一十五石九斗三升七合實徵正麥二千六百七十四石一斗一升八合三勺官地每畝科二十民地每畝科五升秋糧米除欽免一萬一千九百三十九石四斗一升六合五勺實徵正米六千五百七十五石九斗五升官山每畝科三斗民田每畝科五升○自洪武中詔官田減半徵收民田盡行蠲免遞免麥米若干并綿六錢九分五釐豆五石八斗九升六合七勺農桑絲四十斤六兩六錢五分○惣米二千四百三十五石六斗一升

米是巡撫王公恕以民田糧輕官田糧重富家則
買民田而官田多累貧戶奏將官田減耗民田勸
米以補官田原額官田每糧一石減耗二斗五升
共減米一千六百四十石六斗四升民田每畝勸
米二升共勸米若干除補官田米數多勸米七百
九十四石九斗七升　馬草一萬五千八百八十六
包六斤一兩二錢　自宣德間都御史崔　建議每
民田一畝徵馬草一斤
皆邑舊賦遡成化而上無考矣弘治壬子壬戌刊

人造之年而舊志繫諸己酉歲用當年之派額也

伏覩

聖祖蠲卹有詔浦自麥米而下共免一萬六千四百有奇永爲定額厚澤深仁寔與天地同悠久非昔人所謂黄紙蠲租白紙催者矣憲臣建議革勸補徵勸米課多垂六十年而始減減雖增易亦至是哉司國計者念謹慎毋輕於加賦也

嘉靖元年官民田地山塘雜產共二千七百二十一頃二十二畝二分三釐五毫四絲桑一百九十七

株○夏稅麥正耗連　欽免共五千八百七十九石六斗六升五合六勺　除留免如前數實徵麥一千七百九十三石七斗二升八合六勺　絲四十斤四兩三錢六分一釐二毫農桑絲七兩九錢秋糧米正耗連　欽免共一萬八千六十九石六升七合二勺五抄　留免如前數實徵米六千五百二十九石六斗五升七勺五抄　綿六錢九分五釐豆正耗五石八斗九升六合七勺　二項俱　欽免　門十二年隆慶六年倣此　勸米馬草　二項見徵

治二年下冊不載

是歲當大造所書稅糧數視弘治不侔仍舊額也沭蒙　恩例實徵僅若干石已二百年舊額可畧矣而共登諸志何哉蓋田賦冝準黃冊刻億萬載丕丕基視此爲首務故謹錄之蓋與

聖祖汪洋德意同垂不朽也豈徒文已哉是後如壬戌壬申俱不敢一一證也

嘉靖十一年官民田地山塘等項共二千七百一十四頃七十五畝一分三釐四毫八絲〇夏稅實徵

一千七百二十六石二斗三升六合二勺除欽

免如前絲四十斤七兩九錢八分四釐秋糧正米

六千五百六十七石一斗六升六合三勺除欽

免如前勸米二千六百四十三石四斗六升四合

馬草同前戶口鹽鈔四十一兩四分每口徵銀二

釐九毫四絲二忽計一萬五千二百五十一口遇

閏加三兩四錢二分

嘉靖十六年巡撫歐陽公鐸會議除牧馬草場坍江

等項田地二百六十一頃四十五畝六分七釐

徵官民田地山塘湖蕩二千三百五十一頃二十
九畝四分六釐四毫八絲○夏稅秋糧絲綿勸耗
馬草鹽鈔等項共准均攤正耗平米一萬三千一
十一石三合四勺內除荒白米四百七十五石二
十八升三勺每石折銀二錢五分該銀一百一十
八兩八錢二分一毫實徵平米一萬二千五百三
十五石七斗二升三合一勺官田每畝均米一斗
六升地每畝均一斗山塘等項每畝均二升三合
實徵民田每畝均米八升地每畝均三升五合山

塘每畝均一升九合草場民田每畝均米三升一
合地每畝均二升五合山塘每畝均一升九合農
桑每株均米四合八抄七撮每夏麥一石准米八
斗共准平米一千三百八十石九斗八升八合九
勺秋糧本色正米六千石絲綿一兩准米七升共
准平米四十六石二斗斷批里甲物料雜辦准平
米四千一百五十一石六斗四升四合六勺馬草
一包准米五升五合八勺共准平米八百六十七
石九斗七升戶口鹽鈔銀五錢准米一石共准附

米八十八石九斗二升舊額虚載正米九十一石八斗九升斷米八百一十六石八斗三升四合九勺并馬草二百五十七包五斤一十三兩供獲減免

嘉靖二十二年巡撫夏公邦謨會議正耗平米一萬三千一十二石八斗八升八合四勺內除圩江田土五百三十四頃一十四畝六分一釐糧草從輕折銀次年撫按會奏將圩江糧草准米九百九十二石二斗三升二合折銀一百四十八兩八錢三

分四釐八毫　均攤平米新增一石八斗八升五合

其洲江拋荒田地稅糧自老人張時等　奏乞免

徵節年行勘至是撫院夏　准照海門事例每洲

江米麥一石擬徵銀一錢五分馬草每包折銀八

釐六毫次年撫院丁　按院陳　奏　准將洲江

原額夏麥二十四石六斗三升五合二勺每石准

平米八斗秋糧正米三百六十石六斗九合八勺

每石加耗米二斗八升馬草五千三百八包八斤

一十二兩每包准平米五升五合八勺該米二百

□石六斗七升五合一勺照數雖米共科兩汀千
米若干每石從輕折銀一錢五分
吾浦田地宣德來多州江爲累非朝夕矣自黄巖
章侯首奏是後疏凡屢上始獲從輕其事豈易易
哉然浩蕩
皇恩寡爲册渝計奈豪猾迈緣此爲奸見業高阜
之田輒冒崇德之籍乃患貽貧弱甚至有稅無田
轉徙他郡苟非及今行清丈之法覈其真僞以平
稅賦吾不知所終也

嘉靖三十一年實徵官民田地山塘雜産共二千六百六十九頃八十一畝三分三釐二毫一絲四忽○正耗平米除虛米公占等項共免九百四石八斗四升五合四勺一抄九撮實徵米一萬三千八百六十四石六斗六升五合七勺一抄二撮八圭覆查公占米二十六石五斗五升八合一勺從輕折銀三兩九錢八分三釐七毫一絲五忽五微荒白米六百九十一石五斗三合五勺四抄六撮折銀一百七十二兩八錢七分五釐八毫八絲六忽

五徵坍江米一千四百四十三石七斗一升六合
九勺五抄八撮折銀二百一十六兩五錢五分
十八年本縣詳允撫院周 題派平米除虛勘重
糧公占免徵等項通共米九百七石有奇改正徵
熟虛米折補查欺隱田糧比舊額共實米八百一
十三石六升八合七勺二抄審出荒田坍江復熟
米共四十四石八斗八升八合是年撫院彭 科
米一萬四千七百六十九石五斗一升一合一勺
三抄一撮八圭除虛米七百九十三石八斗八升

五合三勺九抄九撮　蒲殿公占入稞菲增基養馬
免徵重糧共免一百一十石九斗六升二抄實該
平米若干覆查公占從輕每米一石折銀二錢五
分其餘米自照江折銀數如故

公占之說曷從而有哉自永樂中建　蒲殿宣德
中從俞撥乃用汪楊蘇吳諸氏之田皆白馬鄉民
也各址共在頃畝寔多既未給之以價又非易之
以地厥賦從則江例其果輕耶否耶無虞攤州以
灘致科糧如額各里從聞於代輸而月淺候　徭

移查無編入青出爲一邑可羅之則它產且概去
肙免矣

嘉靖四十一年官民田地山塘雜產共二千七百二十一頃四十五畝二分七釐五毫二絲桑四百一十三株〇夏稅小麥正耗連　欽免共五千八百一十六石五斗九升五合四勺絲四十斤七兩九錢八分四釐秋糧米連　欽免共一萬八千二十八石一升九合一勺綿豆二項見前

隆慶四年巡撫陳公道基條編除坍江荒白學田實

官民田地山塘雜產共一千八百四十九頃四十三畝五分一釐八毫六絲七忽夏稅秋糧共均平米一萬一千七百六石八斗九升九合一勺三抄八圭七粟嘉靖四十五年按院宋公纁詳本縣田分官民賣官田止帶民米遺糧賣主戶內以致錢糧逋負查將官民田地山塘共為一則隆慶三年撫院海公瑞奏行條編每田一畝均米七升四合地一畝均四升二合山塘雜產一畝均一升五合大勺八抄是年詳允遵行刊置書冊

隆慶六年實民田地山塘雜產共二千七百四十八頃九十四畝五分一釐八毫一絲　田一千九百八十一頃五十一畝二釐九毫地六百二十三頃六十二畝二分三釐九毫山二頃五十四畝二分四釐八毫池一畝一分三釐八毫塘埂五十四頃一十九畝一釐雜產八十六頃一十六畝八分五釐七毫草場八十九畝九分九釐二毫八絲　桑四百一十三株○夏稅小麥正耗連　欽免共五千九百三十七石七斗九升三合六勺絲四十斤七兩

九錢八分四釐秋糧米正耗連□斂鈍共六萬石
千五十石六斗九升六合五勺綿鹽□頃況前八
萬曆三年本府府尹汪公宗伊書册官民田地山塘
雜産共一千八百四十七頃二十八畝八分四釐
五毫六絲七微二纖出一千三百頃八畝一分一
釐三毫四絲七忽七微二纖地四百六十頃六十
三畝五分二釐二毫一絲三忽山塘雜産八十六
頃五十七畝二分一釐實徵平米一萬四百九十
五石一升三合四勺二抄九撮九圭三粟甲每畝

科米六升五合八勺八抄七撮四圭三粟減派八合一勺一抄二撮五圭七粟實徵平米八千九百六十五石九斗四勺四抄四撮七圭二粟地每畝科米四升減派二合實徵平米一千八百四十二石二斗四升八勺八抄五撮二圭山蕩雜產每畝科米一升減派五合六勺八抄實徵平米八十六石五斗七升二合一勺覦前通減里甲平米一千一百九十五石九斗九升九合九勺一抄四撮六圭二粟

荒白坍沉二項平米一千三百八十三石

九升五合七勺六抄共折銀二百五十四兩五錢六分一釐六絲四忽　荒白坍江節年本縣浦丈申准役縣陞科至是實該荒白米四百七十石九斗六升六合八勺每石折銀二錢五分共銀一百一十七兩七錢四分　贖六毫九絲坍江米九百一十二石一斗二升九合一勺六抄每石折銀一錢五分共銀一百三十六兩八錢一分九釐三毫七絲四忽

萬曆六年本府會計官民田地山塘雜塗共一千八

百四十八頃六十四畝九分六釐六絲七微二纖

內本縣中允以□田地塘一頃二十六畝一分一釐

五毫

實徵平米一萬五百一石四斗七升二合五勺九抄七撮三圭八粟內折增米六石四斗五升

九合三勺三抄二撮

本色米三千三百六十石四十七升一合二勺三抄一撮一圭折色米七千一百四十一石一合三勺六抄八撮二圭八粟徵銀三千五百七十兩五錢六毫八絲四忽一微四纖

連荒白坍江銀二百五十四兩五錢六分一釐六

絲四忽實徵銀三千八百二十五兩六分一釐七毫四絲八忽一微四纖內摘出夏稅麥絹銀七百七兩四錢三分五釐六毫五絲五忽實該秋糧折色銀三千一百一十七兩六錢二分六釐九絲二忽一微四纖 每平米一石徵本色三斗二升折色六斗八升每斗折銀五分該銀三錢四分

萬曆七年本縣申准丈量槩縣實在荒瘠待坍餘科等項上中下田地山塘基場共三千三百八十頃五十九畝一分二釐二絲九忽實存田地山塘[illegible]

場共二千一百七十一頃二畝九分七釐五毫一絲九忽【上】田四百六十八頃五十九畝九分四釐一毫六絲四忽地二十七頃三十一畝一分七釐七毫山五十二頃一十畝二分七釐八毫四絲塘四十四頃二十三畝九分一釐一毫二絲共八頃五十畝六分五釐五絲【中】田四百九十五頃一十一畝一分七釐六毫六絲五忽地五十四頃六十九畝二分九釐三毫九絲四忽山一百二十五頃七十三畝六分五釐五毫一絲塘五十一頃五十

畝四釐四毫四絲基七十三頃二十畝一分六釐七毫五絲一忽[下]田三百九十五頃六十九畝五分五釐五毫四絲八忽地一百四十四頃三十九畝六釐四毫二絲九忽山一百六十頃七畝二分二釐一毫三絲塘四十一頃九十七畝一分一釐一毫一絲六忽基一十六頃四十七畝八釐一毫八絲七忽稍塲一十一頃四十二畝六分四釐四毫九絲五忽　荒滁田地共一百九十三頃八十六畝七分三釐五毫[上]田五畝四分一釐五毫地五

十一畝五毫中田六頃三十九畝八分八釐四毫地八十九頃四畝三分四毫四絲下田二十三畝一分三釐地一十九頃六十畝九分二釐一毫荒田四十六畝一分六釐一毫荒地一十九頃四十七畝七分三釐四毫四絲水蕩一十五頃五十六畝二分二釐四毫以上係前江滸荒田地〇中地七十六畝八分四釐五毫六絲下田二十四畝四分四釐七毫三絲地二十四頃九十二畝五分五釐七絲荒地一十六頃五十八畝七分三釐四毫

九絲以上係山後滄荒田地待墾田地共八頃七畝三分三釐四毫五絲正田三十畝中田二頃九十九畝□毫七絲下地二頃八十四畝一分一釐五毫七絲窪蘆地四十三畝三分四釐四毫稀蘆地八十畝六分三釐二毫紅岸地七十畝二分三釐五毫一絲餘科田地共七頃六十二畝七釐五毫四絲上田七畝二分□釐三毫地一十九畝一分八釐三毫七絲山八畝二分八釐七毫中田一十三畝二分二釐二毫一絲地二十三畝八分八

毫山一頃八十一畝六分二釐九毫三絲塘一畝六分四釐二毫[下]田三畝七分二釐八毫地六十畝三分三釐貳毫五絲山一頃二十六畝八分九釐一毫以上係各寺觀原額無糧田地○[上]田四十七畝二釐四毫地一畝六釐九毫塘一畝一分四釐六毫山五畝六分四釐基三分二釐四毫六絲[中]田六十三畝八分七釐一毫二絲地八畝七釐一絲塘一十二畝八分二釐八毫七絲山三十九畝三分三釐三毫[下]田四十八畝九分八釐八

毫四絲地三十二畝六分三釐五毫八絲塘六畝
八分九釐八絲山二十二畝二分六釐三毫蕩二
十五畝二分八釐五絲稻場七分三釐二毫五絲

以上係清出各軍混占田地　實在田地山塘基場

均派平米共一萬五百二十六石七斗四合二勺
二抄〔上〕田洲每畝科米七升地五升山二升塘四
升基五升〔中〕田洲每畝六升五合地四升山一升
二合塘二升基四升〔下〕田每畝六升地二升五合
山塘六合基場一升〇荒田三升地六合荒[illegible]

田地共派平米六百一十七石八斗二升一合五勺上中下三等俱準實在科則米派八合每石當銀五錢

待坍田洲地共派平米二十三石九升二合一勺八抄上中下三等俱準實在科則每米一石徵銀五錢

餘科田地共派平米二十一石二斗三合二勺八抄三撮田地山蕩基場俱準實在科則每米一石徵銀五錢○本縣申文并覘則事宜畧

萬曆六年申爲請乞通行丈勘田土以抵坍荒以安民命事查得本縣額設一十九里田地瘠薄在

山鄉者率苦於荒在濱江者易至於淪荒猶可言淪則有不可言者故有全户坍江而形影俱無者有坍江未盡而猶存其半者有形雖未坍而實不可耕種者是以冊具虚名而田無實在難存本户而差累包賠逋負之多率由於此其在崇德四里則尤有甚焉者先年雖有 奏准申允坍江之令有從輕荒白之例而逐年坍洗包賠至有三百餘石每遇追徵少有花歛即稱逃亡甚至一甲無數甲之存而一甲亦無數丁存者逃亡皆欠糧至數

百餘兩久逃排年趙舒等近始復業往往告稱消
乏户甲空匱雖議撥山鄉壹貳户頂補而各户之
苦訴賠累者實若揆赴湯火此誠本縣凋疲之源
所當急爲處分者也先該本縣條陳壹欵議將崇
德肆里併歸山鄉等里申請　前撫院未蒙批允
遂暫中止今據里老莊富等呈乞將縣田地通
行丈勘丈出餘田量以陞抵崇德等里坍渰錢糧
已經參審與論實切生民至計應懇議行合無將
縣縣田地通候秋成後丈量要見孝義等鄉實在

田糧若干崇德等鄉委果坍流荒塗田糧若干分別畝數歷實明白丈有餘田仍照膏腴瘠薄分數以上中下則計畝陞科勘實坍江者盡與除豁惟儘陞科之糧以抵補除豁之數即有多餘不復起科庶山圩相半貧富相兼里併而額糧不減上既不虧　國稅糧均而户無賠累下可以紓民困也具申　本府轉詳　撫　按俱蒙俞允於是博求民情參酌鄙見條陳丈田事宜捌欵曰議丈量以究拯援曰造圖冊以便稽查曰定等則以均田糧

推覈糧以實坵畝曰定弓口以立丈則曰親撥
丈以杜奸弊曰嚴界限以杜欺隱曰議工食以免
科派等因中詳悉蒙允行乃嚴立期限乃遍查
府圖式責令耆民省祭并僉選公正各率弓手書
算照依里分編發字號并子母冊業各諸田所挨
次丈量以山田有積水塘壩圩田高阜者爲上山
田岡坡川半圩田不高不下者爲中山田之高岡
圩田之低蕩者爲下其地塘雜產倣是親歷覆丈
有鹼倒科則者正之以田作地者界之而又立首

正之法以開自新之路丈訖復集各里公正書算人等逐一磨算明白攢造魚鱗文冊照則徵科詭畝輸稅滸因興築城垣大工基址多礙民户田土額科糧畝應議抵除將栁議下則田伍升七合起科改議六升除足會計額糧外尚餘正米二十五石二斗三升九合九勺二抄四以備抵城基額糧之數又照得各冊江田土勢無紀極亦應預處查今丈過淤荒待冊餘科田畝摩算荒白銀兩除會計皆額外實多銀八十一兩四錢九分九釐三毫

縣丑懇欲便除豁查得大子河等處濱江明地
川新山崩坍後有告沒錢糧無從出辦勘實即以抵
除見徵銀兩除解京庫麥折等項水脚申明動支
外餘銀悉應貯庫但里甲坐派及新官修衙什物
等費應辦諸里甲者倘有不敷悉於此取辦一切
里役毫不加派造冊在官每年隨秋糧另出一單
徵納庶原額不虧坍糧有補包賠之累可永無矣
萬曆四十年實在官民田地山塘雜產共二千一百
四十六頃四十一畝一分七厘二毫夏稅秋糧共

派平米一萬五百一石四斗七升二合六勺四十四年實徵本色米六千一百七十九石九斗折色米銀二千三百四十二兩九錢二分二釐六毫四絲外荒白徵銀二百五十四兩五錢六分一釐六絲四忽內該夏稅麥絹銀五百二十三兩七錢八分五釐一毫二絲秋糧折色實徵銀二千七十三兩六錢九分八釐五毫八絲每平米一石徵本色米五斗八升八合四勺七抄九撮折色米四斗一升一合二抄六圭無斗折銀五分四釐二毫一絲

揚州田下下賦下上上錯浦於揚又江壖最薄之地也其田始則官苦糧重繼則民苦勸繁自均糧法行而民始便然糧均矣而額外之征未已民又苦之此條編之法所由行也夫條編計諸費一切取之賦非輕也便在取之不數爾顧民有大不便而上下若相忌者其均田之法未行乎今申准清丈定以上中下之則取糧額計畝派之賦不加舊數與畝協如是而謂之均糧謂之一編則誠均誠一矣所患猾民貪必將更僞於人則又有田去糧

存移斥換隱之弊於上之人嚴爲禁戢則此法庶平可常存矣先儒謂均田爲政之先務願相與世守之毋廢

起運南京各衛倉麥折銀四百九十六兩四錢每石折銀四錢准正麥一千二百四十一石

兑軍本色米一千九百七石七斗二升四合折色銀一千七百三十四兩九錢三分四釐三毫四絲四忽五微本色正米三千四百九十四石奉例改折六分

糙該折銀米二千一百三十一石二斗四升

存並米所蓆耗折銀七錢該銀一千四百九十一
兩九錢二分八釐內五錢解部二錢解淮餘正米
一千三百六十二石六斗六升每石加耗米四斗
該耗米五百四十五石六升四合過江脚耗米十
升內扣一升折銀六釐備開河挑淺該銀八兩一
錢七分五釐九毫一絲餘六升折銀三分六釐該
銀四十九兩五分五釐七毫六絲二六輕齎米二
斗六升折銀一錢三分該銀一百七十兩一錢四
分五釐八毫蘆蓆米一升折銀五釐該銀六兩八

錢一分三釐三毫隨糧撈木松板銀一兩八錢五
釐五毫二絲四忽五微
改兌本色米六百九十石
八斗四升四合二勺折色銀三百一兩四錢七釐
六毫九絲五忽
本色正米九百九十一石奉例改
折四分六釐五毫該折銀米四百六十石八斗一
升五合每石正米并蓆耗折銀六錢該銀一百七
十六兩四錢八分九釐內五錢解部一錢解淮餘
正米五百三十石一斗八升九合每石加耗米二
斗二升該耗米一百二十九石六斗六升七合二

分六抄過江脚耗米七升内扣一升折銀六厘備
閘河挑淺該銀二十六兩九錢一分米六升折銀
三分六厘該銀一百六十一兩四錢六分蘆蓆米
一升折銀五厘該銀二十二兩四錢二分五厘

萬曆四十四年會計免单本色正米三千四百九十
四石每石加耗四斗該耗米一千三百九十七石
六斗共正耗米四千八百九十一石六斗改免本
色正米九百九十一石每石加耗三斗該耗米二

百九十七石三斗共正耗米一千二百八十八石

三斗

萬曆四十一年疊華徵糧積敝 署縣事本府通判即

文煥詳所稱親民者惟邑長最而佐司糧者

於民為尤最親之然者正為可用愛也非念切痌

瘝淵邑判與而興革之民安所賴乎浦糧事所於

淨徹收時每派及里甲剝可洋繼百用充儲倉應

手詳費然費小需二四十鄉解行覓解乾沒此弊

起不知何所始世煩人口然我代失歲終不能令

而無章辭夫署篆適留欲揑捌蘆滑故事乃斷然

嘆曰浦僻小地南北衝驛民力疲極矣卿常識尚

不克供別茲無藝其極之也勞念前一切費無從

以佐吏思之待所為風耗糧者六十石有奇私計

以為糧儲倉無幾時即風耗亦能幾何已科其值

又與所費之數相當遂而為條議以請臺從者謂

當大尖大京兆咸報曰可以六十石以垂永久夫

今之業甲官者不巧[illegible]同風安享其常例償

猶賢矣乃捐已橐中之貲代民額外之派洗前非

久治之蠱貽後此弊爾之化雖真心愛民而作然
者且認知董簿理然其衆介誠其守而餡民聽政
毅然任事即此類與一事亦可槩其才品矣明經
中有此寧不爲吾同袍喜嵩道諸公愛民普且寔
道解之請適有以膕滌之夫是以上下兩相成也
然必令勒之石者則共抱有黃紙蠲租白紙催之
隱半余將次奉委來郡邑事偶與以舉介實徵有
宗施烏敢僭爲墓道銘以昭衆誨夫其字也起家
進士爲江西浮梁人四十一年查荒典懽懷[illegible]

縣余抵勤石事署應天府江浦縣爲痛洗陋規少益民生事照得本縣原額平米一萬五百一石四斗七升每石歲徵漕糧米五斗八升八合四勺共米六千一百七十九石九斗此外每石另徵耗米一斗共該米六百一十八石九斗九升内支給運官加免晒颺及官旗飯米名濟門樣米應用紙張并鹽脚價等項共該米四百九十四石三斗四合餘米一百二十三石六斗九升六合分給貧生節孝及各役等用蓋以相沿既久恬不爲怪孰知耗

米之微原爲不得已之費如加兑晒颺官旗飯米舉脚等費俱屬有名必不可省若夫貧生節孝囹圄當恤然自有常與米則取之漕米者至於各役編有工食即使竭力効勞亦其分也柰何以有限民膏而供此不急私惠乎况當此水旱頻仍之年正閭閻重困之日本縣日莫皇皇方恨濟之無策乃今查前獘益爲痛心所宜亟請而亟除者也該本縣知縣余根備叙前情具内申詳　本府蒙批裁革陋規甚微節愛之政如議行繳并蒙　學太

饒　批撫議單免安費耗米具見恤民實心垂
之來父民之受賜亦不少矣仰著為定規遵行繳
須揭示曉諭令納糧之戶俱實沾可也又蒙　本
府并江防督糧馬政理刑各廳俱批如議除將該
年徵收漕糧事理出示曉諭外合行勒石諭一十
九里糧長納戶人等知悉原每糧一石徵耗米一
斗議減一升五合今永為定規小民各宜遵守毋犯
奸頑里排欺朦侵徵有負本縣切諭如違依律重
究故諭

南京各衛倉折色正米銀八十五兩柒錢九分五釐五毫（正米一百一十一石五斗九升一合每石折銀五錢）安慶府本折米一十七石八升（每石折銀五錢七分五釐當州米斤二三合改折）南京庫絲折銀三百八十兩一錢三分（草一萬二千六百九十一包每包折銀三分）南京戶部定塲草折銀四十四兩貳錢六分二釐（草二千四百五十九包每包折銀一分八釐）南京庫絲絹三十三疋共折銀二十三兩一錢（每疋折銀七錢本色一分二釐折色一八

[illegible]八匯

絲以折絹絹以折桑緜布縷之征聖王所不廢也絨絨計其數則一十二疋有奇謂奇不便納加之爲三十有三本折各半則十六疋有奇又謂奇不便納復加之爲十有七夫一絹之派未足多顧貢諸

内府有綱司等費勒索不堪若之何其可也

歲徵折色類府解部民受其賜矣

本府塩糧銀四十一兩四分遇閏月加銀三兩四錢二分爲廟冊申才兌解紙給本縣長夫工食

存留麥折銀一百八十七兩九錢三分五釐六毫五絲五忽此項名色今已減去改徵長夫工食八十兩官軍行糧銀一百二十五兩七錢四釐五

本色縣俸給倉正米三百五十石每石徵銀五錢共該銀一百七十五兩江淮巡檢司俸在內今加銀六兩但無耗

儒學俸廩米三百五十石每石徵銀一兩共該銀三百五十兩先年裁革訓導一員該正耗米三十八石一斗六升久不派徵

縣學俸給每年支剩折銀一百五十兩折給長夫工食

差役

[illegible][illegible]每里設長每長率十甲首十年一輪催辦糧
賦爲正役自是有胡　觀祭祀鄉飲科貢牛犢等
費今兵皂隸民壯均工夫養馬等差其法曰里甲
曰均徭曰驛傳歲有增減嘉靖十六年撫院會議
里甲分歲辦歲派歲費均徭分銀差力差俱自丁
糧編驛傳自站糧編隆慶元年按院行十段錦三
年撫院行一條編分均徭均費有丁田有會計條
編共該銀六千七百五十九兩二錢二釐四毫九
絲五忽七微一纖八塵一渺外閏月銀五十六兩

四錢二釐萬曆三年本府書冊每丁徵銀三錢每糧一石徵銀二錢八分五釐九絲九忽共編銀四千九百一十一兩四錢四釐三毫四絲一忽四微八纖七塵一沙實減銀一千八百四十七兩七錢九分八釐一毫五絲四忽二微三纖一塵閏月銀如故六年本府續編書冊加銀一錢九分六釐七毫四絲不必派徵在撥剩銀內動支抵補萬曆四十四年會計實徵丁田銀六千二百七十七兩二錢二分九毫一絲八忽三微成丁七千四百五十

七丁除優免外實當差七千五十八丁每丁派里甲銀七分五厘均徭驛傳銀一錢二分五厘共計銀一千四百一十一兩六錢平米里甲下免每石派銀二錢八分八厘二毫八絲八忽八微均徭驛傳除優免外每石派銀一錢八分一厘一毫六絲一忽五微共計銀四千八百六十五兩六錢一分七厘九毫一絲八忽

里甲銀三千五百五十七兩八錢五分六厘二毫三絲九微脈萬曆七年增銀一千一百一十六兩

七分二絲

禮部蒼朮二千五百七十斤每斤銀五厘該銀一十二兩八錢五分徵解本府買辦類解今增正料銀五兩一錢四分又增水脚銀一十二兩九錢五分三毫七絲

吾郡蒼朮原額二千七百斤惟泒句容溧水耳直峕丁未遂增五萬九千四百乃以三千八百五十斤泒於浦徵銀買解船載經年浥爛瘵多不堪上納在京重購費銀價高解戶之累極矣大京[illegible]

公條奏　廷議允之始獲減三分之二仍欲逓年
減派以期復舊斯民不求利哉
兵部備用馬本色馬二十匹每匹三十兩折色馬
二十七匹每匹二十四兩共銀一千二百六十兩水脚銀十
二兩六錢解府類解南京兵部本色馬三匹每匹
銀二十四兩共銀七十二兩水脚銀七錢二分徵
解赴府掛號萬曆三十九年本府正堂陞　帖文
內開南京兵部大馬已經　題准各縣俱徵解折
色着為定規一切馬頭買馬養馬本色盡行洗除

仍勅石縣前諭家通知兵部草料銀八兩四錢一
分五釐八毫四絲水腳銀八分四釐一毫伍絲八
忽四微鮮府類解外有抵給江淮御馬價二百四
十四兩工部四司料價銀一十七兩二錢四分二
釐水腳銀一錢七分二釐四毫二絲鮮府類解工
部磚料銀一十七兩一錢八分二釐水腳銀一錢
七分二釐四毫二絲鮮府類解

歐陽恭簡撫應天知浦衝繁已免坐派矣自嘉靖
壬子派以磚料乙巳派改料價而二端遂入里甲

夫用不急之務徵諸不堪之民往歲長吏嘗陳之三
竟未獲免司邦土者其謂浦繁耶簡耶衝耶僻耶
南京禮部曆日紙 銀五兩[illegible]錢[illegible]銀二錢三
分八釐二毫 祭祀 文廟啓聖祠[illegible]州[illegible]祠社稷
壇風雲雷雨壇春秋各二祭[illegible]共銀九
十八兩 鄉飲二次共銀二十兩 [illegible]
香講書紙墨銀七兩二錢 季考生員 [illegible]銀
一十四兩 歲考生員試卷等銀二十兩 [illegible]銀
六兩六錢六分六釐六毫 歲貢生員酒席盤纏銀

六十兩每年共銀三十兩應試生員盤纏銀一十
八兩五錢每年徵銀九兩五錢 科舉才官厘嘿等
宴脩理等銀一兩八錢二分四厘六毫年年徵銀
一兩六錢八厘 科舉轎傘銀五兩每年徵銀一兩
六錢六分六厘二項收候本府支取 科舉對讀生
員十四名每名銀一兩 科舉謄錄書手皂隸書手
十五名皂隸四名每名各銀一兩連對讀生員銀
共三十三兩每年徵銀一十一兩 中式舉人銀四
十五兩四錢五分七厘六毫一絲七忽一微一纖

九歷九次每年徵銀五兩一錢五分二厘五毫四絲二忽四微

舊舉人會試盤纏銀一十九兩三錢二分二釐二毫每年徵銀六兩四錢四分六毫八絲加派編一倍

舉人歲貢入監銀十二兩每年徵銀四兩

以上十餘欵備談經校藝大比賓興均之爲士設也十上當家食即荷

國恩粟米之征計田地各百餘畝而會饌之役派及八夫僅足每年當數自是而貢舉其費殆將十倍

靜思所自孰非吾鄉之齊與將識惟窮恐負鄉人

斯逵能不負

天子

養濟院孤老柴每人初六錢四分夏冬布花銀四

兩八錢

鄰邑卹政所給俱數十金惟浦爲最少民轉溝壑

有縣哉觀風者每加意焉曷若益其費而收其人

也

本府朝 覲本冊紙劄工食銀五兩每年分 一

兩共錢六分七釐　本府抄案銀十七兩七錢八分四釐七毫　本縣朝覲知縣盤纏銀六十兩今增典吏二十兩吏書各八名刷本冊紙劄工食銀一十三兩共銀一百九兩每年徵銀三十六兩三錢三分三釐六毫　提學察院供應銀四兩八錢五分七釐五毫水腳一分一釐九毫又加編銀三兩八錢八分六釐　本府修衙銀六兩六錢六分六釐六毫解府本府到任家火銀二兩一錢五分今裁給長夫工食　本縣修理衙舍公費銀二十兩今增十兩

新官到任祭宴知縣銀四兩主簿三兩典史二兩
共銀九兩每年徵銀三兩　新官家火知縣銀十二
兩主簿八兩典史六兩教諭六兩訓導五兩共銀
三十七兩每年徵銀一十二兩三錢三分三釐

士君子宦游其地器用不可無也額編有費而類
責諸見年官箴安在乃今於里甲纖毫無與焉抑
我客戾止每器用取給鋪戶勞費甚矣迺出價直
備物在官各以簿正專人守之舖戶悉免追呼聽

候之樸法莫便焉者也因并識之以爲司牧者告

桃符門神祭牛芒神銀三兩祭院府舘并本縣祭衣銀一十二兩本縣支應公費銀三百二十兩

浦爲南北衝衢士大夫出入留都者率爲駐節地其祭江等費并承上之儀寔不能已自歐冊歲編二百金里長月領一十六兩應辦日費不貲將何以給爲是邑者弗獲已而立紅单凡公費不敢上閭恐以此取然銀無定數民稱不均後輩奏申免加編假邑足數顧猶責諸里甲雖欲蘇息得乎邇

者華里役輸支發縣令悉率管備戶房掌認號遵各行物價照時估給左右無計勒減茲固不留易之法匪徒各里解懸而已也

浦子口戶部分司柴炭銀一十二兩本縣公堂日費油燭等項銀二十兩走遞夫皂夫二百七名每名九兩皂隸四十名每名七兩二錢共銀二千一百四十四兩額設八百八十二兩折色八十兩俸給一百一十兩本府協濟六百七十兩海防三百四十兩九錢本府免解鹽糧馬夫家火新卒總

共七十二兩七錢九分分司皂隸工食抵給二十
八兩八錢餘銀於斗稅各項補足

浦爲四衝之邑供應煩費莫甚於夫條編未行之
前歲徵繇役銀兩貯庫以待僱募每位　皇槓官
使等差輻輳絡繹用夫五六百名多或至千名則
責之里排慌召各里鄉夫謂之趕紅单守候稽遲
立五日始應一差鄉夫不足小民以擔負入市者
輒被牽繫賠累苦有不可言者隆慶庚午大中
丞劉公議將各縣協濟夫息并東葛舖編爲驛銀

募編長夫二百五十名每月給工食九錢未幾縣議浙江等處協濟催辦之難遂減編百名并減工食三分之一後復以禁革借行勘合紙牌事例止存夫八名自此夫役益困夫頭邊邊逃避不得已漸復至二百七名月給工食二分五厘近者淮河淤淺一應水運　皇槓等項闔便改陸每差役叢集用夫愈多至有一名僱覓三四名者數年間致透支工食幾六七百兩于是令君余定爲裒益之法於差少時每放船扣銀五兩候差繁之日照數

給與添僱庫銀不致透支而應差不至遺悞近來節省之議例减伍厘既而令君力請于姚大京兆申文復舊上下便之不然何以紓民困乎

聽用什物轎傘卷箱槓架白牌燈籠等項銀六兩九錢上司操演民兵花紅等項銀八兩雲亭驛廪米銀二兩伍錢衙用監匠役衣糧銀一十五兩八錢二分五厘備用銀二百兩此項專聽撫按及各院支取禮儀并作興本縣一毫不得自專且係歲有定額非可增減者

東坡以中令方之孔保吉哉言夫天下赤子之累孰甚於里甲乎見年輪當之外各甲復有僉解站倉諸役一里十甲盼盼焉無寧歲大中丞丁公往令句容創行一當九甲無累民苦役之近行各屬悉做前法遵行一年輪役九年安閒倘所謂斯民之福星耶

附牛犢南京太常寺二十隻今奉帝王廟五隻止一十五隻每隻銀伍兩每年銀三十七兩五錢二年一辦共銀七十五兩原派高淳徵銀解府辦解

本縣係牛戶領銀買解

均徭驛傳銀共二千七百一十九兩三錢六分四厘六毫八絲視萬曆七年增銀二百四十九兩六錢五分四厘八毫九絲

本府經歷知事馬價每員銀十兩共二十兩今免角抵熱長夫工食本縣柴薪皁隷知縣四名主簿二名典史一名每名銀十二兩共銀八十四兩遇閏每名加銀一兩　馬夫知縣主簿典史各一名每名銀四十兩共銀一百二十兩　儒學齋夫教諭訓

導各二名每名銀十二兩共銀四十八兩遇閏每名加銀一兩膳夫二名每名銀二十四兩共銀四十八兩遇閏每名加銀一兩皂隷巡倉察院四名每名銀七兩二錢共銀二十八兩八錢浦子口分司四名銀二十八兩八錢抵給長夫工食本縣二十四名每名六兩二錢共銀一百四十八兩八錢

續編兵備道二名共銀一十四兩四錢門子皂牢察院二名本縣察院六名浦子口分司一名泰萬館一名兩門館一名每名各銀三兩本縣二名

名銀四兩儒學四名每名連續編共銀六兩通計
銀六十五兩庫子本縣二名革儒學二名每名六
兩共銀一十二兩

最苦縣庫之役歲費不貲其率致破產蓋均徭中之
最重者也自條編之法行是役始革民稍得息肩
矣乃典守司於一吏出納易以作奸西安徐侯爾
一清理之未幾調去迨今而侵那透支遂至三四
千金支吾推諉莫可窮詰余令君下車苦心殫力
釐夜稽查庶得其故逮諸不法者而嚴督之宜補

者補宜抑者叩及格即為註銷如期即為詳豁不踰時而帑藏肅清令君賢聲上達而臺議調句容大京兆特為轉請以浦方少蘇柰何奪此與彼用是用罷調而浦因得借寇至今乃者支放成規具在後事者遵為畫一雖其永賴乎

斗級　本縣預備倉二名　俸給倉一名　儒學俸給倉二名每名銀六兩共銀二十六兩四錢　巡攔浦子口稅課局八名每名銀五兩今奉裁革召募充役

民壯　本縣六十六名每名銀七兩二錢共銀四百

十伍兩二錢加編兵備道九名每名七兩二錢共銀六十四兩八錢吹手一十八名每名七兩二錢共銀一百二十九兩六錢加編撫院吹手工食銀三十兩八錢

舖司兵七鋪共司兵三十七名每名銀五兩共銀一百八十五兩

随操墩夫二十四一名

沿江墩老墩夫二十四名每名銀三兩二共銀一百八十一兩九錢八分九厘

守城快手二十五名每名三兩六錢共銀九十兩

燈籠夫一十六名每名三兩共銀四十八兩

獄卒本府司獄司一名

銀九兩六錢今申允抵給本縣長夫工食本縣四名每名七兩二錢該銀二十八兩八錢海防銀三百四十兩九錢八分七厘三毫今申允抵給本縣長夫工食操江帯徵兵餉銀一百兩池陽營兵餉銀二十二兩四錢四分二厘五毫撫院牙兵銀二錢五分按院廩給并監生廩糧銀十兩兵道什物銀三兩加編公費銀一十六兩三錢六分三厘八毫水手銀四兩二錢三分五厘太僕寺獸醫短班一名銀一十二兩十年一觧每年徵銀一兩二錢

續編長班二名每名銀八兩四錢共銀一十六兩八
錢
附匠班實存八名每名銀四錢五分共銀三兩六
錢俱匠戶出辦

條編之法一切差役計丁田而收其庸稱最便矣
第丁多苦貧田易取辦故萬曆十五年以後議丁
止徵銀二錢其加意窮甿非淺獨計田有惟正之
供乃差徭加派日益月增雖歲會額用不得議編
而衝疲供應民不堪命視他邑數倍若兵餉諸費
不可通融裁減平寬一分民受一分之賜不能不

為司邦土者望焉

江淮驛騾價銀一百九十九兩五錢　江淮驛驢三頭每頭銀二十一兩共銀六十三兩　大勝驛馬驢中馬一匹銀三十八兩下馬一匹銀三十五兩三錢三分驢一頭銀二十一兩共銀九十四兩三錢三分今詳允將江都貢應二縣原編東葛馬價內抵解改撥銀七十四兩三錢三分於江淮驛二十兩於東葛驛

附江淮驛支應銀兩　原編本縣并各縣協濟銀未

共廿六名後革舘夫徵銀給驛令官吏代爲支應每年共支應銀四百八十兩走遞馬驢原額上中下馬四十三匹新編馬三匹原額驢三十九頭申改馬二十四匹共馬六十六匹一例輪差每年浙江等處馬驢草料鋪陳共銀二千七百九十七兩三錢一分每馬一匹仍帮養戶役驢一頭荅應往來上司旗幟火手農民騎坐

東葛城驛每年共支應銀二百九十六兩一錢四分走遞馬驢額編馬五十零半匹驢二十八頭每

年草料等項銀共二千零九十九兩八錢九分

古有廬宿侯館委積以待賓客禮也浦驛傳屬當孔道而邑又最疲何以使賓至如歸耶況冠蓋相望庖餼若流而公使需勒之狀尤有難盡言者乃協濟銀兩往往不以時至少有窘迫即至挈貸是何異於至窶之家日應必不可謝之賓而坐待於不可必得之濟其能支否耶恤民艱者必嚴協濟之期盡袪驛餐索之弊庶所入者常足支其所出豈惟敝邑有瘳哉抑亦四方君子之幸

課鈔

蘆洲鈔每里六㘬砍蘆充里甲供需名均丁洲成化中通民告將新生洲撥補坍江名地畝洲又西江巡檢司哨設　兵四十名砍蘆納課工部名号兵塲洲弘治初工部郎中毛科奏將均工洲号兵塲洲并新漲洲悉赴工部起科納課嘉靖三十二年有楊州民開墾爲田後節年奏例復蘆其頃畝課互有增減見今洲共[illegible]頃七十一畝四分八釐五毫二絲三忽課銀七百四十九兩七分

一釐一毫六絲六忽九微五纖三塵十渺

梅子洲二　一在天河口計一十五頃九十七畝六分九釐六毫課銀四十八兩□錢五分□釐五絲

一在西江口東河計三十□畝八釐七毫五絲課銀一兩四分六釐五毫

梅子老洲　在馬鞍山對三十六頃五十四畝五分四釐八毫課銀一百六兩一錢八分一釐九毫二絲

獺猫港洲　在梅子洲後計八頃一十四畝三分一釐六毫課銀二十三兩五錢七分七釐一毫六絲

梯子洲　在西江口□

洲計三十一頃六十六畝八分六釐八毫七絲課銀八十八兩九錢二分四釐五毫二絲　長洲在深溝口計六段共四十二頃一十六畝一分二釐七毫二絲一忽課銀九十二兩三錢四分八釐二毫八絲九忽五微　鷄心斷腰洲在黄泥灘計一十五頃六十八畝六分八釐一毫二絲五忽課銀五十九兩六錢四分五釐二毫九絲五忽九微五纖　鷄心洲在深溝口計二頃七十三畝五分三釐九毫六絲課銀一十兩九錢四分一釐五毫八絲四忽

黃泥洲在江淮關外浦滁河口計二十二頃三十二畝三分九釐一毫六絲七忽課銀七十七兩六錢五分一釐八毫四絲七忽五微九纖 浦字二十四號四十一號洲在深溝下計七頃八十八畝六分四釐六毫課銀三十八兩六錢六釐一毫二絲 深溝洲在望江樓計一頃二十六畝七分五釐課銀四兩六錢六分二毫 深溝口下洲在深溝口計七頃一十八畝八分一釐二毫五絲課銀一十四兩六錢九分一釐七毫八絲七忽五微 鞋底洲在望

江樓計四頃三十畝八分七釐七毫四絲四忽課銀一十四兩六錢二分七釐三毫五絲七忽七微

關門望江柳林洲在江淮關外計一十七頃八十三畝六分八釐七毫課銀四十八兩八分一毫九絲一忽

關門過船港漁洲在江淮關外計二頃四十四畝一分一釐七毫課銀六兩八錢二分八釐二毫三絲七忽

火藥洲在過船港計五頃三十八畝八分五釐四毫課銀二十九兩二錢五分二釐七毫九絲

荷葉洲在八字溝計五頃二十一畝四

釐三毫八忽課銀一十五兩三錢二釐七毫一絲
四忽三微四纖三塵一沙　白沙永洲　在王家溝計
一十四頃五十八畝四分四釐一毫三絲八忽課
銀六十八兩四錢四分三釐七毫二絲八忽八微
附地畝蘆洲俱係成化間告補册江
深溝兒口下洲　地共一十七頃二十　畝係白馬
鄉民六十二戶告補　黄泥灘二處　共地二十一頃
三十畝係崇德鄉民五十五戶告補　鞋底灘小洲
地三頃六畝補轄黄泥灘六戸之數　斷川鶴[illegible][illegible]

洲尾洲地十三頃二十八畝係白馬鄉民二十六户告補西江口對岸洲地一十五頃九十八畝係崇德鄉民六十六户告補張家等圩江邊洲地七頃五十二畝係崇德等鄉民二十七户告補江淮關對岸洲地廿三頃一十一畝係崇德等鄉民三十一户告補馬墻溝江邊老岸相連地十一頃五十二畝係崇德鄉民四十六户告補西江口連崇德鄉地畝蘆洲共五十八畝係白馬等鄉民七户告補急水河邊熟地洲共九頃四十五畝係任豐

鄉民告補　本里均工洲尾共廿八頃五十七畝係
遵教鄉民二十户告補
沙洲一帶皆崇德鄉地則蘆洲之利皆民利也內
巡檢司弓兵塲洲雖屬工部蓋亦無多餘如均工
洲原屬江浦爲里甲之費俗所謂心紅紙劄洲也
其續漲新生洲亦以補坍江之稅糧自弘治間踈
納工部課遂令勢豪之家窺見水影即告部陞科
將民至疾視而誰何不思坍江之地浦地也則方
生之洲浦之洲也吾民受坍江之害而豪家儸

新洲之利洲民隱者寧不一惻念哉以吾民本有
之利而盡歸之部在
國計不曾滄海之一滴在吾民失此有莫翅餓餘之
剝膚矣安得在勢者一舉反手之力
官房原額七百五十一間一十四厦一十二披過路
水磨二所歲賃本折色鈔共五千一百七十一貫
本色鈔二千五百八十五貫五伯文每貫折銀六
毫共銀一兩五錢五分一釐三毫遇閏加銀二錢
三分五釐二毫〇折色鈔二千五百八十五貫五

伯文每貫折錢二文共錢五千一百七十一文遇
閏加錢七百八十四文俱聽令徵完解府類解南
京
內府
按壬午賦役冊官務價五十餘間歲賃鈔米及二
百今所徵鈔貫盡實數迺節鈔有本折銀錢相乘
遂致解納之費嘉靖六年
明詔凡錢鈔折收銀兩宇內莫不奉行浦中折鈔之
錢竟未能革豈非

而節審通難以禁中貴之欲乎

商稅門攤酒醋鈔共七萬四千八百五十六貫門攤本色鈔三萬五千七百八十一貫折色鈔三萬七千四百二十八貫每貫折銅錢二文共錢七萬四千八百五十六文○酒醋鈔一千四百五十七貫每貫折銀六毫共銀八錢七分四釐二毫一絲項遇閏加銅錢四千一百七十八文供稅課局厡年徵完解縣轉府類解南京　內府交納石磧橋鎮牙稅銀一十兩春夏二季每季銀二兩秋冬二季每

季銀三兩置立循環披季交納解府類解

征榷之令亦九賦之一然利權所在民必有受其病者是不可不察也今稅課銀若干聞之交納者共費踰半收者勢必陪索之民稍侵漁之則又踰半矣是利竊歸上而損惟在下民之窮勢若此孰致之也有司者譏務職使不得過取爲之稟解[illegible]免過納之費亦經省之一政也

孳牧

額馬原額一千三百九匹景泰五年加四百四十

匹成化八年奏減四百七十四匹弘治六年奏例
減一千三十匹止存二百五十匹隆慶三年覆奏
例變賣其半實存馬一百二十五匹每變賣馬一
匹徵價銀　兩仍將減去馬匹折徵草料銀三兩
共徵銀三百五十兩類解萬曆三年每馬減草料
銀一兩共徵銀二百二十五兩今入條編

牧馬草場十一處共三十四頃六十六畝七釐七
絲七忽租銀共該二十兩四錢三分五釐四毫四

絲四忽洪武中 命建草場牧馬原額六處後增五處弘治六年 勅科道官倪天民等清覈有礙在縣後堂嘉靖十年差御史張心勘定陞科如今數對鷄場在懷德鄉計七頃三十三畝六分八釐七毫號岡場在遵教鄉計七頃七十五畝七釐五毫龍洞場在白馬鄉計一頃三十畝九分二釐二毫高塘場在任豐鄉計一頃一十七畝四分二釐牢塘場在任豐鄉計六頃八十九畝七分八釐八毫白茄灺場在[illegible]戍鄉計一[illegible]十[illegible]畝[illegible]在豐[illegible]

鄉計四畝　白篠塲在白馬鄉計六　八十七畝一
分　毫　湯泉塲一名湯潭在崇義鄉計四十二畝
七分九厘六毫二絲五忽　石村塲在崇德鄉計六
頃入畝六分八厘七毫五絲二忽　王村塲在遵教
鄉計二頃六畝八分一厘六毫

洪武六年設問寺始以孳牧事責六合和滁浦析
二壤而成縣固宜均其寄養奈何節年增派種馬
幾二千匹非御史大夫劉公特為奏減浦其為墟
平幸遇来大司馬奏稱江千所産不便驗驅一槩

改折色徵解而草場牧地悉納租以禆經費其為
實用既多而地方亦有允賴矣

鹽法

本縣額行淮南鹽

國初皆食於官每以歲納米八升得支鹽三斤永
樂二年令每口納鈔一十二貫每貫支鹽一斤小
口各半正統四年減半收鈔天順七年每口徵銀
一分五厘二絲一忽正德間每口徵銀一分二厘
至嘉靖間止徵銀一厘八毫四絲一忽薪炒存積

糊撐已不支矣惟歲派行單鹽七百六十九引民自買食後增至一千引尋減為八百引又減為七百五十一引仍限綁發私按一百二十斤嘉隆之際無商往來舖户給批赴本府分撥已耳萬曆初始召商到縣然地近儀揚便於私販單鹽假製動撤踰時以故私鹽賤而易售官鹽貴而難行積引經年不能銷繳商虧資斧官累考成遞年減額職此之由繼而告改隨糧隨運尚儀京舉然猶一例槩下單鹽也至三十七年比例以分告准裨補以

橋壩之虛補色鹽之貴價始就平四十五年因商

滯縣引多不能銷繳申請鹽道令本縣代賣運[illegible]

額遂加至一千五百四十一引帶去裡補名目鹽

法疏通而商民俱便矣

錢法

洪武間用寶鈔與古錢兼行其後鈔廢雜用累朝

通寶并開元錢嘉靖以來止用開元滁和六合所

行肉好皆有周郭浦次之浦子口又次之江浦則

輕小甚矣雖嬰權子而行時有壅格之患今通用

出　制錢於地方甚便惟嚴禁私鑄而不使濫惡

柯　何患錢法之壅乎

物產

（穀）稻　秡　黍　稷　麥　蕎　芝麻

（蔬）芹　菁　雍　萁　蒜　韭　莧　葱　茄　竹

萌　荻芽　茭[illegible]　瓜　瓠　菠　豆　葵

萵苣　苦蕒　莙薘　蘿蔔　胡荽　胡蘿蔔

茼蒿　山藥　芋　菌　油菜

果　梅　桃　李　蓮房　杏　栗　棗　梨　石榴

櫻桃　葡萄　銀杏　菱　藕　柿　樝　橘

梧桐子　芡實　荸薺　茨菰

藥　益母草　蒼术　川芎　黃精　枸杞　何首烏

山查　艾葉　麥門冬　土茯苓　香附　桔梗

豨薟　天南星　柴胡　五加皮　車前子

甘菊　牛膝　桑白皮　薄荷　萆麻　皂角

蒲公英　澤蘭　木通　側栢葉　火丹

金銀花　草龍膽　商陸　紫蘇　白芨　大薊

小薊 荊芥 馬鞭 羊蹄 括蔞根 薏苡
蒼耳 夏枯草 茵陳 百合

木類
松 栢 槐 檀 椿 桑 楡 楊 榴 檉
楓 朴 冬青 杞 水荊 黄楊 烏桕 楮
柘

竹類
筆 斑 芽 水 苦

草類
菖蒲 蒲 蓼 葦 荻 鳳尾 虎鬚
萍 茅 吉祥 莎 酸漿

花類
紫薇 紫荊 蓮 菊 薔薇 牡丹

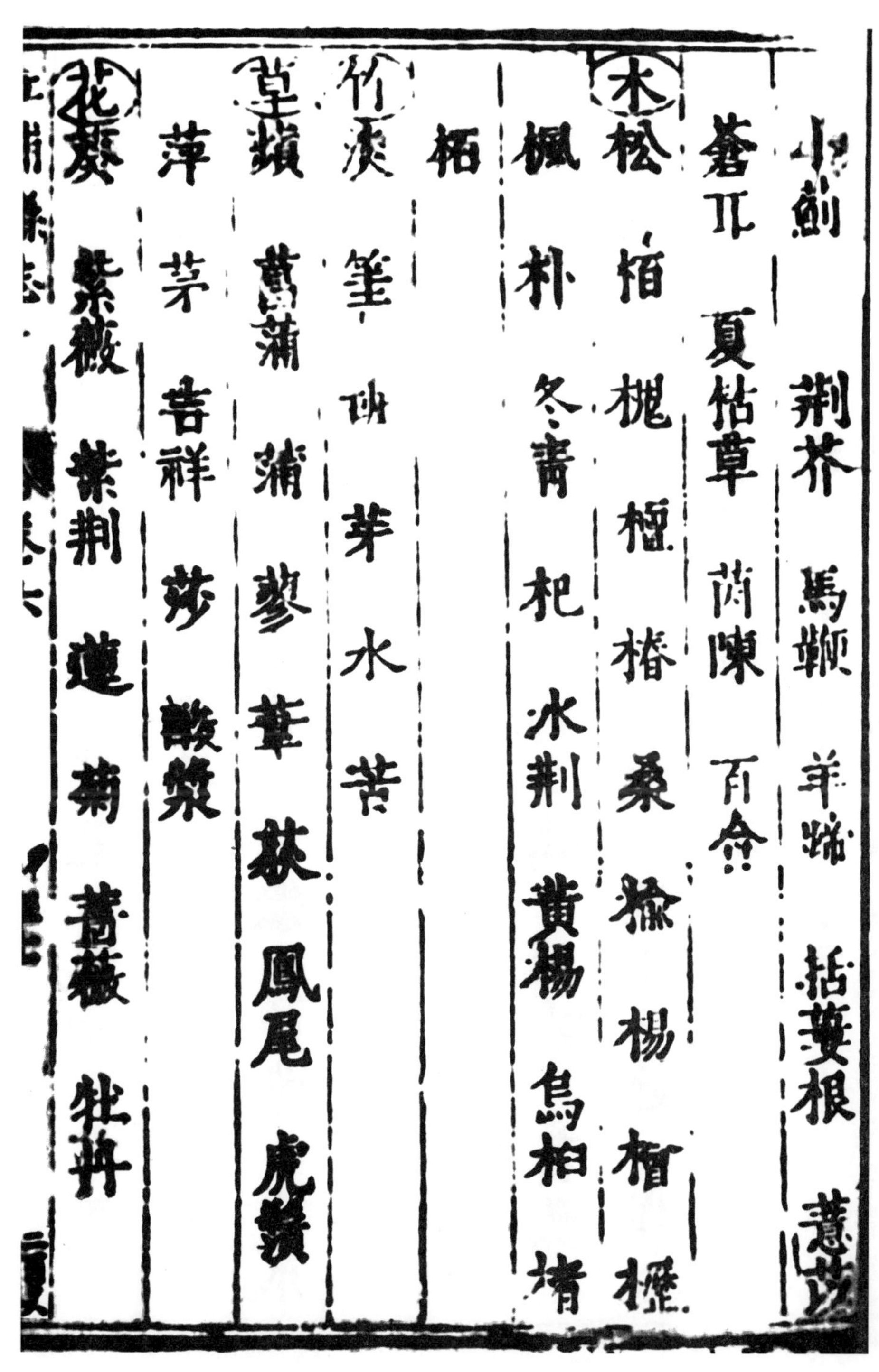

秋牡丹 玉簪 碧桃 鷄冠 鳳仙 荇菜

芙蓉 萱草 瑞香 絳桃 玫瑰 秋海棠

鐵梗海棠 梔子 木犀 月桂 貼棠 龍爪

木槿 山丹 辛夷 綉毬 剪紅羅 夜合

茉香 罌粟 海東紅 荼蘼 山茶 水木犀

鳥

鴈 青鶴 鷹 鷺 鵲 鷗 鶺鴒 黃鸝

鷥鷲 鴉 燕 鳧 鵓鴿 天鵝 鶉 雀

鳩 雉鷄 畫眉 布穀 鵝鴇 鵪 百舌

鴶 鴿 竹鷄 翠 蔴雀 水鴨

獸　虎　兕　貛　狼　狐狸　獐　野貓　獺

畜　牛　羊　馬　騾　驢　犬　猪　雞　鵝　鴨

鱗　鯉　鰣　鯽　鰱　鯰　鱖　鰻　鯖　鱔　鯿

鱭　魺　鰺　河豚　鮀

介　龜　鱉　蟶　蝦　螺　螄　蚌　鼉

蟲　蜂　蟻　蠶　螢　尺蠖　蝸牛　蜻　蠅　蚊

促織　蝌蚪　蜘蛛　螳螂　果蠃　蚰蜒

莎雞　蚱　蟆　蛾　蠅虎　蜈蚣　螌猫

蜥蜴　伊威

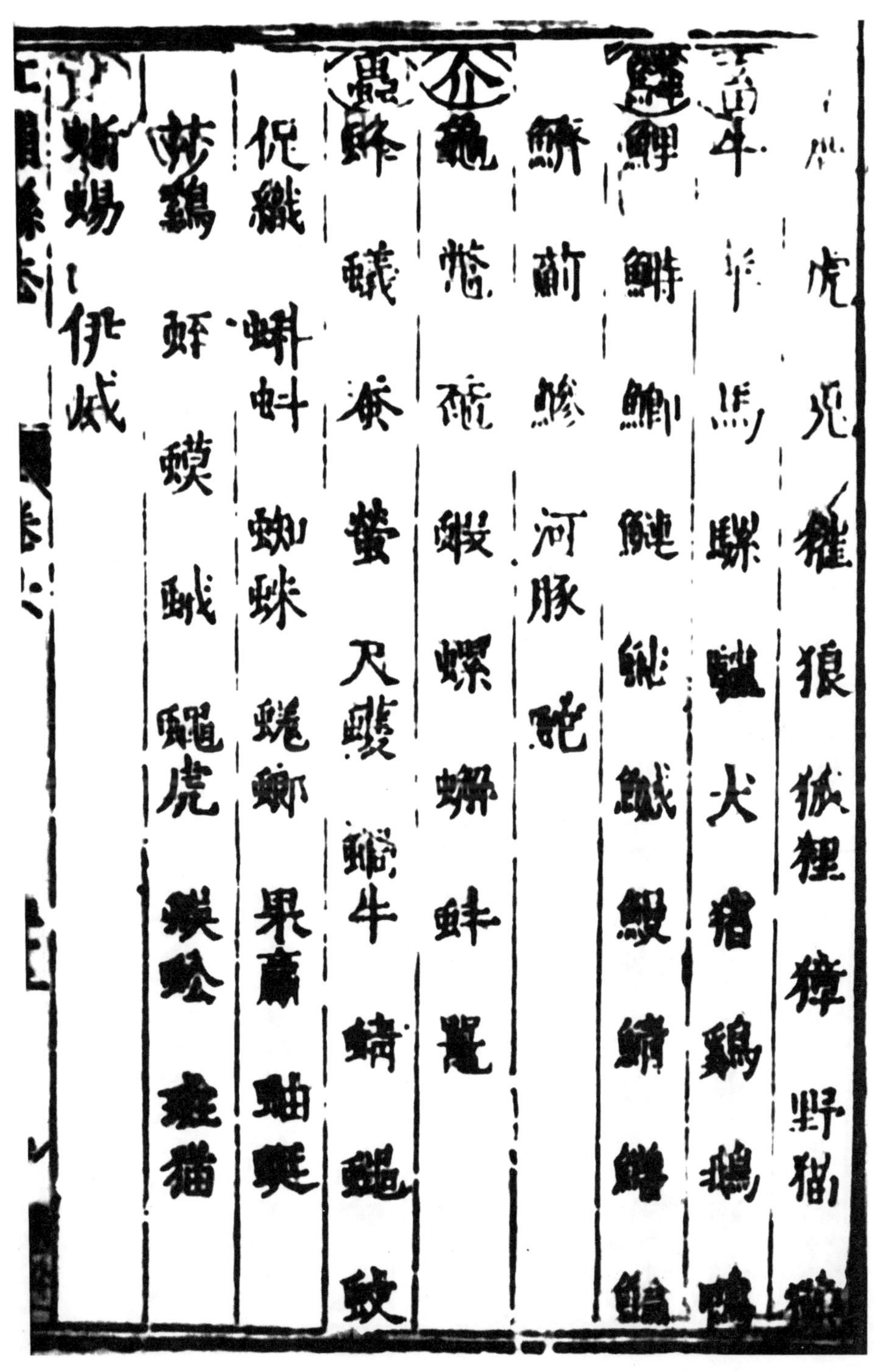

貨類　布　竹　綿　靛　油　蜜

物之產於浦者大都與旁郡邑無甚異錄之以備一方之有也其序以性良而適用者爲上備長者用次德浸無所關者後之甚瑣者不錄亦以高人倫於物則之中嗟夫物且有貴於人乃人之貴於物者何如可以人而不如物乎觀物者宜自省之

論曰今之賦役即孟子所謂粟米布縷力役之征君子用一緩二非止曰愛下亦勢不行也晉燕[illegible]致此矣鄉圖之攤稅未絕則戶口之逃[illegible]不[illegible]

役之爲費無窮而田賦之所入有限課鈔孳牧凡以爲一之利而權商之計則蹤錢鹽物產惟以在利之名而貨財之實則匱如是而日加休息焉猶懼民之莫甦也乃田糧追於起運丁差急於公需安能用　而緩二乎民就困而亟求之是負薪者之反裘也爲毛之憂是求野馬之御馬也將有佚之患普乎陳逢滑之對懷公曰國之興也以福視民如傷是其福也夫福不作興而存視民之如傷君子可以爲浦造[illegible]矣

江浦縣志卷之六

江浦縣志卷之七

江浦縣行取知縣李維樾重修

水利志

國朝最重水利諸泉池河渠著在令甲者可考而知浦雖小邑而水泉之爲利所在有焉顧地道有疏盈人事有興廢獨對江河之濟便民避驛陳侍御李邑侯功德不朽埀天壤哉作水利志

珍珠泉 在縣治東北二十里定山右灌田甚廣居民置水車十餘爲利萬曆十七年建龍王廟于泉上

南京兵科給事中徐桓記爲贈與寅恭余李明
命偕司馬王公躬恤貧餒時值大旱四野盡赤[illegible]
條枯竭景象不可名狀獨浦口西門外環旋二十
里許麥秀花茂黎民樂業若不知有旱者余異而
問之則曰此珠泉地也隨往探見群岫中湧二泉
噴散[illegible]珠累[illegible]自下起晝夜不捨俗傳爲神龍所
棲御大旱不[illegible]來爲斯民利余喟然歎曰民知其
其利矣弗思崇其報乎衆[illegible]然與報賽之恩唯唯
退與孟夏大閣畢又偕待御李公司馬陳公[illegible]將

身侯公載往觀焉咸謂珠泉勝甲天下其利民
一生人衆祀不可無所相與經始爲建龍神祠又恐
土木費鉅重煩民力也捐俸若干屬守禦彭君經
營之守禦材爲董作得法而江浦令鄭君與二三
父老歆神惠者又爭持錢穀相助不謀而集也工
役方舉適大司馬楊公偕中貴高公刑公大寧侯
陳公新建伯王公亦奉
命視師江上聞奉事共樂助之甫及五旬輪奐駢翬
鱗然翩壯麗落成矣其制倣畫舫齋式即泉之中

創臺榭前為高閣南向則神居焉中為齋一室繚
三楹其東西登覽者憑欄一望雲水一色恍如天
上光鏡中行矣下有長橋如虹可通小艇北為平
臺以觀象所衝激又其北為高亭名曰復樂為禮
神者所憩亦諸大夫使者覽勝於斯而勤民瘼之
想者乎工且訖而民部張公政駐節焉樂觀厥成
以事不可無紀徵予言余謂甫山為金陵保障神
又能為浦民保障其洄澤利賴垂千百世則為我
國家鞏固根本重地者亦垂千百世無疆矣祚休之

詩且文章章如此斯舉也固不直為浦民圖報亦
為我
國家肇祀也神威顯赫更著靈異俾雨暘時若江水
澄清則俾後君子必有以神功奏聞於
朝勅加祀典者疏父老其厥祀之無息因紀其事於
石且系之以辭辭曰惟神有靈九天通能沛甘澤
兆年豐祈禳必應神之聰黎庶得安神之功此不
為浦異他境同吾州之靈靈獨鍾金陵重地頼拼係
萬世山河一統小珠璣紫紫貢數龍勝甲天下澤

壻岑神之為施厚且偏我土我民感由衷响嚬風調澤更洪厭神轉以語大空勿俾雖暑一時訖勿俾旱魃一時逢百千萬年居新宮於以報賽於無窮

湯泉在治西南三十五里數泓湧出流入後河近泉用地頗以灌溉者甚廣水利輪日分放立有成規無敢違阻

湯溝泉在治北三十里駱駝峯一泉流入三汊河淋川數十頃有水溉為利

烏江泉在浦子口城滁河波門外界六合一名皋水泉可溉田亦有水磨
韋游溝在縣治西南近烏江鎮溝引江水至鎮溉田一五百頃開元中烏江丞韋尹開貞元十六年令游重彥又治之民享其利以姓名溝今廢
皇殿圩在縣治東半里蕭殿圩七十畝周圍營地三頃有奇隆慶間知縣王之綱議堪開鑿具申按院將佃附扦小渠○萬曆七年知縣沈孟化因戒工費不出丁壯外措處不辦議將空地酌派縣戶上銀九百餘兩隨與執業六年

後照則輸稅具申撫案批允八年建城因民納銀
不前復申得每畝減銀六錢民遂開墾成田〇萬
曆七年申爲議豁荒田事萬曆六年十月二十四
日承奉本府帖文抄蒙 巡撫都御史胡 憲票
發下告示一張票仰本縣官吏遵照票內事理即
將刊完告示并遵奉日期緣由徑自申報 本院
并本府查考等因奉此遵行間續奉 本府帖文
抄蒙 本院案驗准戶部咨亦爲前事備仰本縣
官吏查照案驗內事理即將應豁荒田行委賢官

共先將賊名并遵行日期著實敘行毋以虛文塞責緣由申報等因奉此隨經行准本縣知縣沈孟化遵行發下告示照式刊刻遍發本縣市鎮鄉村張掛曉諭召人告報荒田開墾但因本縣田地多係濱江隙地頗少奉示曉諭三月未據告報已將遵行日期緣由并刊刻告示一張申報及案候嚴行查覈據有告報荒田開墾另文申詳間今據孝義等鄉里老晷大成等告稱本縣近因造城錢糧不敷百計措處竊思 皇殿圩空隙久議開墾

除殿基外約計三百餘畝將附近人戶照畝納價以為築城工費等情據此據志帝殿在縣治東乃成祖南狩北還行在之處久為衆家牧放向以皇殿所在遂弁週圍空地一槩荒廢致未召佃今據告爭前坪隙地已經嚴令公正秦彦章劉應詔帶步弓手王倫丈量殿基三十九畝四分八釐週圍分作大塊共量計三百二十七畝一分四釐具呈回縣又經本縣覆覈相同看得　皇殿坪原係帝殿基址久閒不敢輕價告佃以致荒蕪廢爲

此地曾經前任王知縣詳申未經行勘中止今作
城工甎務錢糧不敷本縣治民情願上納工價以
為築城丁費等諸事理似無妨礙查　留仰舊內
皆可召佃植蔬縣屬永萬城地方有廢廒基址已
為金吾等衛軍人承佃貼以又靠近郭　廒基空
地聽民納價承佃以助城工實為官民兩利合無
俯從勘量計廒基三十九畝四分八釐外其週圍
共計三百二十七畝一分四釐每畝納價銀三兩
共該佃價銀九百八十一兩四錢二分三釐貼助

築城工費嚴令分佃仍遵照原行議懇荒田事例六年之外照依本縣清丈田土事体上則科則毎畝認七升平米起科併入會計單冊如數歲徵官倉聽候究追庶附郭地土不致久荒而疲縣城工少得資助蒙 巡撫按御史胡 詳批 世廟幸承天北直隸河南一帶蕭殿起 駕之日即撤遷地主豈有留存至今者耶[illegible]此可例推矣且東南城蕭殿基址久有承佃俱同一例夫復何疑依議諭民召佃佃價城工支用[illegible][illegible]之外照則起科徵

巡按御史董　詳批如議行仍候　撫院詳示繳
一萬暦八年申為懇乞嚴催拖欠夫銀以助城工
事案照本縣先為類陳地方事宜以備擇用事蒙
撫按題奉　欽依建築城垣合用工料價銀三萬五
千一百七兩五錢三分八釐九毫内原議軍三民
七除江淮衛應築三分外本縣應築七分共該工
料價銀二萬四千五百七十五兩二錢七分七釐
二毫内蒙　南京都察院題助官銀全該一萬八
十五兩一錢六分二釐九毫内本縣分領七分該

銀七千五十九兩六錢一分四釐七毫并蒙　本
府查給銀六千六百二兩二錢零本縣議處存留
撥剩倉稻丁粮絕田等銀八千三百九十一兩九
錢九分零尚欠銀二千五百二十一兩四錢七分
二釐四毫七絲九忽三微續申允　撫院稻一百
一十五石七斗一升五合九勺并查　本府稻二
十石共稻一百三十五石七斗一升五合九勺每
石折銀二錢五分該銀三十三兩九錢二分八釐
九毫七絲五忽又議申　皇啟以荒田三百二十

一畝原議每畝價銀二兩近據紫䑓里老劉偕盛
減五錢作開鑿之資每畝止該實銀二兩五錢共
該銀八百一十七兩五錢外仍實少銀一千六百两
七十兩四分三釐五毫四忽三微未蒙議處今該
本縣知縣余乾貞自三酌處將欲詳請於　撫院
既恩公帑之無餘將欲加派於丁田尤恐民力之
不堪況今縣額本年折色丁糧徭役等差銀兩徵
輸不前實難再議又經查得先該本縣議將節省
下外縣協濟黃夫江食銀兩已經申明湊助城工

內該浙江布政司拖欠萬曆五年銀七十五兩九錢九分六釐六年銀七十並兩九錢九分六釐揚州府屬通州拖欠四年銀六十二兩五年銀一百二兩六年銀一百五十二兩七年銀二百二兩寶應縣拖欠三年銀三十一兩四年銀五十二兩五年銀四十兩六年銀五十二兩七年銀五十二兩江都縣拖欠六年銀五十二兩七年銀九十二兩儀真縣拖欠七年銀五十二兩溧陽縣拖欠七年銀二百兩溧水縣拖欠七年銀六十兩高淳縣拖

欠七年銀三十两六合縣拖欠七年銀六十三两
通共欠銀一千四百六两九錢九分二釐未蒙蠲
給合無軫念小邑值與大工累太各處復轉達各
院豁蠲嚴令各府州縣完解積欠大工官民两便
紫　巡撫都御史孫　詳批文到縣催行矣仰候
解至湊用此繳　巡按御史陳　詳批准移文
各院催詳仍候　撫院詳示行繳龍子圩附在三汊背[illegible]
河俱民田北城圩原名白城在高旺店有古濟城
化初屯田御史曹奏開河知縣袁綋同大合知縣

恩詔永豐路勘以損田畝　永豐圩　順濟圩　俱在
浦橋嘉靖三十六年知縣張舉築隄自爲記江南
北地平而水多隄防壅而田其中謂之圩圩者圍
也圍田以捍內圍水以捍外蓋水與田相高下滔
隄設隄門潦則塞之以防雪泄涸則通之以淺灌
水旱則閉引水以灌田故圩隄隄門加謹則
無先患無旱潦耕穫之利其溥也哉予以乙巳承
乏江浦江浦固瀕天之末邑予視昔而年耗賦積
逋而吏備才切憂焉如崇德之浙江任豐之破圩

民亡以無所歸其積逋也固宜積逋而戶有不耕
乎圳江偕淮輕貲辦納惟艱更無策以彌之其任
學之順府永豐二圩厥田惟七十九頃有奇厥賦
惟均攤丘百九十有奇自成化乙巳大水衝圩湮
既汨沒殆盡繼後更未有築之者夫田荒而賦存
催科之下民無完膚故二里二百二十餘戶之民
十亡八九乎乃循行阡陌度地形之廣狹測水勢
之高低可以施工修築經乂無虞不使膏腴之地
而瀰目皆草萊也於是乎諭之父老子弟父老子

翁皆矐矐然欲相勸力而不肯少後於是又白於監司歐陽公唐公京兆蔣公咸報曰是乃撫治府業公節推錢公爲之經畧所以重其事也又借役貧民以與大工不免斯於供億乃捐庫財金五百有餘計工而積其食焉其督工者則典史袁廷崑也經始於丙午十月十一日畢工於十一月二十凡山其舊隄因可畧加修整者不言言所興築者長僅千二百餘丈脚徑五十尺向徑半之高一丈杙尺皂修陡門凡七座堅厚完固可爲經久丁未

□色軍民爲之斬艾草萊闢鋤荒壤戊申歲大獲
賦輸如期焉圩之中有長池廣約六百餘畝稍沛
橋種於中時池水之出入而魚鱉生焉圩外環植
柳蒲數千株荇藕魚與柳歲可易金爲修築費則
民可無勞圩可永固豈非無窮之利哉是役也有
賢監司京兆以主之於上良父老子弟趣事於下
櫛露沐風奔走揆□　□袁與史之服勞不可泯也
予無與能焉昔者□　所治浦孔下過之稱其恭敬
以信曰吾見其田□　□易卓茨盡闢此其恭敬以

俯效穴盡力夫汀之廢也逾六十年乃一舉事踰月而告成功五百有奇之則得輸如期非惟免於民病也且限徭業之路爲然非賢監司京兆之恭敬以循其所感有若是之速乎邑人判簿廖君科樂其成爲伐石明事御老王冥鄉采等謀紀其事而傳之永久於是乞文於予因爲序修舉之次第紀瞻所之美利表諸公之德感而勒石爲記

新興圩 在永豐圩東

三河圩 一名三合在三汊河間

縱圩 在梁塘鋪界六合田地約六十頃九十二畝

有奇舊以濱江荒蕪攤稅率里中賠納嘉靖三十一年有儀真縣民許鎮及本縣民王信等告佃開墾漸多成熟尋各私售與隣縣豪右之家冒為己業萬曆六年清丈查覈隱報者量地陞科過佃者告明給帖隱占影射之弊絕矣○六圩俱民田多軍田少

張家圩在東葛鎮萬曆四十二年知縣余楙築堤

邑人丁逖記余令君敏仕江浦踰朞而境內翕然頌功所御寇之虞剗無慮十數上而其稱最鉅者

田祉藏曰樹利陡嶮則嚴築庳縱乾浚舉耕習之辦而一洗之是已幽利則修之張家汙圩在縣治直北與滁接壤無入諸衛之地鏞爲界以崇岡帶以巨河御夕余斗黄山諸水而下則瓜埠驛山來之夏秋時至挾以狂飈衝蕩械擊則潰決泛濫先是堤當於嘉靖之季遂廢不治蓋延袤幾三十里軍民田幾八千餘畝沃土委於汙萊種秫間諸水潰耕者輟業居者棄廬垂六十餘年未有能從之者前令屢議屢寢不果竟續令君莊東[illegible]

[illegible]平野汊間言牧田流外有之彌自度視諸圩閘[illegible]
樹無際之[illegible]西南三面皆東西排尚在也爲副
[illegible]門民於[illegible]事是功倍一勞永逸及今圖之乃
[illegible]也[illegible]之工費之田賦[illegible]不
[illegible]則[illegible]有力者[illegible]
[illegible]之[illegible]予[illegible]速成功[illegible]
[illegible]公孫公皇太京[illegible]
[illegible]府[illegible]公通府[illegible]
[illegible]三[illegible]申約束佃户

明[illegible]來年二十五
人[illegible]明之並改省祭曾有
先等量之[illegible]其租畢
不用命者[illegible]後者[illegible]底不
[illegible]責三[illegible]百不以守之人[illegible]
[illegible]殺省墾[illegible]
之脈溝也況[illegible]許因以司潴洩又[illegible]啟諸
以正經界使斯民各[illegible]以示無私更分則
除出給諸[illegible]其[illegible]之冬[illegible]

每月該事共凡二千七百有奇工凡四晌有
商計徭漕屯糧并除用修閘者總之四百餘石六
諸父老子弟謀所以不朽令君則相與謂不佞碑
之余惟是役也上增國課下贍民生土著戴後業
之思圖境址孤緞之累闢荒蕪之地於久湮開留
麻之風於勿替且也役衆於飢年則不費之惠也
遷民以世業則佚道之使也便宜貸穀則出陳易
新之智也單民一視則無偏無黨之仁也寧莊惟
一邑四徼之衆得遂恬熙而滁人藉河潤者直九

里乎歲益明之顧其利者為有德樂樂利利而民不能忘石南之宗睍翁之石牢斯義彰焉令君善政纘纘不具述而叠者緣波興者若此是亦可以覘令君矣是可碑矣令狀名楯別號玉篆由選貢奉癸卯御試江西之新建人維時專督分丈則主簿前董君惟賢繼者陳君承恩與有勞績得識書

興福圩　舊名史家圩自景泰時洪水冲破有數年盡為蒿萊因張家圩廢而復興界民楊承德等倡議修築本縣余侯丞從其請許允撫邑而院判

詳圖畫一分委陳主簿督之發年成功開墾原額外丈出無糧餘地六百三十畝有奇分給佃户二年起科以圩則成民業開地之利溥矣哉

姜家圩在孟澤營新圩在浦子口城東界大合○二圩俱軍民田糧半　馬家圩　和尚圩俱在[illegible]泉

鎮青羅圩　馬埠圩俱在孟澤營○四圩民田四外

[illegible][illegible]多蒲塘圩在石磧橋西　朱家圩　張祖圩

劉莊圩　營前小圩在石磧橋　鄧家圩　馬家圩

張大圩　中段圩九圩與蘆場新墾田間有畝

田在內　北顧城圩　中顧城圩　南顧城圩　周家圩　周家圩　馬姚圩大圩多錦衣衛屯田間有民田在內
朱家圩　朱家小圩　泉塘圩　泉塘小圩　席家圩　席家小圩　黄家圩　致和圩　張家圩
破山口圩在城北　東華圩在縣治西門外〇十一圩多鎮南衛屯田間有民田在內　蕭家圩在土橋南　雙岸子圩　孫家圩二圩俱在江廟　六峰圩在浦子口西門外[illegible][illegible]川濱江多和陽衛屯田間

有民田在内 小人圩在烏江鄉 勝圩在湯泉鄉 周家圩 梅子圩 二圩俱邊江 立木圩 破蓮花圩 散水圩 三圩俱 戚圩〇以上七圩俱軍田多民田少 華家圩 豐樂圩 大豐樂圩 小豐樂圩 宋家圩 小熙寧圩 王家圩 外熙寧圩 八圩俱屬和州多崇德鄉田在内 永豐圩 石家圩 現河圩 迷子圩 劉興圩 船圩 俱濱江多崇

吾浦之圩多矣大都軍衛錯居視民田不啻數倍而江潮時漲防之惟艱所恃者築隄以禦水耳奈

計勞而不計患則有惰農利佃而不利修則有閘冇心相秦越衆寡不均每坐視坍旒而莫救雖欲興利得乎是在監司守之許長吏便宜行事循行監督專鶴倅以奏功殿稽事有秋而游令輩丞不能導美於異代

㽬塘在治西二十里歲久淤積成田嘉靖三十年知縣侯國治清埋築隄儲水居民始得灌溉 香泉塘 即湯泉居人甃石爲浴塘男女各一其泉流十數甲以溉田 東龍塘在治南四十里周凡四百三

十一畝有奇歲久堙廢居人多墾爲田近議築[illegible]
儲水頗可收灌溉之利　四龍塘較東龍塘差小相
去里許可溉田若干畝　盧塘在治西北四十五里
口三塘俱隆慶間知縣上之綱申允起租　官塘在
治西半里舊爲猪羊圈後廢嘉靖辛亥知縣侯國
治濬儲水召人種藕蓄魚以助公費隆慶三年
知縣王之綱申准令佃戶辦文昌關王二祠之祀
檀家壩在治西南三十里召人堰山水溉田凡若
干頃　高家壩近檀家壩差小

諭曰水有天造之利有人爲之利天造如諸泉者不可多得而利亦不甚廣廣之其在人爲乎彰農事者每下修圩之令隄防歲固自非大潦可幸一稔矣獨陂塘堰壩之役未講小民者日不暇給孰事遠圖爲令之計必上之人按里甲命之開濬築壩以時注蓄利在一家者家舉之在數家者彤舉之勢大如東龍葬游之類官爲之聚俾近民各助以力私家力不足者官量出粟以助計口酌貸而責其成務令隨地有瀦逐啣可灌卽歲大旱可册

竹霖雨矣然非一朝一夕事也前人興之後之人相繼而成之功不必出於己也惟以利民説者又謂河之役成則不惟旱潦無虞而農末几得以相資浦可使富乎是又莫大之利

江浦縣志卷之七

江浦縣志卷之八

江浦縣行取知縣李維樾重修

學校志

今天下郡縣皆學士人人誦法孔子浦隸京兆爲建首善之地其風化所關爲尤重士游於斯可無念　朝廷育才意乎誠習其爼豆泳其詩書日步趨孔子無戾往轍菁莪棫樸其有興矣作學校志

儒學洪武十年知縣劉進剏建於浦子口城內二十五年知縣仇存仁遷於縣治之東偏宣德元年縣

丞李文爌修

通政使東莞陳璉記　聖朝奄有區宇首建學校崇教化厚風俗育賢才以敦治本自三代以來未有若今日之盛而江浦儒學興建之繇可得而稽也洪武初舉置縣於浦口隸應天府其土地人民乃析和六合所割者後分江寧二千户以實之二十四年始闢驛道始設江淮衛於縣西南二十里曠口山之陽遂遷縣與衛俱從徙儒學縣治之東闢繚垣四周櫺星中峙由城門入南向為大成殿殿之北為明倫堂堂左右為二齋

府廡環合衙構精緻至於帑庫庖湢亦皆完美罔弗如式矧地去　京師纔隔大江每一延瞩龍蟠虎踞形勝舉在目睫而儒學適擁江山之會負出埃壒之表肄業於此可以澄心滌慮有優游名教之樂奈歲久且敝縣當要衝庶務糾葛令承乏月朔望一入學謁　先聖課諸生爲故常講席未撤則匆匆上馬去奚暇按視而加修理乎或有意修葺下人緣爲奸欺徒費貲用圬墁支撑耳目所及以謬不察且就傾圮宣德元年春大同廣靈李文

煥來爲丞始力贊同寅修飭躬自程督刮絕蟊蠹日殿堂門廡齋舍次第以新舊規復矣所費一出僚采俸資及縉紳君子佽助官帑不與焉教諭盧陵孫鼎與訓導嘉禾孫珙議曰自始置縣建學垂六十餘載然未有以紀其實後將焉考以予嘗守滁陽知之頗悉乃述顛末徵文爲記予惟學校之設於世關繫甚重教化於是乎興風俗於是乎厚人材於是乎作成苟學政既行教養法備則三者歲月可冀否則欲求乎教化興行風俗不偷人材

盛於古難矣我 皇明紹百王正統一四海而君
上之 列聖繼作首 詔天下以崇學育才爲急
文化日隆賢才日盛風俗日厚矧江浦畿内名
邑土俗素美作興有人出學校出蔚顯仕踵肩相
屬今學於斯者當相與篤淑扶植倫紀磨勵志氣
則德行可觀文藝可取他日由科貢進以就 天
子器使尤當攄忠竭忱懋建勳業砥礪名節爲邦
家之光豈徒干利祿釣聲名取貴重而已若然庶
不負國家建學之意與司教化者之望也其尚勉

禎五年知縣嚴廼修大成殿　都御史陳章熊繫記

江浦隸治應天府在大江北北距京師一舍許洪武辛未　太祖皇帝始割滁和六合之地以爲縣又析江寧之民一千户以流之人治在浦口山之陽江淮衝也左儒學又在縣治之東堂殿齋廡庫廚庖湢之屬皆備其壯麗迹今四十餘年材腐而圮弊弗可居於是其學之教諭孫尚與其訓導孫珙議曰今　聖天子在上誕布維新之日而學之凋敝若此甚非所以崇學教而示勸懲也况江浦

[illegible]邑侯自善之州庸可緩乎乃告之將[illegible]
貳嚴廸李文煥等二三子皆發憤庠序慨然有同
興廢之心遂各捐以己俸爲倡復率其邑之好事
者與夫衛之英特俊彥皆出私帑以爲之助次第
而修葺之不三四年而學之傾者植腐者堅輪奐
一新惟大成殿始克落成嘗求駙馬都尉沐公四
大字以揭之敢斷一言以爲記俾後之實於是者
庶知學之興廢蓋有自也余嘗讀柳宗元先聖廟
碑曰仲尼之道與王化遠邇未嘗不與夫宗元之

善言聖人者也蓋聖人之道猶天然又豈待後之
人稱述而形容之哉當時門弟子有以天地而喻
其大日月而喻其明泰山河海而喻其高深者謂
自生民以來未有盛於孔子其所以極形容之妙
者爲何如哉秦漢唐宋以来英君誼辟不爲少矣
而所以致功業之隆垂饒光於不朽者未有不自
建學立師而尊信吾夫子之教爲能然也我朝自
太祖　太宗以來創業垂統　仁宗皇帝之紹述
今　上皇帝之繼承下　明詔降德音未嘗不以

□學陵前質丁爲治天下之首務也所以六七十年之間海內之名賢碩儒彬彬輩出列侍從任股肱以贊理庶務實亮天工者宜多自學校出也江浦之學宜二三子脩之專而益力也獨大成殿號墳輦飛視舊有加其高二丈有奇其廣倍之其深二丈有三殿之基舊卑而臨今增而高之四尺繚以欄楯甃以文礎高明爽塏遂冠鄰邑映上下其壯觀之妙自開學以來未有也良材堅甓之費三百有餘緡梓匠工食之需二百有餘緡皆出

於□力而成不以分吾民□□民也□乎占□致
治之盛衰也□其□之□□□以學校爲風化之
原而人材之所自出也□□□□□□小□學校之
□□□宇之□□□設之□□□□□不及也
□□□□□所太平之□□可見矣後之□秀□□
於是者必愀然曰　朝廷設學養士之厚□此今
之典政教者所以奉承□理之又如此獨不思夜
既□□□□□□其□□且業以□敎於他日
考文豈□其人也余□著其實仰歸不刻諸石以

俟○侍讀學士八　勉勵學校育賢之地實
有司之首務所當盡心者也有司不盡其心而典
教者又不加之意焉則教化陵夷風俗頹敗而賢
才委靡不振宜也江浦縣學在大江之濱縣治之
東廡久傾圮歷載以來莫克究思廬陵孫忠來爲
學官謀於訓導孫珙等曰學之敝陋如此欲重修
之堂廡齋舍庖湢之處可因其舊規其功小而爲
力易至若孔子廟學殿宇非一大徹而新之不
足以栖神起敬稱王者之居然其功大力不足以

爲宜先圖其易其必有好事者咸發慕向則庶乎
其可乃相與告於縣之長貳各捐己俸鳩工聚材
徐而葺之於是衛帥之賢特與邑里之耆老儒秀
商旅使客之過從者聞之相率出錢幣穀粟爭來
助應財力既具遂經理大成殿悉去其故而維新
是營增而擴隘極於高廣衆心齊奮羣力畢[illegible]
不幾時而殿宇巋然煥然百廢具興莫不完好明
年春享祀禮畢大合文武僚屬與士民之俊秀以
落之而邑之老長子弟咸集來觀瞻拜歎羨以爲

郡邑學校之興禮儀之備文物之盛未有若今日者也皆由有司者之能盡其心實典教者之能加之意以致然成廟立石以紀之孫君遂請文於資吾大人都察院右都御史熊公以記之碑又欲列縣長貳以下及諸相助者之姓名於碑之陰而請予記柳宗元曰仲尼之道與王化遠邇蓋王化之所及孔子之道亦至焉雖蠻夷無以異故宗元云然夫以蠻夷尚知尊信孔子而宗其道况在中國幾甸之内也耶凡吾父子兄弟夫婦長幼其序秩

然而不忝其恩歉然以相揖攘禮樂護仁義有以興於禽獸夷狄者其誰之力也然則由其道立其宮以奉之未爲過固無庸道也特以其識知所報而信之猶愈於飾老氏之宮溺而不知止者故列序其人廢於世教有警也是以記之　巡按御史陳

綱立科貢題名碑　南京國子司業四明陳敬宗記

江浦縣重修儒學既落成通政使陳公記其顛末勒石於學門之東蔡昭乎其悉且備矣監察御史陳公綸省風虎學顧謂縣令丞曰科貢無勒石以

由役進非關典賦乃遣學教諭發帑來請文以[illegible]
迪有能　國家取人科貢爲最重蓋以士之淬厲
於庠校者彌遠下十餘年始得被其藝能試於鄉
有司試於禮部對於　大廷皆今程度焉然後登
名於　上而謂之進士復有選於鄉校貢於禮部
試於翰林今俱廢焉然後登名太學而謂之貢士
茲二者進之固不易而任之則甚重焉才雖等夷
其務也不失爲州縣之職若其卓卓然者則必使
之歷踐華要秉鈞樞謀謨　廟堂而柱石　國

家其功烈益表表焉無他學足以充於用也則科貢之不輕而重也較然矣勒石烏可緩哉夫士已表見於當世者其紀功述德有竹帛焉固不恢其石之勒不勒也然而將厲是邪之政教者因是以勸後學之勸亦頗附之一助爾堅珉既餙韓贊述其鎸俾凡在泮之秀相與號志於傑觀之際眺謳於其間之□行者過而來者續前者晉而後者興使縉紳攀躋席用行藏而是石不爲徒刻矣學者之功大矣哉雖然江浦爲京畿屬邑密邇　輦轂土

淵冰於鳶飛魚躍之化者寧有造而有德以右
造有德之士而後賢儿勸勵之助焉則繼今以後
吾知善類勃興有是刻有不勝其書者矣予是有
彰焉足爲記 景泰間知縣勞鉞重建明倫堂天順
七年知縣彭烈重建戟門成化十二年教諭吾哻
重建大成殿 知縣胡昉記殿建宣德庚戌歷年既
久日漸頹敝成化癸巳三衢吾先生諱哻字景端
由乙榜進士來掌教於茲邑每視殿之卑隘且敝
輒不自寧欲爲更新之所一日謀之定山莊公孔

賜公義之舉作疏引以勸募於邑之士夫與門弟
子之賢父兄先生首捐俸資具酒餞賓爲之倡率
焉衆亦重先生盛舉仁然不忻然樂功應天府府丞
白公素知先生深以今月之舉不可無助將僧寺
未執業蘆洲數十頃申詳巡撫都憲畢公許市一
年柴價以助之先生命生員王重越琮齎貨白金
一百四十餘兩財用粗具復推生員毛鵬袁亨暨
邑之義官王海收美材於蕪湖卜吉鳩工經始於
乙未冬落成於丙申秋規模崇偉聳人瞻仰然其

□廩之費則選命諸生之素公謹者輪掌之收支有籍出入有稽雖竹頭木屑亦積售之以給工匠食用之需一錢寸木未嘗少私人咸服先生之公廉而無間然皆予以戊□承乏江浦於今四載先生之盛德高風聞之稔矣第先生致政二十餘載厥功之偉曾未有記之者於是不能爲一言以誌諸石以傳諸後亦幾於沒人之善乎予惟作興學校而修舉廢墜寔有司提調之責至於教誨子弟臻有成效乃掌教者分內事耳吾先生之教人先

德行嚴條約斥遊門墻者亦多成就師道之立固無容議矣於大成殿之圮又能募衆成之而爲有司之所不能爲先生其賢矣哉且先生募衆而衆信從厚助金帛不少鄙吝先生何以得此於人哉予因是有以知人之心可以德感可以誠動也蓋先生立心操行古人不過素爲賢士大夫之所推服一日捐資爲倡有好義舉是所聞者嚮慕爭先出助本之費數百金之資以鼎建千百年之禁祇見其易易此先生其賢矣哉庸書是以爲誌

凡助財者之名氏則具列於文之下併為後世勸云

十五年建求樂亭 朱景記三衢吾先生尓學教江浦既閲月得學地東偏之隙池爲其上先生坐而臨之曰吾欲亭是可哉諸生曰汲叟龍美材叟鳩匠石作亭池上亭成命曰求樂亭諸生袁文通者求景大書於楣景不敢辭既書而疑曰樂可求幾文通曰可何樂曰可文通曰不可何吾吾先生以是名也夫以吾先生名者是以人不以理也理也樂不可求之矣吾先生才高德茂盛名天下君子

論學以理固不以人理也[illegible][illegible][illegible]不[illegible][illegible][illegible]用
孔顏焉乎何若先生說曰可哉昔孔子曰飯疏食
飲水曲肱而枕之樂亦在其中矣又曰一簞食一
瓢飲在陋巷人不堪其憂回也不改其樂夫樂可
求孔顏求樂何以曰在其中曰不改也哉然曰不
改曰在其中者非有求也[illegible][illegible][illegible]人樂在其中
賢人不改其樂乎先生[illegible][illegible]見將以求吾樂以
至聖賢何不可哉某復應曰求吾樂以至聖賢可
求吾樂以至聖賢不可孔顏之樂豈先[illegible]樂哉私

欲既去天理流行心廣體胖而俯仰無愧不求樂而自樂也吾苟不能克己復禮則吾心私意已留亦何可樂吾先生乃曰求豈以語聖賢吾豈知哉文通曰吾吾先生固非拙撰其言者果與吾先生論學未嘗不同亦知吾先生必有所據非徒言也然古之人亦多以尋爲求者得了受學周茂叔每令尋仲尼顏子樂處所樂何事夫自孔孟沒而伊洛程之學得其宗然亦未始言樂先生崇育諸生於此意其所以名者不有在於斯哉文通口是或得

矣吾先生復命求記景遂作此亭山之石且因文
通諸質以爲何如者亦講學一事二十年知縣謝
肯重建櫺星門弘治三年重建神厨十二年知縣
胡昉大修侍郎寧郡董越記江浦縣舊有學在浦
子口城 國朝洪武二十五年始遷今邑治之東
其廟祀 先聖學居師生凡制皆備歷歲滋久頹
圮廢壞漸不能如其初制葺之功勢亦不能免於
因就弘治乙卯秋蕭山胡侯昉以癸丑進士來爲
是邑始至謁虔 先聖退坐講堂見有志改爲新

人乃莫能知所自出他來於中者久之一日偶閱庫籍得齋廩餘積銀若干兩遂以爲倡率仍捐已俸資覺工役可興乃鳩材庀工首易大成殿牲之朽腐者棟楹之撓折者椽瓦之脫落者東西二廡大成儀星二門皆以次而正其敧側飭其漫漶撤其舊敝而易以新甃其堂廉而甃以石廟之制遂復其初又謂明倫堂乃師生講學部使按行初廨之所而卑隘湫隘觀瞻東西二齋以及師生次舍倉庫廚湢皆教養所不可無者於是悉增大其規

模辨正其位置比次皆所以爲藏修式廓其所以
爲觀德他若射圃名宦之所以景行先哲坊閘表
樹之所以激勸役人成備四缺學之制又復其務
侯之爲政知所先務如此即是而求其他皆可知
也學之師生從侯不忘乃礱石走幣徵文以紀惟
先王化成天下之意存乎教學凡自孔氏者宜視
以爲當務而無乎不用其情江浦在今爲　畿輔
之教宜倍天下先然歷稽前志自洪武壬申迄成
化壬辰歷八十餘年而大成殿之修僅一見於斯

五年知縣張峯建青雲閣　教諭劉思記界浦之鎮山曰曠山自象山中麓蟠鬱蜿蜒衆山爽聳迤邐而東邑治泮宮居之其山勢右盈而左縮風氣弗完且邑治舊有羅漢嶺然右峙而泮宮之左獨缺邑令張侯歉之欲爲閣焉而未暇也丙午乃捐俸爲倡庀材鳩工經始於六月之吉一時縉紳士大夫及衛邑之好義者各以其力助之上不費公下不勞民越月而事竣閣高三十三尺簷阿三重欄楯四面黝堊丹漆罔不具備上懸巨鏞挈壺氏掌

六以聳樓桴於是鳥革翬飛鉤轉輅交映嘯口山之陽矣動色將乏科不是秋得二人人以為有徵天侯乃喜曰青雲有人矣遂扁為青雲閣閣方始事余以校文適滇既歸則多士相率而請記焉余惟斷以青霄名蓋將以其高遠者望之也夫君子之學有本焉有用焉本之為德行用之為事業孰不欲志於高遠也而人之情往往操其尺寸以自衒今揣其業而謂之曰卑且近也雖三尺童子未有不艴然怒者矣至於德之不崇以覽者而猶

病焉是急於用而絀其本也其亦弗善運而已矣吾聞雲者運也其在青冥也得其運則爲氛失其運則爲祲惟人也有血氣心知之性豈能無運是故德隆則從而隆德污則從而污其所以運之者然也故君子浮英華湛道德脫凡近以遊高明如慶雲在大彰至德而應昌期萬物覩焉卽窮而在下其豈曰非慶而光未至於窮耶其或樸遬淟涊皇皇於利不義而富且貴雖曰致身青雲亦誰乎卑矣自君子視之如太空浮雲其豈曰非倖而光

木至於留貴取雖然君子之稱名也小其取類也大是故知雲之從龍也可以謂忠矣知雲之澤物也可以謂仁矣知其澤四海而彌六合也可以謂治矣商宗之命傅說曰若歲大旱用汝作霖雨有御於是庚乎忠足以媚天子仁足以被蒼生治足以弘致化猶而於之堯舜事業固自我運之而已其高遠也孰加焉夫然則是卿也豈徒壯風氣侈登瀛而已哉張侯名米號玉屏泰和人也豈翁作人州紫木艾人方以府尖嵩之共治浦之政後必

亦作循良傳者余可畧也 三十年知縣侯國治教
諭吳讓鑿泮池三十二年侯國治改建名宦鄉賢
祠萬曆五年大修又改建啓聖祠 南京吏部主事
潮陽周光鎬碑記萬曆五年冬十月江浦重修學宫
成校官朱冕臣弟子員李輕蔡倪韓楹阜甫源以
狀來請天官郎周光鎬徵記按狀江邑故有學
學久圮邑治令若沈公至乃復謀治之顧下所取
資父老薦謁諸監司公不可曰國用方絀柰何其
以傷官帑請令民出鏹佐費曰吾聞養民致賢人

奈何其以瘵民糾已布恩澤以足其時予於是
省供億煩繁冗冶二三歲[illegible]越明年丁丑歲
還過邑賢者就先生[illegible]之曰惟茲士君和
匪範昌良令將新學宮示厥趨先生其相余成乃
捐俸鐵鑄匠氏陶氏冶氏胥職厥事亡何得民遺
金以獻募無主者乃以畀亡亡是用集既成乃廟
飭乃廡闕乃門東西兩序齋庖之房諸凡未川者
靡不然具矣顧瞻禰廟階弗循則又以教於孝
也孝不重本其何以爲學心愛相祉爾改善之極

悦金□首有奇司計彭玨也傅馮科寔分有公者秋有作必書儒傳公作泮宮則不書見於計夫匪際教本乎興有言以大泯鄭令君之私幸也周光鏑川倚予若人人有之有是舉也其久大不已之思哉古者尊教必有所寄祀　先聖先師於學宮崇寄也入其廟儼然若見其人暖然若聞其容聲又愀然嗟不生于其時則禮讓之心有不油油然興者乎今夫聚泥土而金碧之肖爲天神列諸□守崇奉乎走村㕔古復至焉一旦衣冠垣萎室敗以

觀則有倚睎而笑之者此何以故則飾與不飾也
夫令君既示而飾矣時復爲期日率學官子弟來
習會有文文有品序嘗不輟春秋修享祀罔敢懈
以虔則又勸裝於教圃術飾也諸君子生於斯肄
於斯觀感德育於斯毋亦丕克世以副令君興復
之意以企修於爾前闡人厥幾以心爲師忠信孝
弟爲堂闥躬行實踐爲垣址以文藝爲丹雘辭爵
禮樂絃誦詩書此所謂修先生崇楯且無漏也乃
任大小閒從如此則奚論學之飾與不飾故曰寄

山於詩𠕋不若寄諸心余則願諸君子之思所永也令君之功斯其可以永矣余故以慶丈役過境上國爾邑父老稱令君治狀甚悉大率強毅而恍安之固非綱紀民事之大者茲不具論令君名孟休閩之永定人爲余辛未同籍進士八年建文明樓

翰林編修江寧余夢麟記侍御余希泰[illegible]書

來令斯下車較士覽其文曰嗟是固承風宜乎也乃大夫張侯求賢輸誠發的而當士樂德同春功皆其所操術學聊試有足其論者固其之技

也邑博曾君載君曰吁龍之勿能貴也安定諸生
曰簇騏驥者一日而千里飛騰之弗前[illegible]陽鳳皆
鳥倚御曰俞孟明楓焚舟而晉人懲鄭館能下人
者子平之瀍師儒憤奐奮奐文其有與乎於是有
嶽與家國之以鉄於君渊庠旣乾面異後業前賢
人文之來機會由之謝孟横象文筆峻起是亦一
奇也博御曰[illegible]胥達若制士胥恁若業鋸鋸馬如
農之耕穫索何其同有秋二三子勖矣是役吾侪
之乃於大尹哉生明[illegible]命卜若筮占之襲吉總一

又一曰泓即璧池前隙地經營焉仍以[illegible]
三貢樓之高七仞廣若干莫搆其上背魁星[illegible][illegible]
生乞置先是君方經始庀工頗無材可當主西顧
之有巨木浮江而下岸卓以告茅無收君侍御諸
曰此是任吳盡命與而致之工即樓成命曰文明
蓋取幽贊云至是所懷止豐弟子員李逢華特狀
請予諸說之嗟乎嘗之文故則久緩無暇遠術即
如國朝人才軼絕百代理學名臣僅十有三人
而定山莊公曾共一張司寇諸獻賢臨即其讚只

苑無遺焉其作矣快貽人爾然代興者何莫由斯
操觚尚此其文不皇皇乎獨幽哉當其時固未始
有論於幽與顯誠也何其炳炳若是而今頓屬賢
崛岬之風哉嗟乎久矣時雨山川出雲膏欲將至
東觀必先江浦以明雄麗地當首善乃其含靈孕
秀殷鬱淵蓄凝聚皆明氣先至矣侍御以藝苑宗
上山起向振之士者爭先磨淬思際此景乘風雲
而進電獻策適遇其會蓋造化為之以所昭然象
之徵備而衆艷屬翕之又孰為張之而夫人地之

精華始於震進於巽極盛於離江浦界揚州之域星野直斗斗麗東南文明之會際也聞昔嘉靖丙午令和張公建樓於學之震曰青雲忽躍雙鯉其秋得雋二人今侍御考闗崇御卜發於巽而流木旦材人力宜不至此將必有躍龍翥鳳燁燁然輝煌化理宜賁　皇猷如兪公莊公者應時而出矣且也司馬子長南游江淮上會稽比涉汶泗其文逸宕蕩不可羈蘇文忠公還楚入杭覽赤壁西湖之勝而文章汪洋恣肆雄視百代今侍御而既成

此樓也時從貴佐暨多士縱觀長江瞻林鍾山王氣時累愁欣而耿諧胷中於以發攄沉鬱鼓舞精爽濯其藻思而啓其匠心當有以一品望者躋躡斯樓有功於斯文可也書以俟之門經始暨訖工計費白金若干兩君首捐俸體爲倡兩侍壬計王壯史金舉諸儀之邑士民文秀旅好義者各出私帑佐之皖庠之士無所與其[illegible]則余氏所職云助

建名宦鄉賢祠重建明倫堂　翰林院編修江寧余

參鱗記侍御余公持節治浦越明年春事有事於

先師學宮堂廡几形俯壓名宦鄉賢祠當城址城
葺所更之將城役勅般錢務旁午公從咨詢諸文
學口傳稱城郭溝池以爲國必門禮義以爲紀是
仲尼待求世之志也今皆稱而傷禮義弗興雖有
金城湯池其誰與守率有似緩而實急者謂是也
乃捐俸錢斥贖錢召徒趨事舉明倫堂而新之改
建兩祠於櫺星門内右偏遷　皆撫孫公以省建
道流知狀爲捐供應稍金五十以助公承之益展
鳩以事由是列祀有廡　御使有亭齋舍庫藏凡

眺於學杵井井然具矣先是邑人以戚成請立石頌功業之不可至是學官戚諸文學請立石頌德公曰止也中吟之未平又固以爲名而誰爲說之無動二三子色悍曾某戴棨門萬放城沂文翁化蜀學士大夫至今談之彼各擅一名耳公實兼之頌安可已行也乃狀授弟子負來謁余予聞將樂浦愁擒論邑昔任之在為則鄢論科建侯時也需才甚亟守既聞侯乃余公門是游治浦矣今年夏都人士僕言公不悼微發明一大役觀第令能

[illegible]人可書微乎無何聞城成矣又無何聞學訖丁矣是蔑伺術哉吾公之謀始也衆以上鉅皆擻難之公弗顧商工議庸偃以成度百執事奉以周旋罔敢逾尺寸兩博士復時出醪醴巡勞之故計費止緡錢若干不侵帑不晙民而經用沛于昔窾益事有法役無煩故功易就而衆不譁也故曰千金之璧良組運之以致富而匹夫抱之以僾智弗智之致罔懸殊矣昔周公憂國而將術陶復以追餉王而鎬京辟廱詩人不以故耶美魯僖公從

弊極譙楚帥旅歲興内作南門外城楚丘城緑陵勞矣而闕宫泮水史克頌之夫非崇風紀乎宜浦士之不能已於公也夫裸瓚在廟從祀於身尸祝有祠彼皆何人是古先聖賢也近世豪傑也夫士也以豪傑自待由豪傑而為聖賢公之昭訓示執不覊然彰乎故吾願諸士之深長思也且也遊公輸之門無弗巧矣習歐治之枝無弗銛矣江浦地居首善代有聞人臣豪傑之藪壙也諸士幸壹聖明有賢師帥以為般治即一入泮卜型且必為

恆禎秀鍾錫與古之名賢爭俎豆焉流聲光於無窮而師帥有榮施不亦麻哉公前爲名御史有風裁以左言顯茲以太阿陂浦故所剸劃錄奕若是覘風者亦采之傳良史碑之聊志歲月云耳公名乾貞吾浙之遂安人登戊辰進士第十九年知縣

王守正建文會樓於明倫堂左三十二年重修敬一亭 編修顧起元記江浦故文獻邑理學名宦海內聲稱盛邑隸畿輔建首善焉棫樸菁莪之化與都人士南北爭奇哉

聖祖定鼎金陵虎踞龍蟠巋然在望地雄天塹哉而
風氣不墊於大學當始基甲科最盛改建今址間
歇為多然遇一更修輒一奮出豈士氣緣脩而銳
耶抑地靈得脩而一暢發而相翼也敬一亭建于
嘉靖壬辰歲學脩于萬曆丁丑大抵遠者先廢近
亦間影文昌閣建而欞門學左循曠邑侯扎芸田
公每來止而興嗟曰此有司責也柰時詘何廼慨
然捐俸鳩工蒐材為好義者倡二學博亟捐而承
之于是慕嚮縉士夫以及青衿聞風爭勸肇役于

萬曆三十三年十二月逮今年春而亭成学之外
衙尚門告蕆路青雲門亦次第告成翬飛鳥革耀
目凌霄積歲陵夷一朝壯麗且以其靈秀葺衙令
煦冷以寧泝師之權重哉聲一振而響應故一葦
而爲新觀風者入宮墻而攬勝循良之績[illegible]耽巳
比洛成二學博謀曰茲盛舉也可無石以記乃緘
狀徵言于余余惟學以造士也士之造以敎也匪
敎帥衷匪一帥統大哉　王言一哉　王心乎夫
圭童而學長而習誰不願王一無適之解解不在

言詮在赤子純一之天無適則一一則聖有適則一者二三岐且千萬遂懼于狂故其法在無適而主一遡赤子而作聖聖而還我赤子之心者也諸士誦法亭識久矣瞻斯亭之脩也益脩我中扃以格致為户牖以戒愼為基本以強任為楹棟以固守為垣墉屏罘以為闔闢文藻以為繪墁而一以主敬為關鑰守則栟椽天下窮則藏息其身浸浸乎跂聖域而登焉以追先哲俾科名再盛于今斯不負亭識之訓乎此其地靈之又一驗也諸士其

[illegible][illegible]令公名璽青人其德政在民社章袞在輿頌
薦剡在銓衡茲不贅第衍敬之說以申餙亭之意
云爾
二十八年重脩文明文昌二樓御史陳禹謨
記江浦為畿輔巖邑介在江淮之間洪武初治濵
浦子口越二十四年徙遷茲地惟時學隨邑創諸
峯雲表一水天橫地靈人傑才賢濟濟華出良有
以也逮嘉靖間科第視昔不無少遜堪輿家謂於
巽坎二方宜建樓以新文運樓成而應捷如響歷
歲滋久垣墻棟宇日就傾圮雖學宮之形勝不改

而物態蕭然人情鬱而不暢諸士子欲謀所新會
江浦公庚匱私藏竭矣以藉手當事若勤之一日
術之張學博率諸弟子張可重顧世科張可仕金
天庚趙體敬劉省身華進而請曰江浦濱在大江
為四方孔道任茲土者恒以衝疲避弗就就亦
以傳舍視之兀兀然若不終日求卒所事事今吉
許簿者負治才甫下車觀宮廟頹廢慨然有更新
志值饑衰為患日經營賑貸不得間即間矣又以
責不當專任逡巡未遑頃邑長吏以入計行大仁

兵巡而臺以鎮署浦事兩臺使可其請籌邀最
照以興廢補敝為已任乃登進諸生詢之曰覩茲
宮墻頽一起而新之且亦夙志顧茲役之興各有
次第緩急舊櫺星門辰山戌向堪輿家病之今當改
作且廢壞日久今亦計工修建二樓為宮墻文星
更宜先葺乃卜月飭材鳩工程土物具吞鋅木石
陶瓦之數凡為費數百緡錢大都取諸俸金贖鍰
有不足者學職捐俸貲諸生相率樂輸不以煩民
經始萬曆庚戌春三月落成於九月然浦自建學

以來脩葺者不啻再四惟此舉大有裨于書背基
址若增而廣飛甍若增而高山川環帶無敗于舊
若増而秀許籌之力實居多焉樓成建魁星祠於
上又應歲乏特祀無以饗神宜迺建議白之按臺
過春秋兩祭非勅支學田積穀以供粢稷之具按
臺王公□詳報可定為例冊饋已就歲祀已成敢
乞一言紀其顛末日使許籌經理之勞不忘於異
日余不文胡能為言墻重然許籌與余居同里知
許籌甚悉以蜚聲於庠序數奇不偶落拓下僚冥

予書之其事人觀察公與先中丞爲筆研交且伯兄竣州守又與余同事蘭臺高才世學以故少有搆注自出常調蔡役也宮牆美富樓閣巍峩儼聯

長江仰瞻

關頼江淮篤一大觀多士秉時際會感奮汴鵲登庸振櫂師師濟濟為王國之光科第亦得藉是發以有聞於浦雖然浦為理學淵藪文章沿六朝之勝甲於天下科第歷聯代不乏人又何俟堪輿之說既為繁矣哉余第攄其事而次之以紀日月爾

訓導名三德浙江錢塘縣人由太學生張舉傳名

希仲直隸常熟縣人由貢士例銜並書

其制中為

先師廟（舊為大成殿嘉靖十年奉　制更今名）兩翼為東西廡前為戟門門右為名宦鄉賢祠前為櫺星門門左右柵欄各一座中為泮池環以欄楯三十丈（萬曆一已罷教諭事陳廷策訓導高養正捐俸建典史王徽督工）池東為門屏外為文明樓[illegible]

後為明倫堂東為門（新[illegible]）敬

一亭內竪御製碑又後為求樂亭今廢基右
為蓮池署教諭事陳廷箕開濬種植居民孫炆助
工建亭西齋右為禮門門外為
啟聖祠旁為射圃有廳并號房今廢東齋左為義路
門門左為對星樓前為教諭廨萬曆庚戌教諭張
希仰建廳五楹丁巳署教諭陳廷箕更門改向吏
廳旁三楹廂房二楹先係甲寅年知縣余楫申請
本府黃大京兆動支本縣撥剩銀而修建又前為
儀門門東為訓導廨為前訓導戴乾建萬曆

丁水訓導林希建廳房三楹　儀門為大門門外為騰蛟起鳳二橋　嘉靖二十一年教諭吳謙並造　橋外為繼往開來攀龍附鳳二坊　萬曆三十一年知縣侯國治建　又左為青雲閣　今為朝宗門　又前為新河　萬曆四十三年因學前水不環遶知縣余樞捐俸買民王相田開河通水曲抱于前教諭陳廷策捐俸助役

設官教諭一員訓導二員　革一員　吏書

祭器爵大三小一百九十有四　登一　鉶二十有二

簠四十有四　簋四十有四　籩　百六十有六　豆一

八十有六共計六百八十六俱隆慶四年知縣王之綱教諭陳静觀購銅鑄造

書籍四書集註　易經大全　詩經大全　春秋大全　禮記大全　通鑑綱目　孝順事實以上俱舊置　四書集註　四書大全　周易程朱傳義　書經集傳　詩經集註　春秋四傳　禮記集說　性理大全　通鑑節要　大誥　孝順事實　爲善陰隲　大明會典　近思録集解　二程全書　朱子語畧　家禮集說　伊洛淵源　大學衍義

大學衍義補　史記　文獻通考　六臣文選
名世文宗　以上俱萬曆六年置

祖宗頒降諸書後先散睫矣乃所存什不一二得非典守者之疎耶今新置書若干耶未充畢可常典矣數十年後又不知存者幾何諸士具以爲葵齋計何憂乎逸雖然先王有云讀得一字行得一字丞謂讀得一尺不如行得一寸此真讀書法也儀徒呻吟佔畢無感乎輪扁之消

田

隆慶間知縣王之綱查出絕田共八頃九十一畝七分六厘該租三百五石六斗三升三合申給在學充課助貧萬曆八年奉文清查變賣價作城工用訖至四十六年復奉學院徐　查明蒙批既經變賣多年志書內即應除之　三十三年按院宋公盡發贖銀五十兩置田塘二十四畝六分五厘二毫除正糧外該租穀三十石四十五年督學徐公鑒發官銀一百兩置田塘二十二畝一分四厘一毫四絲除正糧外該租穀三十三石二項用皆

上欧水旱無患

浦自設學以來理學則若莊公定山勳業則若張公觀菴卓然名世堪爲後生領袖乃今何寥寥也蓋嘗觀于通邑大都之士有明師良友以漸摩其性情有博聞廣見以開牖其耳目漸摩久則虛而善入而醇篤之品成焉開牖廣則靈而機括而通達之材出焉用是科第接踵居則名儒出則名卿非獨風氣美人力也浦當南北之衝居文質之會有南之文秀而無其浮誇有北之質朴而[illegible]

將毋乘文章德業炳炳烺烺而今似少遜於昔思
之不得其故蓋太史氏云人富而仁義附焉又曰
其次利導之其次教誨之浦學舊制有號房幾何
極有學田幾何頃其居止有所其賑濟有資其課
試有餘而以進而有亭榭之娛群俊髦而樂業其
間所以薰蒸涵育而孕人品真人材勃發而為莊
張諸公有以也而今皆靡董久矣且其地行商不
通物力俱屈止辦田作田瘠山圩居半非憂水即
憂旱士生其間其力僅餬口者既瑣屑於米鹽而

家無立錐者復奔走覓衣食以至突無煙釜無糜
長不婚貧不葬往往而是彼其救死不贍遑治禮
義以故士當總角時已力索能識贊而就塾師一
列弟子員益復泄泄于六籍蔑如也間有一二同
數稍知向方與之指點而平日無師友之漸摩薰
聞見之開牖童而習之何嘗詠歌鼓舞即有傳聞
非疑則駭耳矣　俯仰不給既無息于天家之功
名而其見解不廣又無慕于我朝之學問故欲讀
書于此地真所謂章甫適越無所用之即今直省

宋公督學徐公俱捐俸金爲置學田若干所嘉惠學宫不淺而徐令君復以所餘圩田給之夫豪傑之士無待而興況上之人惓惓于養且教者如彼凡我庠士其亦有奮然以興脱凡陋游高明而以真品真材自顯發者乎虎嘯風冽龍興雲從其勉之矣

社學在縣治右弘治二年知縣謝育建嘉靖四十五年知縣李大關修扁曰 養正館設教讀一人門一座中爲堂三間左右耳房各一間繚以圍垣[illegible]

古者閭巷有學教與大學相表裏故人才得展豫養而有成今之社學即古小學遺法也浦業詩書者環邑不百餘家鄉鎮窮閭則戶無一二焉豈皆無可教子弟哉貧家苦於力不能為子弟延師富則吝於財又不能為子弟延良師無良師安有賢子弟出乎患教也又矣有父母斯民責者必隨鄉建之學舍擇之蒙師俾不能教者歲貲之粟畜不知教時察而加罰焉庶鄉無不學之子家無不教之人小子其有造乎而成人之德

新江書院 在梓潼祠右定山莊先生題額尚書湛若水撰知縣劉縉拓其址今為文會之所

江下書院 在浦子口王屋觀内萬曆丙辰知縣余樞題額卅記國子生沈自明建

論曰學校之教以明倫而取士以科舉非二之也所取固所教也士有譚仁義闡道德稱先王習當代而主司者弗録耶其録之有一戾於此者乎自科舉法行名賢碩輔孰不繇斯途焉山浦當正德而前號稱多士芳猷粹學脫穎科名後則寥寥嘆

廷才矣議者輙歸之遷學夫學在吾人學宮寓也寓以人盛能盛人哉諸士誠以前輩之心爲心一反醇正之習則有德有言科名可再盛矣即不遇而直任焉亦何謝於往哲然司教者師之責也主安於上而作興之父母任也率以躬行而明其訓與士有不興於學者乎詩曰豈弟君子遐不作人書曰遜志務時敏厥修乃來教學者幸相與以有成

江浦縣志卷之八

江浦縣志卷之九

江浦縣行取知縣李維樾重修

秩祀志

祀事之大蓋自古而記之先王所以報功報德於無窮者率是典也浦之祀有壇有廟有祠有開儀文有式方物有常事神之禮具矣不有簿正何以昭法守垂永久哉明德恤祀以俟君子作秩祀志

先師廟

祀典儀式具載　制書者不悉錄嘉靖九年奉　詔釐正撤肖像易以木主題曰至聖先師孔

子四配曰某聖某子十哲及兩廡諸賢曰先賢某子諸儒曰先儒某子進后蒼王通歐陽修胡瑗陸九淵五人從祀退申黨公伯寮秦冉顏何荀況戴聖劉向賈逵馬融何休王肅王弼杜預吳澄十四人以林放蘧瑗鄭衆盧植鄭玄服虔范甯七人各祀於其鄉籩豆各損其四以春秋仲月上丁日知縣率僚屬用祭服致祭先期齋宿每朔望行謁拜禮隆慶間增　本朝修

啓聖祠祀孔子父叔梁紇上稱一如　制以顏無

繇曾點孔鯉孟孫氏配程珦朱松蔡元定從祀無
春秋上丁日有司祀畢始祀　先聖盖子不先父
食之義
社稷壇　洪武中建於浦子口城萬峯門外宣德九
年縣丞李文煥奏徙縣治北一里萬曆六年修歲
以春秋二仲月上戊日陳主而祭左社神右稷神
風雲雷雨山川壇　洪武中建於浦子口城滄波門
外後徙縣治西南二里萬曆六年修歲用春秋二
仲月上巳日陳主而祭中爲風雲雷雨之神左爲

境內山川之神右爲城隍之神

城隍廟舊在浦子口城內洪武二十四年知縣仇存仁徙縣治西南一里天順四年知縣勞鉞修萬曆四年重修每歲祭風雲雷雨壇并邑厲壇乃迎主以祀朔望率僚屬謁焉

馬神廟在縣治東郊外萬曆六年重修每歲春秋仲月以上巳日致祭

名宦祠舊爲導賓祠弘治十二年知縣胡昉建後廢至嘉靖二十一年知縣黃昭重建於儒學戟門

左三十一年知縣侯國治更建儀門東萬曆間知縣余乾貞重建於櫺星門右祀縣之名宦知縣勞鉞彭烈馬文麟耿瑤縣丞李以煥教諭祝廷心孫時吾畢八人每歲春秋仲月上丁日致祭

鄉賢祠在名宦祠右建置同祀邑之名賢鄭自雍劉觀張宣洎泉丁發劉珍嚴紘七人祭期同名宦

魁星樓在明倫堂左每年春秋仲月上丁日致祭其儀物取辦於學田租

邑厲壇在馬仲廟右每歲春以清明月秋以七月

十五日冬以十月一日皆先期告於城隍廟明導主於壇旁列無祀鬼神而祭外各里舊有鄉厲壇

土地祠 在縣治儀門左嘉靖中主簿楊熊重建每歲二祭以春秋仲月上巳日

定山祠 在縣治南大街嘉靖十□年知縣劉縉建祀理學名臣莊杲以春秋仲月上戊日致祭其品物取本祠祭田租辦之 ○南京禮部尚書增城湛若水記云夫祠堂者江浦劉尹之所建以祠定山莊先生之堂也或有問於井泉子曰若定山莊先

誠可謂知道也矣乎[illegible]然易謂道已去道僕

食言辨取舍進退時焉而已耳昔者孔子㡳聖之

時也孟軻氏稱之不過曰可以仕則仕可以止則

止可以久則久可以速則速時焉而已矣時也者

道也道一而已矣定山先生以成化丙戌進士

改翰林庶吉士授檢討不奉　詔作鰲山詩上疏

責難杖之調判桂陽尋入爲南京行人副久之以

二親去不復起王恕撫公怨詘之欲以白金十兩

餽理其廬卻之居定山垂三十年累薦不起學士

愛戴丘公濬嫉之曰引天下士大夫背朝廷者卽某
也使吾當國必不容之及丘入閣薦者又累至有
旨取用先生曰此其時矣况也　特旨非常
部徵者比其可不行遂行大學士徐公溥語邵二
泉寶曰當復翰林乃慨公論其語李學士東陽曰
定山君之故人君宜注意及赴吏部三揖不跪曰
辭令不失己官職外物耳吏部體復行人副兩游
謂吏部曰留都根本地定山當官此遂遷南驗封
郎中到任二月得中風疾遷延歲時卒於丙辰十

歸定山倪公亦老又明年遇考察例南宰并青谿倪公岳以老疾罷之乃先生告老已踰歲矣或曰定山公不奉　詔作鰲山詩而上疏以巻君德兹非言語之道乎落職判官尋改行人處之恬然及以親□而後去去而山居者三十年見幾而出出不俟已故其言曰進而當行道也吾義所安不違道以干譽退而當明道也吾志所存亦不立異以求名白沙翁詩有曰欲歸不歸何遲遲不是孤臣托疾時兹非進退久速之道乎以巡撫王

書武

公之贄折金飾廬都不受非取舍之道乎是故道一而已知進退久速之道則知取舍之道知取舍之道則知言語之道知言語之道則知飲食之道故寧耕田食力饑餓不能出門戶而不肯少求於人而天理之幾決矣夫道也者天理也夫理一也天豈有二乎哉然則定山先生可不謂知道矣乎其論學曰取乎內而忘乎外得之心而應之事如相馬之神非牝非牡如斵輪之巧不疾不徐斯其至矣此定山先生之道也甘泉子曰予癸丑下第

南歸訪先生於定山蕭然獨處之知為有德人也今觀先生及諸公之言即先生之學宜與白沙先生同而白沙先生嘗許我曰定山人品甚高恨不曾相與問學不知其後問林緝熙否緝熙又何以告之此猶若有未盡然者何耶或曰以講習不足以入道也故忘言以默識終默不可以示訓也故因詩以立言惟詩言之召禍也故隱 召以混世見世不可以久處也故在告以歸山歸山不能以自潔也故委物而厚身乃先生則超然而還大

化矣或曰先生之出處進退未易言也其始也惆之於憂塗其中也乘之於西淮其終也戚之於青谿而又慨於子弟門人之不力焉向使憂塗而不入相入相而先物故則先生退居三十年矣未必出出而有知已故人調護之以累薦之實則必復內翰必不南及南而疾作不知人矣使子弟門人而力焉則必知今法不但一狀而可掛衣長揖以去而必知其奏知其奏以祈允必不罹青谿之怒使青谿而不怒則自十月告去至明年二月如彼

以少小潤一念同鄉之義全其節以厲天下之人望必有以處先生而不至從考察以退也噫雖然昔者柳下惠爲士師三黜而不去猶曰直道而事人今尹子文三仕三巳而無喜慍色甯武子邦無道則愚古之賢聖人立身處世其遠意豈常情所可測哉先生之卒江浦尹胡君晰請祀於鄉賢祠後二十八年爲嘉靖乙酉予既爲誌銘其墓又十年從予遊者今新尹桂林劉君緇甫蒞江浦吏治民安不勝景行之思乃承前尹陳君方浦之志捐

御闢地治祠堂於江浦之涯目將請祀典於督學
關入侍御巡按虞侍御轍時以祀先生以激人心
治之首務也凡爲堂三楹其前堂如之其爲大門
亦如之爲左右廡各三楹剏若又欲創樓三間然
其後以爲來學者之登眺遊息焉助其費奔走而
先後之以成其事者邑義官滕氏泰也故其成也
易然公之宗孫庠生瓘實爲予道之予善焉遂爲
記之於石庶幾後有同心而興起慨仰大之者〇
學前京師林先生事右中允永豐吕懷祠門記定山

莊先生祠在江浦之涯先生出處進退與祠建始末具師甘泉先生記之詳矣先是先生祠成定歲時春秋二祭其祭儀修葺之費皆取諸里甲然不奉額設故公私皆稱未便嘉靖乙巳秋侍御午山馮公奉 命提督南京學政倡明正學砥精竭思乃謁先生祠訪祀事顧張尹峯曰此有司責也其盍圖諸尹峯遵愛人志在興教聞命經度維切爰訪孝義里民龔瀛有定山北麓田若地凡八十八畝特將他售尹乃以俸貲二十三金貿之蓋不欲

畝頃民也田去先生故居北三里而近耐肥磽豈
歉之常歲得租約凡五十石歲會所得料粢二祭
公輸之外稍存羨餘以備荒歉修葺於是尊崇先
生始有成典矣典成自侍御侍御走書幣以尹微
懷記諸石懷惟幼時嘗侍先君爲言　憲宗朝羅
公一峯抗疏論大學士李公起復之非先生與章
公楓山黃公未軒不賦賞燈之詩抗疏陳言先後
被謫時有翰林四君子之稱稍長又聞陳公白沙
與先生倡明道學惟是日益傾慕比登進士讀書

翰林而先生已捐館也懷私淑先生非一日況
侍御惓惓之請義何以辭懷聞之也道之在天下
不可一日無也道者人心生生之機天理流行之
路也是故天地之大古今之遠君君臣臣父父子
子夫夫婦婦兄兄弟弟天地萬物以位以育焉者
皆斯道流行之功用也是故古之聖賢達而在上
則行其道以經綸天下不幸窮而在下則孝弟忠
信明先王之道以待後之學者皆非自私己而已
也昔有周盛時大司樂掌成均之法以教國子弟

有道德者死則祭於樂祖以爲瞽宗所以振興道
教其義至矣先生負豪傑之才以斯道經濟自任
始爲翰林檢討二月奉閣帖賦詩以爲上元玩賞
之具先生不賦詩乃與二公上疏培養　聖德奉
被譴家食三十餘年甲寅之召先生翻然復起此
其心固欲行其道於天下也壯陽之謫留都之遷
展轉徜徉勵遭困跲而先生之道之不可行於天
下又可知矣惟是退居定山日事倡明斯道尤鋭
志以詩文立言是故其爲言也不曰太極則曰氣

紙不曰乾坤則曰經綸曰位育揮霍古今吞吐宇宙横睨乎羲軒堯舜之上追蹤乎風花雪月之表是以當時海内名流佳士慕先生之風者日造先生與之眺天峯之閣臨溪雲活水之亭逍遥爭樂各足分願真有使人瀟然灑然如濯清風弄明月洋洋潑潑思有以振刷而自磨濯者先生之遺非後生末學所敢輕議而其興起人心如此則又豈直後世以文字立言者所可能哉昔先生嘗以贊渠老筆自况愚竊爲之説曰先生之言高明廣大

得於心資之美爲多横渠之言則精思力索之功所深造也又曰横渠廣大精微蓋顔曾閔冉之亞先生七十子才高識廣之流也皆聖人之徒也特鄉賢學有畿南畿先哲咸次第表章崇教興道之心盛矣哉作祠田記以俟諸聞先生之風而興者

○隆慶三年知縣王之綱重修太常寺少卿夷陵劉一儒記定山莊先生祠於江浦三十餘年於兹矣祠之建也先邑令憚於創造縣南梓潼祠者舊爲先生讀書處乃即其祠肖先生像祀之其祠則

州民許埮敗已宅爲之者今以祠先生梓潼神像竟無所慢先生之裔庠生如剛應試輦咸謂爲先子之存也嫓嫓致嚴於取予郎三原王端毅公巡撫江南時欲飾其廬而禮之且不欲以一金自累梓潼祠爲先子藹迹之地兹儼然君之而使神祀無所恐非先子素志用是歉然不寧者久之然未敢誦言於其上也隆慶元年監察宋公以行部至拜先生祠下詢考建置之詳如剛等具以其故對且言不安狀宋公是之謂宜闢爲三區中復梓潼

像改左旁新江公館爲先生祠公館別構於右下其事於縣無何宋公代去邑令亦遷秩行逾年吾師三楚王先生由中書左遷量移茲地比至觀風問俗銳然崇往哲與教化期以畢其學道愛人之心詣生告先生以祠事如其所以告宋公并以宋公之意爲請先生曰定山祠歷歲久矣惡容遽變無已將別建樓閣以處梓潼庶其兩得乎復與學博少常陳君近泉張君及諸弟子員共相咨議咸謂建閣爲宜先生遂因衆志請於監察馮公公[illegible]

可首斥贖金以助乃買棧三楹移建祠後槩其上曰文昌閣祠前爲柵欄者二并顏其上左曰新洲公館右曰文昌閣道祠之内外堂廡垣序率甃其敝而新之煥然秩然殊非昔觀矣凡寓諸君與莊生輩詣愚謂王侯此舉一材不以煩民辨潼之祀以復公館之舊不改而委曲以全定山之尊幽以妥神靈明以倡道化是大有裨於風教子其記之愚惟古者敦德礪行之士歿以維風而範俗其存也人稱之爲鄉先生没則相率而祭之於社今之

制鄉賢有祠古之遺也專祀之必其人所係者也
也歲久而祠益飭祀益虔則其人又可知也是以
孟子之論取友也次第其一鄉一國天下之異極
之於論世尚友至其願學孔子則惓惓然幸其世
之未遠而居之甚近豈不以居近則澤之所漸濡
者深世之未遠則推衍有人而私淑之者易爲力
乎定山先生以直節聞才登官史局慨然有志於
聖人之道當其時海南白沙陳先生倡明正學於
爲學者宗盟先生與之介志切磨雅見推重要其

皆詣其所自得於内者實多以故其律身也寧甘窮約而不一介以自汚其立朝也寧非笑棄而不依阿以求媚其發之爲文辭因時感物附詠性真殆與老夫擊壤諸篇異調而同趣仰其所至將謂天下之善士非耶今茲浦之人士胥信而俎豆之者非同一鄉之所同心至諸監察與邑侯學博諸公以四方來仕之人而今謀以成多士之志又無非寄其論世尚友之心也夫以四方之人官先生之鄉拜先生之祠考觀其學以慰其尚友之心則

四方之人之所大幸剏浦之人士與先生生同里閈且距先生之時未遠其耆儒故老必有能得先生之學與稱述先生之爲人者存不出其鄉而擬友天下之士則儀刑仰止以求無愧於前聞視四方之士其爲幸不既多乎若但於俗而厭徑於先民與騖於遠而反遺於切近均非所望於浦之人士或亦若浦之人士所以自待也雖然古之善學者師身不師其善所者師所不師其善心者師心不師迹浦人士而善師心焉則步趨陟降周動與

先生遊也不然即月侍先生不暫敘於几席之側亦惟覩爲已耳鄉先生其如何此不肖所夙聞於吾師三楚先生之緒言也因述之以塞諸君子委記之意

象賢祠在白馬寺左隆慶中知縣王之綱建祀宋儒陸象山　國朝陳白沙王陽明以春秋仲月上巳日致祭其品物以本祠祭田租辦○知縣王之綱記略隆慶戊辰春余始涖浦首詢祀事得定山先生祠而禮焉一日過白馬寺見白沙先生與定

山聯句碑則又恨不得攬白沙比檢故志有三先
生祠而祠下脕惜不知其人咨之父老蓋爲象山
白沙陽明云竊以爲白沙嘗集此陽明官太僕往
來浦中象山故二公之所宗也因遣人視白馬寺
傍隙地有可祠者爰議構堂宇而祠三先生於其
中請於大京兆鄖公命之曰祠爲祠三先生不可
緩其如議從帑藏三十金備之聽其旨遂屬耆老
買宗義月洪卬所卜地鳩工飭材建是祠其上前
爲廠廳三楹後爲寢室五楹寢之內爲祠中爲室

爲顛倒以嘩衆標以增 廓之門墻
費詞廼以隆慶辛未九月上六日始工而竣事於
十二月二十六日内史氏綱曰余道荆門得象山
語録在京師得白沙子已而之南中得陽明全録
晞乍潇未嘗不掩卷嘆息三先生心一而道同也
夫人只此心耳先立其大象山所謂先立此心以
養大人之體致虚立本白沙亦欲此心之立以啓
心學之門而陽明者獨守良知之論又非欲即此
心本然明覺者致之以滿太虚量也夫道流行天

地間日父子兄弟而達之昆蟲草木日食息起居而達之朝聘射饗無一物一物而不在者即其事與物而一一求之何汗漫也三先生者乃獨求之此心至論求心之法又不外一靜而止蓋嘗反覆無聲無臭之說靜久見心之說無理爲靜之說有可知者夫專一而後直遂翕聚而後發散天地之道一靜而已矣聖人之道寂然不動而後感通天下之故謂非靜耶靜則可以養其靈瑩之體而萬事萬化皆從此生故大易謂復見天地之心又謂

聖人洗心退藏於密皆言靜也而天地聖人之道
靜於此矣三先生乃求道於心求心於靜可謂探
天地之秘而發聖人之蘊者彼以為禪者是耶非
耶余仰三先生有年而往來南北讀其書如對其
人竊自慶矣茲來遊此中乃得陳其俎豆拜瞻祠
下此非又當何如復進諸生馬應禎等告之曰三
先生往矣而其心則在後人尚得尋其遺而祠之
祠此心也余月坐而三先生之祠間但二三子日
遊其中苟任其蕪垢而不為一拂除將即自荒其

心也吾不知有是諸生口雖欲不如命願爲一記
余予將勸諸心且以告後之人豈惟二先生之道
無窮先生之教亦與不朽矣故記

夏公祠 嘉靖間知縣黃昭建祀御史夏銘以春秋
仲月上巳日祭本祠設有祭田出辦品物○太常
少卿江陰張袞記略 御史夏公銘四川涪州人
也年四十有七而亡今南京戶部右侍郎秋泉公
邦謨視公爲從伯祖家世以儒爲業永樂一十
年公領鄉薦越宣德五年中 廷試 賜同進士

[illegible][illegible]授浙江道監察御史公爲人方正而嚴常出按郡國大小吏罔不凜凜受事惟　朝廷之憲居臺數年奏差南京京畿道檢核諸司案牘事竣訖旋忽聞尊大人訃跣足號奔晝夜不息至揚子江颶風大作公急渡之舟覆公乃溺死正統四年八月九日也公之柩既不可得家人哭於江上具衣冠歸葬於涪之故鄉龔家原公平生在官有奏稿有公移有贈答詩稿諸文字日與身居不幸而從公以亡今不可考矣公死故有祠相傳民感靈應

瀕此其地在釣魚臺水侵患後徙於江滸闕廢久
不治久廢而為水府祠楚跡漸沒嘉靖己亥秋八
月松泉公以都察院右副都御史來撫應天嘗憶
童時聞有伯祖事四顧思嗟求得公祠故處至再
至三誠發夢寐若或見之最後乃得江浦所謂水
府祠者即公棲神故宇乃召黃令昭謂曰吾先伯
祖不幸死於是吾幸而撫治於見此吾得盡其心
於伯祖也願為我盡力焉令瞿然受命惟謹乃
即舊基撤材而新之中為堂四楹肖公之像後為

樹寺門檻前爲門左右爲廂方位秩然寢恒堅整
加於舊矣經工於壬寅冬十二月三日訖於癸卯
夏五月八日若傭若材費有計簿皆松泉公自斥
其俸錢也其水府祠稍移祠西之隙地示不廢也
祠成之日村民伏臘烹鮮釃酒如故松泉公乃郎
史氏問記焉予謂監察公直臣也在舉子時毋喪
廬墓居鄉爲孝子大江有神忠孝之骨宜有神物
焉謹護之惡魚不敢濯食爾其靈依顯宜矣松泉
公政尚旌別披幽剔翳治内之祀苟有一節咸秩

無父兄同姓之至親乎昔人弔汨羅哀武溪皆以愛君盡節之故公身爲王臣獨愁濤犯颶變生俄頃梳櫛不歸妻子無託則其不幸又甚愍焉予既刻其事於石又爲辭　章以招之其辭曰江之水兮洶湧不可以居驚濤噴薄兮鯢惟雎盱毒牙崇人兮人其擾魚公氣正直兮百靈護如雲旗繽紛兮彿彷來而公遠故鄉兮棲茲旅廬公之祠兮江浦陵松栢兀兀兮雲日高蒼顧瞻遺跡兮司徒孔傍村哉伏臘兮擊豕刲羊紛跪拜兮撤祭公有

顯靈兮世不忘

梓潼祠 在定山祠右邑民許琰舍宅爲之莊泉讀書其中後即其祠以祀泉建關祠後以祀文昌萬曆甲申知縣孔嚴尭改建定山祠于左祠仍其舊每歲春秋仲月致祭其儀物取縣西官塘租辦之

關王廟 在縣治東北半里嘉靖二十六年知縣張峯建隆慶四年知縣王之綱修每歲五月十三日致祭儀物亦取於官塘

按府志有項王廟今和州亦然故不書

論曰沛之秩祀爲壇者三爲廟者四爲祠者六為閣者二其在祀典者通之天下有專於一方者亦稽之祀典而準諸功德之在人心不容泯者也昭明焄蒿悽愴之精時感而時怵之祭之貴於敬尚矣然觀季梁之言不惟其敬惟民之成以民神之主也先成民而後致力於神於是乎民和而神降之福民之不恤而祀之恤雖如在之誠何益於祭又况跛倚以臨者乎君子祭思敬又先思民其祭也深矣

江浦縣志卷之十

江浦縣行取知縣李維樾重修

兵防志　民兵　關隘　漕軍　衛屯　營

天下雖安忘戰必危知浦當南北之衝川陸之會死城四犯卒保無虞則李侯鄉兵之設屯軍之議爲守爲捍功豈在一浦哉作兵防志

民兵

鄉兵民壯　鄉兵工食由丁出乃　特旨允山東議知縣李維樾復酌古三卒法每里擇多丁貴者抽一

丁爲兵本里不願當兵者出銀募之專習火攻名曰銃手計一百五十名民壯六十名共二百四十名餘役隨縣覓成一隊精兵矣墩老每墩一名墩夫每墩二名隨縣墩夫三十名以上俱均徭銀募充保甲長共二百一十四名輪僉守五鋪六鎮補巡官每鎮一員演武場在縣治北半里

保甲之設必戶可編人可隸如使臂使指後法可立浦邑保甲街止五鋪戶僅百餘六鎮在鄉多以屯間軍民分轄法令阻撓緩急何賴哉欲行是法

非嚴連比族之鄉約乎以同義而徒求諸弁令間
竟虛文耳嗟乎安有破格之見不以軍民並覩者
與之以議畫一之法

關梁

江淮關在縣治東南三里宣化孫家渡口洪武二十
四年建設巡檢司隸本府等衫都指揮守之處
宣化關後差中官協守處嘉初革浦子口關在縣治
東北二十五里舊有渉渡洪武元年建設巡檢司
隸於府尋屬本縣後差中官守之嘉靖初革甲字

墩在縣治西南四十里東葛浦乙字墩治西南三十里穴子河丙字墩治西三十五里西江口丁字墩治西南二十里西江口戊字墩在縣治南十里望江洲己字墩治南五里柳林洲庚字墩在縣治東十里袁家圩辛字墩治東五里八字圩○八墩俱築於沿江以備瞭望

軍衛

守禦廳在縣升口城內宣德間兩京守備應劉史請指揮黃門得築大順中始設承　勑専管督巡人

在縣治南三里白塔營在縣治西三十里長安營
在縣治東北六十里以上三營每歲正月盼五日
治二月十五日止操演各衛屯軍於本衛草場
旗手衛草場俱在縣治西四十里作營寨
論曰浦之城洲如斗耳使捍患者有人猶曰可恃
乃以民兵寥寥守此關堡而號曰兵防其視棘門
霸上所謂兒戲者復何如且試籌之將以足兵必
先足食蓋一兵卽廢一農而一農之賦又不足以
當一兵之養則召募之直安出也欲以安民必先

輯軍非比屋而保甲之則勢不一比屋則勢不行則盡一之法安捎也衛屯之設凡以爲民今衛在浦口屯散諸鄉平居勢不相援有警訃將安出則守望之相助誠不可不講也兵之武塲猶百工之肆今邑止一塲鄉分六鎮捕盜有官之名子弟無兵之實則講武於農隙誠不可不爲之所也有民社之司者固宜悉心而非總軍民食貨之權者倡箸於下而趣之行即空言奚補哉書詰戎兵君子所慎苟玩直突之薪而安處堂之燕甚非所望於

肉食者世謚

江浦縣志卷之十

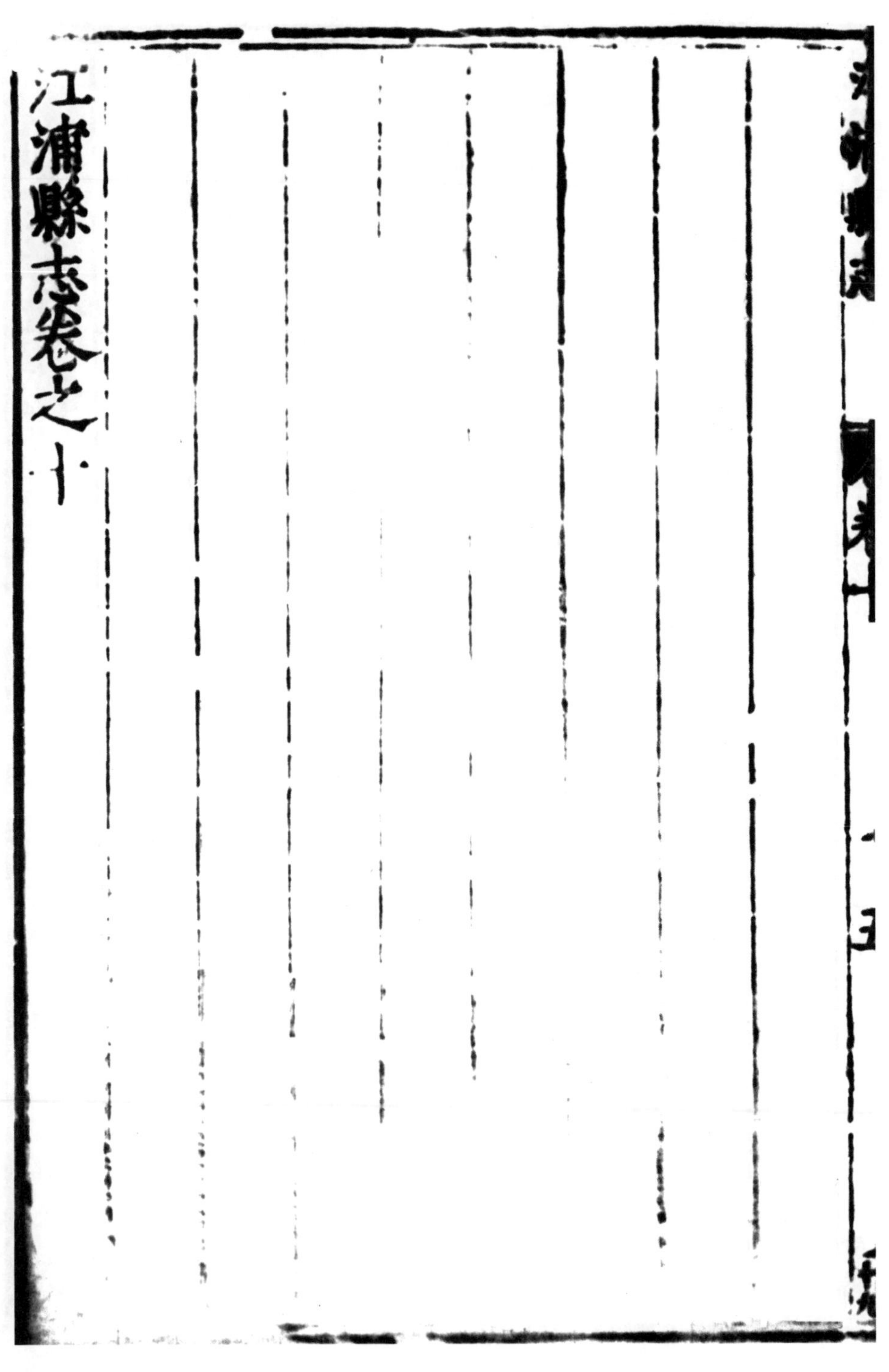

江浦縣志卷之十一

江浦縣行取 知縣李維樾重修

宦蹟列傳

吾浦官師治行業已登之名譜矣其賢勞特著所去見思歷年既多公論攸屬足副崇報之典者爰詳其事以述口碑以貽官守作宦蹟列傳

嚴廸浙江餘姚人宣德中由貢為縣令氷蘗以持已敦篤以撫民歷任九年終始一節實惠淪洽於人心時承

國初草創學宮庳卑圮慨然捐俸一創新之邇來縣學

重立碑以紀其績考滿乞歸囊惟圖書家仍茅茨

至今莫不頌德而仰其高云

羅信河南固始縣人由歲貢正統中任本縣知縣

馭下以誠臨事以慎遷縣治圮信更新之吏民咸

孚樂於趨役歷九載乞休去人懷其德八

勞鉞字廷器江西德化縣人由進士景泰五年授

知縣以愛人興學爲己任撫字勤勞民皆安堵更

新黌宇時課生徒授經古陵訂文卷時[illegible][illegible][illegible]

仕者視前爲盛大司寇張瑄以詩頌之有千家小邑絃歌滿百里窮鄉愛惠周之句考績至再調山陽歷陞太僕寺丞湖州知府祀名宦祠

彭烈字肇烈江西廬陵縣人景泰辛未進士授監察御史以劾巨奸出知縣事剛栗勤節燁然有聲寬嚴適中事至不動聲色處之允協居三載政通民和擢河南知府累官廣東左布政使卒於官歸囊惟敝篋數事而已祀名宦祠

馬文麟河南鈞州人太師端肅公文升之兄成化

中以貢爲縣令廉介有守剛果有爲一時翕推良吏翰林莊昶以傳振許之巡撫都御史疏其才堪治繁調江陰縣士民如失怙恃尋卒於任祀名宦祠

耿瓊河南盧氏縣人濟惠公九嗣裔也嘉靖五年以鄉進士授知縣廉公有威吏胥畏服察邑衝疲狀加意節省念諸使非理凌轢毆其傳騎非嘗者即碎去不爲應申准各縣協濟夫銀將千兩迄今賴之歷三載以疾卒老稚悲悼萬曆間崇祀名宦

李文煥山西廣靈縣人宣德九年由歲貢授縣丞

持己公廉涖事剛果尤勤撫字拳拳以興廢救敝爲務如奏徙壇壝大修庠序治蹟懋著士民慕之弘治中知縣胡昉祀於尊賢祠今入名宦

祝廷心浙江麗水縣人永樂間由舉人任教諭通五經善於誘人不事夏楚終日端坐怡怡然諸生問難應荅如響後引年辭職所著有萬竹山房集祀名宦祠

孫鼎字宜鉉江西廬陵人領永樂甲午鄉薦授教諭惇學篤行以古人自期待立教先德行而後文

藝士習丕振時謀新學署肯出己俸倡之工役立就在任九年寮寀吏民咸服其德陞松江教授生徒感慕圖像立傳鐫諸石言必稱孫先生孫先生云後用薦擢監察御史督學南畿尋致仕邑人張瑄守吉安蹟其孝行不異曾閔踐履可比程朱堪為國家師表未報卒弘治間祀於尊賢祠今入名宦

吾冔字景端浙江開化縣人成化九年以乙榜署教諭事立心操行無愧古人講學授徒崇德誼嚴條約久而不倦人材多所成就倡義捐貲建廟

學皆典江西文衡居數載致仕歸祀名宦祠

沈爵化福建永定縣人萬曆辛未進士才識通敏志操端方造士撫民悉本實心因本縣田賦不均申請清丈親履畝不遺遐僻覈欺隱酌坍荒以見在之山均額徵之税上不虧課下不病民累陞湖州府知府廣東參政按法澤施於民者祀之均田之法足垂不朽合入祀典

余乾貞浙江遂昌縣人萬曆戊辰進士由同安知縣行取云南道御史左遷知本縣事才華卓越舉

度恢宏時值築城多方規畫工鉅費煩分毫不以擾民加意青衿修學建樓以新文運修築之功百世永賴應祀名宦

黏洪錄福建泉州府人萬曆戊午鄉試授江浦縣知縣惠心潔守力行實政服官數載民不知胥吏士衆有師保如葦火耗絶支取省行厨如　文廟明倫堂修葺鼎新月再課士士蔚然興皆嘉績之更僕難數者至於隍堞開樓當年加意傭工卒與乙亥歲流寇之變歌保障焉尸祝俎豆豈得後時

論曰傳宦蹟者存其過化之迹訪政於甘棠得八
人焉錄良牧也問教於蘇湖得三人焉錄良師也
至若孝不負丞得一良貳亦在必錄乃知官不在
崇有蹟斯名若以廣文爲冷貳令爲嫌則彼四君
子者何以感人心於無窮雖然就宦而論之則一
人賢即一職舉均之有利於民統一邑而論必一
令賢而後衆職舉其爲民利固大也然名簡策血
食春秋垂勸有餘範哉巖羅二公遠矣繼與莫與
余若黏時代維近觀風者其亟採焉

江浦縣志卷之十二

江浦縣行取知縣李維樾重修

人物列傳

邑有萍人山川猶重浦雖褊小士生其間屹然自樹足以表見於時終不容泯泯也蒐搜史籍近采鄉評具載於篇以為思齊者勸作人物列傳

唐張籍字文昌烏江人第進士為太常寺太祝遷秘書郎韓愈薦其文多古風學有師法沈默靜退光耿儒林遂遷國子博士歷水部員外郎主客郎

中。時名士咸與之游性狷直不阿私人嘗責愈背時變爲駁雜之說論議好勝人排釋老不能著書若孟軻揚雄愈亦與書答之仕終國子司業籍爲詩長於樂府史稱其有名於時云

宋張邵字才彥烏江人籍之六代孫也登宣和三年上舍第爲衢州司刑曹事會求直言上疏宜進都金陵以圖恢復金人南侵詔求可至軍前者邵慨然請行以直龍圖閣假禮部尚書充通問使至濰州接伴使置酒張樂邵以二帝北遷不忍聽固辭

止樂兒左監軍撻覽不拜月以書抵之曰兵在曲直爲楚僭立羣盜鋒起曾幾何時電掃無餘是天意人心未厭宋德今復封劉豫竊兵不已尚有在矣撻覽怒囚於祚山砦復送於劉豫使用之邵見豫長揖呼爲殿院責以君臣大義豫怒械置於獄知其不屈復送於金拘之燕山僧寺作書爲金言劉豫南侵非金之利守者留以告金取其書去紹北徙之紹興十三年和議成邵歸陞秘閣修撰主管佑神觀去司諫詹大方論其奉使無成貶合州

學道觀務壽府相勸其迎請欽宗與諸王后妃復以敷文閣待制提舉江州太平興國宮知鼎州再奉祠卒邵遇事慷慨常以功名自許出使因從屢瀕於死其在會寧金人多從之學有文集十卷子孝覽孝曾孝忠孝曾後亦以出使歿於金金人知爲邵子尚憐之孝忠登龍興元年第官至直寶謨閣知金州事兼制司參議

張孝伯朝奉大夫郯之子登隆興元年第任江寧知縣訪求民瘼奏停年租額外徵辦歲大水民饑

詔賑卹建康之饑水者孝伯爲經理皆得其所累遷參知政事未幾罷時韓侂冑當國孝伯勸弛僞學之禁復故相趙汝愚官由是一時賢人貶斥者得漸還故職子卽之以父廕歷官直秘閣善書名天下

張孝祥字安國直秘閣祁之子以孝廉稱讀書一過目不忘下筆頃刻數千言紹興二十四年廷試策問師友淵源秦塤與曹冠皆力攻程氏專門之學孝祥獨不攻考官已定塤冠多士高宗改擢孝

祥授簽書鎮東軍節度判官論宰相曰孝祥詞翰俱美甫一年值秦檜死遂召為秘書省正字入對首乞總攬權綱以盡更化之美又言官吏忤故相意並緣文致有司觀望鍛鍊成罪乞令有司改正又言王安石作日錄一時政事美則歸己故相信任之專非特安石乞取已修日曆詳審是正黜私說以垂無窮從之遷校書郎適芝之生太廟孝祥獻芝原以太本未立為言且言芝之在仁宗英宗之室天意所見乞早定大計遷尚書禮部員外郎尋爲

起居舍人除知撫州涖事精確老於吏治者所不及孝宗即位復集英殿修撰知平江府府事繁劇孝祥剖決庭無滯訟當鋤大姓如郁海寨豪爲姦利者得穀粟數萬明年吳中大饑卒賴以濟張浚自蜀還朝薦孝祥召赴行在初孝祥爲湯思退所知及受浚薦思退不悅孝祥入對乃陳二相當同心戮力以副陛下恢復之志且靖康以來惟和戰兩言遺無窮禍要先立自治之策以應之復言用才之路太狹乞博采度外之士以備緩急之用帝嘉

之除中書舍人尋除直學士院改敷文閣待制仍兼建康留守會金人再犯邊孝祥與宣諭使論不合罷去復起知靜江府廣南西路經畧安撫使治有聲績再守潭州爲政簡易時濟以威湖南遂以無事後徙知荆南湖北路安撫使築守金隄自是荆州無水患置萬盈倉以儲諸漕之運請祠以疾卒年三十八孝宗惜之有用才不盡之歎孝祥俊逸能文章工翰墨嘗親書奏劄高宗見之曰必將名世且叅負　晙涖政揚聲史臣尤歎息焉

鄭自強洪武中舉人材授浙江寧波衛經歷清
介自持之官惟携一篋及歸無餘囊永棄之操人
至今稱之與祀鄉賢祠
劉觀遵敘鄉人領己卯鄉薦永樂中任監察御史
克振風紀勁直敢言至有重辟得免陞長蘆鹽運
司同知卒於官囊無長物子孫不免饑寒張司冦
瑄稱爲廉吏祀鄉賢祠
張瑄字廷璽任豐鄉人知縣俊之子也母夫人夢
神授一子而生瑄幼明敏負大才登正統壬戌進

士授刑部主事時司寇俞士悅不輕許可嘗稱進賢能以勵諸司歷陞員外郎郎中出知吉安府吉號健訟民蜎集於庭須臾畢決發奸剔蠹人畏服如神俗信鬼每刻木肖像被以衣冠旌旗送迎以徼福禪會壇出目擊其狀即令投像水中首倡者寘之法無何遘重疾郡人皆曰神之祟也請復之不可疾尋愈郵簿賑饑舉廢興學所造之士率爲時名流吏部考最爲天下第一九載擢廣東右布政使勦除流賊民免刼掠之害

賜金幣轉右使考績赴京撫按交章薦其才請乞
再任以慰民情滿三考陞右副都御史巡撫福建
時御邑久無積貯乃命發倉勸民出粟以備凶歉
中官盧勝暴横瑄聞於 朝罷其鎮守山海之寇
先後就擒人咸稱快尋改河南巡撫風紀益肅入
覲建白十有八事悉列而行之歲大饑曲爲賑濟
賴全活者無算晉南京刑部左侍郎尋陞尚書聽
斷平允每讞獄憫憫恐入人罪鄉里有犯惟定其
罪而不加杖年七十一致仕越七載卒 賜葬祭

如制瑄孝友清約居官五十年自奉如寒士吉安閩廣皆立石以紀其功德所著有香泉稿凝清集閩汴紀巡録南征録安攘類稿共五十餘卷弘治十二年崇祀鄉賢祠萬曆四十四年巡按御史駱駸曾行府尹姚思仁勘詳具　題請諡云看得張公瑄文武兼資剛柔互濟節宣九載秉若神君填撫兩邊溫然慈母平蠻總獨徵儒畧極饑寒衣[illegible]陰功宏名特假美謚攸宜

張毅字德剛孝義鄉人少喜讀書尤精醫業嘗設

遺金溶其人還之任邑訓科率夫役採蘆時有虎
患殺爲文祝神以身率先虎遂引去後取署本府
正科陞受勘事不受私謁操履廉慎為時所推莅
定山邑人贊其像曰德儉而清醫良而仁我於今人
見此古人弘治中祀鄉賢祠
王徽字尚文懷德鄉人以南京錦衣衛籍登進士
拜南京刑科給事中砥礪名節抗疏上五事内極
陳古今宦豎之害因言牛玉廢　后一事致累
聖德及大臣失職大綱時忌諱普安判官滿考歸弘

治改元數被薦起為陝西左叅議逾年乞休致杜門不出壽八十有三張司寇瑄稱其事業加劉貴一等

王韋字欽佩徽之子弘治乙丑進士選入庶吉士以親老乞改南授南京吏部主事累陞河南督學副使平生請托一切謝絕擢南京太僕少卿　命未下而卒

郁珍字君聘崇德鄉人以進士授浙[illegible]義烏訓導遷固安教諭勵行[illegible]教[illegible][illegible]歷[illegible]聲内典文衡爲公

卿推重陞南京國子助教晉　爵府左長史善於
輔導
賜四品服致仕弘治間與僉事石淮修邑志祀鄉
賢祠
戚縱字仲周任豐鄉人唐府紀善良之子受業定
山莊先生門父早逝歲時悲悼不忘事母備極孝
養登弘治壬戌進士授歸安縣知縣仁明廉介擢
陝西道御史疏劾逆瑾幾被中傷守南昌極辦宸
濠非制裔莊簡公力為推引兵備九江與王文成

公討逆有功歷江西左布政歸休三十年縣民困
於欽騎馬坍江稅衛人困於月銀內當事者悉袪
其弊他無所干謁壽九十又四集有石巖三體詩
萬曆三十五年祀鄉賢
按南畿通志本府志有王徽傳故採入舊志列傳
徐馹史雄張俊姚榮劉銓乃墳茔志有吳嗣衡
賢石金許琰茲皆別見云

昔人謂修史之難難於人物有味乎其言也吾浦先正自唐迄今上下凢數百祀而所列僅僅若此豈易許可哉美矣諸張光垂前史司寇諫議二君子聲燁燁動南都其餘跡有幽微器有鉅細雖未可以天下七律之然不失爲鄉國望也故直述生平期於傳信庶讀其傳者如見其人若溢美於鄉以侈示寰內則吾豈敢

理學

莊昶字孔暘孝義鄉人少穎異書過目成誦嘗讀

山谷詩至俗學只知回首晚之句曰幾誤歲年自
是力於聖賢之學成化丙戌登進士第選翰林庶
吉士學士劉定之柯潛校卷驚問南士曰江浦山
川何如而生斯人耶於是名震　京師一時名士
願與之游而江西羅倫南海陳獻章尤爲契合丁
亥授檢討居未兩月
憲皇命作鰲山詩詞不奉　詔同編修章懋黄仲昭
上培養
疏畧曰烟火詩詞俱是玩好之物鄙褻之辭甚

非所以答
聖心崇　聖德也　臣鄙
陛下大位以來　聞上人臣之言即寢造搭龍宴奏上
彼亦既皆不為決去茶不樂為此況兩廣四川未靖
災傷處所尤多也
陛下宵旰焦勞之日　列不暇為此也至於翰林之
官以論思代言為職　職曰供奉文字然鄙俚不經
之詞豈宜進于
君上又嘗伏讀

宣宗御製翰林箴有曰經術之言惟義與仁堯舜之
道鄒孟以陳今烟火之術恐非堯舜之道烟火之
詩恐非仁義之言臣[illegible]等[illegible]奏陳疏入杖請廷[illegible]
州判官事
奉天殿災以給事中王竑御史陳壯論救改南京行
人司副值內外艱服闋立朝後以疾不起遂卜
築室山居焉講明道授徒集教以人當先學
理不當學事學理自有此非雖聖人或不能
盡也又曰博學不在讀書格物不在讀書學

者欲求斯道之眞當超然獨立於羲文之外以鄉
易之作天地間何如難倫嘗寓書以爲不可一介
無孔賜提學御史陳選稱其深造大道於世味淡
然無所好仕不爲祿處不爲名巡撫王恕過訪遺
金帛皆辭卻不受附獻章應聘道浦與之講孔子
無言之說深相會晤言及出處曰先生以道不行
退處林壑閒是然孔子未嘗一日忘天下倘逢機
會須當一出居定山垂三十年薦者前後章十數
上弘治甲寅

特旨召用都御史何鑑入定山促之行及赴部長揖不屈大學士徐溥議復翰林時有阻者乃以舊職供事未幾遷南京吏部驗封郎中甫二月得中風疾遷延對寺明年乞告輒歸陳獻章以詩貽張梧州曰欲歸不歸何遲遲不是孤臣託疾時此是定山最高處江門漁父却能知不數載卒壽六十著三祖負豪傑之才明聖賢之道胷抱奇現落蕉人師片削隻衚輒爲海內珍蓄事君懇懇欲致於堯舜培養一跳侃然忠義激發論學肯綮上於靜

坐而以不放過義理爲分劑事盡邃發精造印證關閩此其得與璟劣之傳而興起人心發潑爭欲磨濯之不暇者豈世貴立言者所能彷彿哉晚乃應召而出萬一斯道之行而竟不果天下惜之學者稱曰定山先生所著有文集若干卷行於世門人王弘編輯年譜卒之明歲知縣胡昉舉祀鄉賢祠嘉靖間尚書湛若水檄縣建祠特祀之萬曆甲戌督學御史李[illegible]祀於本府新泉書院萬曆四十四年按院[illegible]行府尹姚思仁勘詳具　題請

謚云[illegible][illegible][illegible]衮裳褆躬粹白操[illegible]端貞以孝[illegible][illegible]
命[illegible][illegible]修而恥隨俗學以正直忠厚為實踐而力
進[illegible][illegible][illegible]山一蹶與日月以[illegible][illegible]桂陽左遷對神
明而不[illegible][illegible]忤時未施厥[illegible]然異　聖有神世風
久[illegible][illegible]精宜先美謚部覆得
旨賜謚○○
史家列傳多矣惟宋特立道學傳甚[illegible]　洛諸儒
設也我
明敦崇正學賢哲蔚興如南海陳白沙吉水羅一峯

諸賢皆以倡明道學淑迪人心爲學者所宗吾浦從先生與之並起合志切劘深許卓識嶄然爲時推重其授受具年講精蘊寄遺文凜凜大節在培參疏要其邃養所自得有與周張諸儒潛孚默契尚友千古信斯文標準豈外求於無窮楊文恪公錄名臣必以先生列諸理學豈私評哉志於鄉者特以傳蓋亦曰泰山北斗淑我後人仰止景行庶幾羹墻如見云爾

隱逸

荘志甫世家雲間父孟大楊廉夫高弟志甫讀書有才名能詩文精數學　太祖龍飛有司交薦志甫不樂仕進挈妻子從淮泗間至江浦家焉　成祖北狩至滁陽上書言時政十事多見採納卒老林泉塋西華山孫彔有詩紀其事

許俊白馬鄉人通儒家言旁甬釋典每會鄉人舉高皇帝教民榜文語人曰汝輩欽遵　聖訓即是為善何必持齋誦經耶親赴　闕下具陳時政如減除孳牧種馬勘還供應蘆洲以甦民困又以邑地

一區爲梓潼祠定山先生讀書其中尚書湛若水析北址建新江書院

弓綵崇義鄉人傳究書史練達時務精陰陽家書用保舉仕陰陽訓術縣闕正官曾委署印務隨事裁決人咸服其公明邑中諸大建置力任程督罔不修舉後以子貴封監察御史

志以録賢褒善徵顯闡幽關於風勵非渺爾之先達列在表傳者道德文章勳猷名位昭然是述至於山林隱逸之賢善蓋一鄉功及百姓舊志所傳

口碑尚在悉得而廢之爰稽往牒仍增隱逸一類
續人物傳後用發潛德之光以補前志之缺

孝節

劉銓遵教鄉人永樂年父御史劉觀因事犯極刑
銓具本赴　闕擊登聞皷訴以身代蒙　恩
特宥觀復原職及父卒於官扶柩歸塟哀毀蕭然
大司寇張公稱其貧蹈義推重一時
王海孝義鄉人事親孝養務得懽心父歿哀毀踰
[illegible]恩具悉力治之凡喪[illegible][illegible][illegible]朝夕哭[illegible][illegible]御

酒肉不歸寢室寒暑無間者三年
陳標遵教鄉人壽官陳澤子澤妾李氏生標甫五歲澤以事故適浙人標既長知之欲往求之緣父年衰不忍遠離勉圖供養父終詣浙昌化縣迎母李逝已十餘年矣遍訪遺塚泣告昌化啟棺刺指血滴枯骨骨血相合遂負襯歸葬鄉里稱之萬曆三十六年　按院王具題云孝子陳標孝本根心情深罔極沖齡而失慈恃依膝而奉嚴君竭力葬父痛心念母棄家尋求竟得十年荒塚滴血驗合負

歸千里孤䰟合無例旌表以勵風化　欽准建坊

湯學東葛鎮居民無寸土無妻室行傭事母不辭苦辛儆有所得即供甘旨昔人所謂身無完衣口親極滋味者庶幾近之

邑民張璟妻譚氏夫亡譚年二十六貧無子極加殯葬惟績紡以自給人或喻其更適即以死自誓壽六十有七成化十一年有司請表其間時方人勸而諱己物故里人至今惜之

蘇氏邑人魏福成妻成未婚而疾久弥愈殆

人曰是女當配佳婿矣蘇聞之曰禽獸之行耶
豬也人而可爲卒婚成逾年成竟以疾殞越十七
日誕一子哀慟幾絕已復自寬曰此魏氏一脉也
我當延之旦暮撫孤躬勤苦爲有活計父憐之爲
泣下輒覗孤曰天若祚吾家俾是兒得成立吾何
憾自十九歲居孀逮九十餘子孫森立使無節婦
魏幾不祀莊定山爲作節婦傳
吳達妻俞氏達爲彝義鄉民生子琳而達亡俞年
二十二守節勤女紅以資朝夕宗黨有欲奪其志

者賴捐琳哭曰吾婦與吾死異矣吾不能從其以速死者以有此兒在也使無是吾能忍死以至今日叱其人欲引刀自盡家人覺而止之年六十七卒葬定山銘其墓稱為真節婦萬曆丁丑按院檄扁其門

屠氏邑民丁謙妻早喪父不忍去母適人欲終其身養焉兄亥章據禮諭之密為擇婿得譙贅於家以遂其養母之志僅一年譙以疾卒無子即誓不再適壽八十有三

□氏邑民尨與妻生女甫三月尨出遊江湖數年
不歸訃聞鄭哀毀踰禮朝夕抱遺孤哭輒絶服闋
誓無他志女既長配邑人朱鑑所親有以鄭寄許
王彥廣者鄭聞之乃仰天號泣遂遷母家依兄弟
居焉勤儉自持堅守三十餘年絜□如一日壽六
十終

楊氏鄉民□卑子晚節之妻晚節往江西鄱陽湖
楊年甫二十餘聞訃哀慟幾絶所生惟一女躬紡
績自給有諷更醮者堅誓不從守節三十餘年不

出戶庭撫女成立擇士人配之年五十有六而卒
趙氏孝義鄉民芍正妻銅仁府經歷福之女也年
二十四正亡遺孤尚在襁褓舅姑俱喪世零丁無
依適父卒於京母蔣氏扶柩歸葬趙乃依母家貧
至種蔬以易粟撫子成立爲擇配楊氏方生一孫
子復喪趙痛慟不自勝仍與楊共撫孤孫備嘗艱
苦或終日不一舉爨如是者將五十年冰玉之操
愈厲鄉人稱爲雙節
按人姓志集作如節婦傳節婦姓趙氏今從寿無

國貞女爲江浦魏懷之之妻芷年二十四喪夫□
其兄仲式謀受同邑晏氏聘欲奪其志益堅不從
故特以傳與之稱籍江浦貞孝傳宜採入志但其
事僅見遜志集中他無可攷且江浦寧海相距千
里而浦江乃其鄰邑也字爲浦江誤未敢直爲江
浦人也姑闕之以俟考核

蔡氏蔡傳之女任豐鄉人醫官嚴師心妻夫疾篤
蔡焚香籲天願以身代夫亡矢志守節時年二十
一耳舅姑憫其少寡方微言動之輒痛哭幾絶卽

剪髮自誓遺孤嚴丕式猶在襁褓撫育成立丕式登
卒氏復苦節撫諸孫居孀六十五年壽八十六萬
曆三十三年按院劉具　題六節婦蔡氏夫病則
捐軀請代夫亡則截髮自盟孝奉舅姑訓育孤子
眉壽既介棹楔宜先合照例旌表　欽准建坊
張氏張鵬女[illegible]高仲良妻二十四歲喪夫遺
孤高銀生甫七月舅老在堂菽水無資氏勤女紅
贍舅育孤倫嘗貧苦壽逾九十萬曆四十五年按
院駱具　題[illegible]節婦張氏[illegible]矢貞却

雙燕於雕梁毋貞婦儀無忝痛雛鴻於泉壤養生送死無虧宜疏獎掌之徽稱旌表百年之婦節合照例旌表　欽准建坊

張氏張邦直女生員趙思訓妻二十一歲喪夫生子國欒甫及周歲氏焚香剪髮誓死靡他貧窶不堪撫育遺孤迄至成立欒亦竭力奉養迄今五十餘年節孝相成鄉人稱之萬曆四十四年撫院徐具　題云節婦張氏志昔含霜操貞介石撫存血胤俾衍箕裘之桃資奉病姑不忝崔門之養九泉

不媿末俗可風命縣側旌表　欽旌建坊

丹氏生員丹瀚女向馬鄉生員朱思近妻年十八

于歸二十歲生子名色暘者甫及週歲思近染疾

逾年而卒氏豁華不御吞淑自誓事姑之孝無間

人言訓子之勤克成人志堅六十八歲孀四十二

年事聞撫按業表其廬

毛氏生員毛從吉女低豈鄉嚴丕緒妻十七歲歸

嚴門二十五歲喪夫無子勵志苦守以死自誓越

六十餘歲操守如一月未及表揚而終

凌氏應天衛凌冊女生五歲聘爲張仲妻甫及笄仲殁訃聞女引錐刺目復自縊以殉縈斷蘇救少毋守之得不死遂服衰麻詣夫喪哭奠因歸張門事姑盡禮禪後長衣淡食常如居喪時年歲不踰閾曰吾手何可近醫仍自灸買地定山之麓他日與婿合塟焉守貞三十一載以莫旌五世難故巡屯御史王 題請建坊旌表

黃氏遵教鄉民陳邦宗妻年二十四邦宗亡生子應元方四十日欲以身殉其母勸以恐死無後一

貧加洗教子肄業躬自績紝佐之三十九年有如

一日陳情激切　旌表宜先

廬墓非禮也猶愈於忘親者舉世之居喪者飲宴

房食三年獨處一事創代無頸雖刲職之而篤其遵禮

古禮可以為矣然聞夫子獨曰烈女不更二夫自是

咏於餘烈堪嘆之哉然至夫死為夫殉葬者不甚

乎殉節婦良女十三人雖未必盡如古陳孝婦覽

從今夜觀然舊日節亡獄亡婦身為二夫者愧其

節烈之風幸為之表為人婦者聞風而起且

踪然亡之人則大書亟書當有副吾厚望者在

僑寓

宋孫覺字莘老高郵人胡安定高弟也舉進士直集賢院熙寧中知諫院同修起居注以議新法不合解官與秦觀遊湯泉歷龍洞館惠濟院愛其地勝遂築寄老庵居焉觀爲賦其居瀟無適非道欲負杖屨而從後起官至御史中丞以疾請罷哲宗遣使存勞年六十有三卒多著述行於世史稱其德量云

國朝李侃字希正順天東安人父東任江浦學諭爲侃娶而縣貴邑人張俊器之以女贅焉因寓浦與後子瑄同師學侃舉順天戊午鄉試俟瑄舉始同赴南宮並登壬戌進士侃拜給事中立朝論列勳

闕

宗社大計陞詹事府丞與修

國史以直筆稱累官右僉都御史巡撫山西威惠並著疏救羅倫天下服其風節後乞致壽七十有九

時楊鼎修所著文集若干卷行於世

與爾洪獨孫中丞子御寔哉而二公者獨賢則寄
色[illegible]區林泉稽勝[illegible]蚜一室勳業允諧父老至今
嬪[illegible]指其迹而實其事則二公蓋非寓浦而寓之
人心者無窮期也嗟乎士君子立身賢則蘧廬有
餘榮而談者韙之不賢則鄉里且羞稱之又安能
若是之眷眷哉然則斯志也其可以為流寓者勸
矣

方技

曾于皋其先江西[illegible]縣人正統初以旅人走江淮

衛夫役田家焉　醫業工吟詠尤精軒岐之術
一時遠邇求治者　張仝佔以師楊文貞公微時
雅契早後官翰林還訪從午如布衣歡無賦詩贈
之有惆悵交遊總廢下獨思江浦有丰巢之句與
見重縉紳類如此江浦人稱儒醫猶曰曾先生
吳璧字宗道以業醫爲邑訓科寓山從先生喜甚
性敏悟令讀書遂從講學能詩善草書醫業日進
精妙凡診症沉痼治不可方物者診視即瘥其原
其爲劑不刻俗醫配合藏一二味或譏之中獨多

乎上僅得乎中十君子尚論於斯當知所以自處

矣

督工效勞耆民李萬鍾

張可繼

鄉約王世立

金　鐔

王繼成

吳憲緒

方應宿

社學鄉講趙國壁

社正聶寰

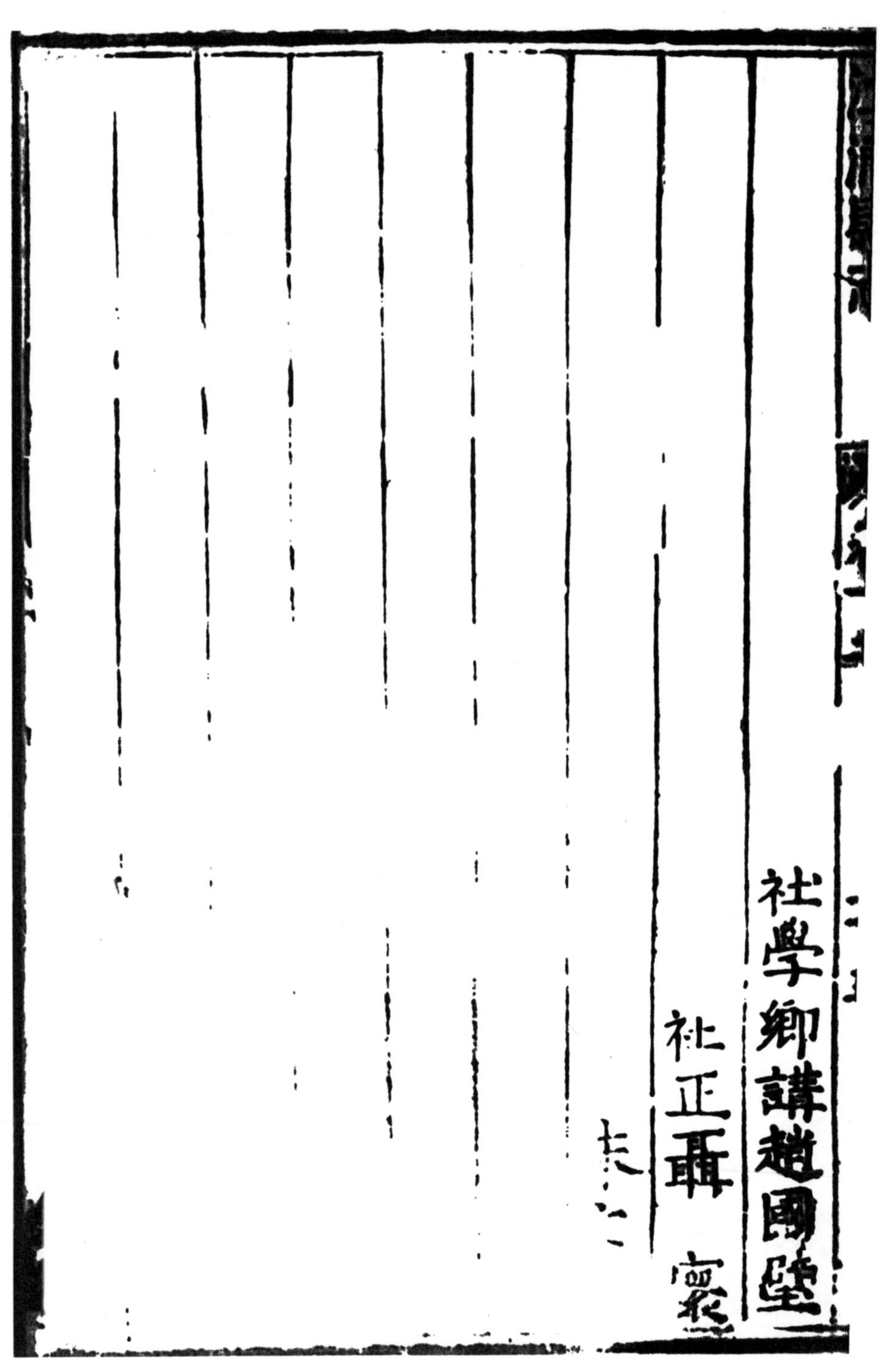

重修縣志姓氏

應天府江浦縣知縣余 樞總裁

儒學署教諭舉人陳廷策

訓導高養正裁正

主簿陳承恩

典史王 徵督梓

深州知州邑人熊師望

邑貢士弓九德

張可仕

邑庠生張可重

袁永立

太學生胡汝直纂修

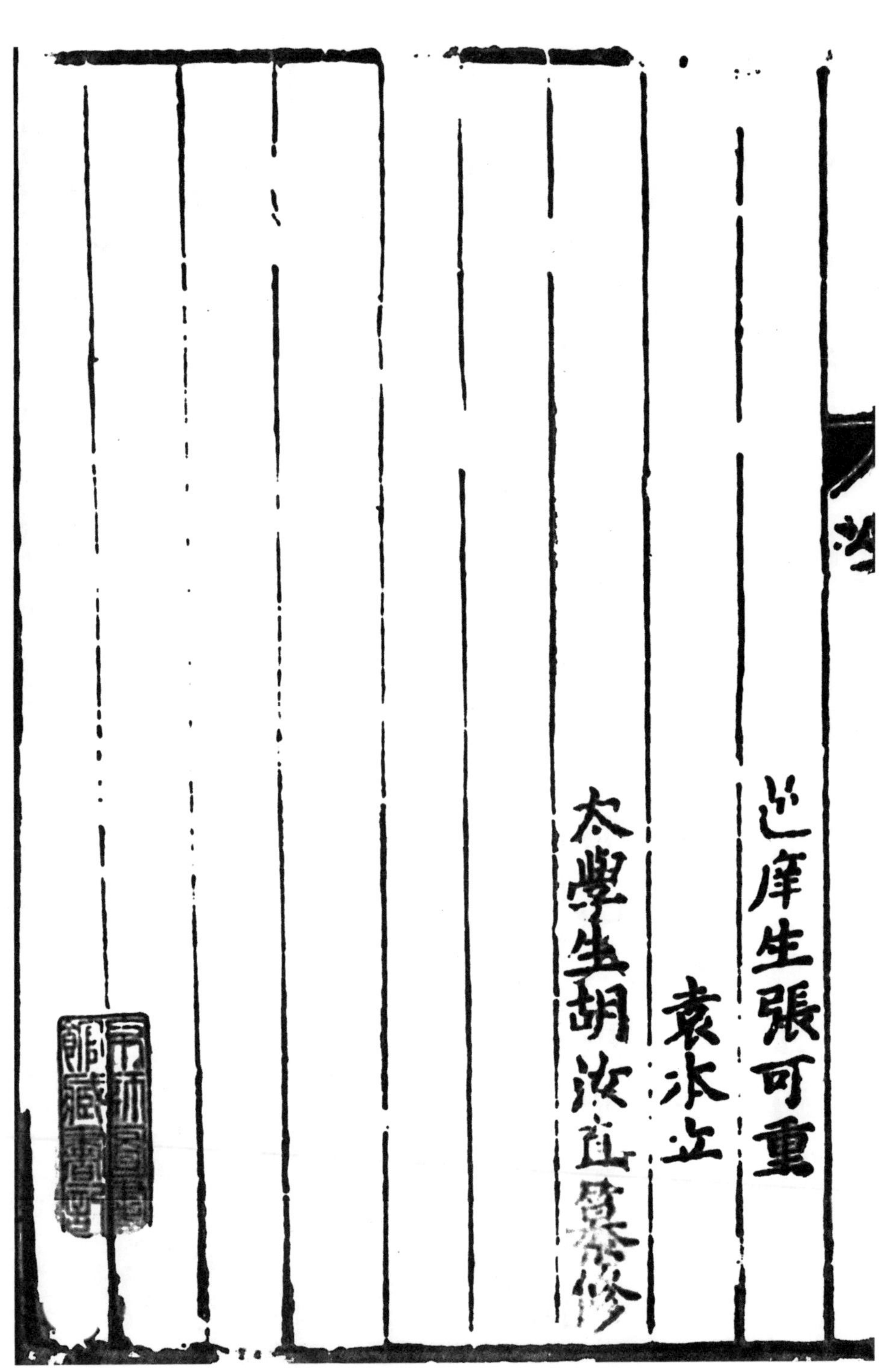